ネット分断への処方箋

ネットの問題は解決できる

Tanaka Tatsuo
田中辰雄

勁草書房

はじめに

ネットの分断は解決できるか

　インターネットの草創期には，ネットは社会を良くすると思われていた。世界中の人が時間と空間を超えて話すことができるなら，議論を通じてより良い社会ができるだろう。世の中の争い事は無知や誤解から生じることが多い。ならば議論を通じて相互理解が深まれば次第に社会は良い方向に向かうだろう。ネット草創期の人々は本気でそう思っていた。

　しかし，われわれが現在，手にしているのはそれとはほど遠い荒れ果てた世界である。人々は相反する陣営に分かれて罵倒と中傷を繰り返す。相互理解に向かうような落ち着いた議論はほとんど見られない。リアルの社会では見られないような極端な悪口雑言が飛び交い，社会は分断されてしまったように見える。ネットで目立つのは炎上，フェイクニュース，ヘイトスピーチといった病理的な現象ばかりであり，ネットがあって良かったというようなニュースはとんと聞かれなくなってしまった。

　なぜこうなってしまったのだろうか。議論を重ねて相互理解を深め，問題を解決していくというのは人間社会の基本のはずである。その基本がネットでは実現しないのだろうか。草創期の人々の期待は夢まぼろしなのであり，ネットでの分断は避けがたいのであろうか。人間にはそもそもネットを使いこなす能力はなく，ネットの分断は人間の愚かさの必然的な帰結なのだろうか。分断を防ごうとすればもう何か規制のようなものを入れるしかないのだろうか。本書の課題はこれらの問いに答えることにある。

　本書の用意する答えは簡明である。ネットの議論が荒れ果て分断されている最大の原因は一つに特定化できる。それはネットでの個人の情報発信力が最大に設定されていることにある。すなわち，ネットではどんな相手に対しても議

論を開始し，相手の意向にかまわずいつまでも無限に議論をし続けることができる。聞きたくない相手の耳元でいくらでも囁くことができる。これは人間のコミュニケーションのあり方としてはありえないほど発信力が強い。この異例に強い情報発信力のために，中庸で穏健な意見，そして相手を理解しようとする落ち着いた議論はネットから消えてしまい，極端な意見しか残らない。その結果が罵倒と中傷の分断された世界である。そうだとすれば解決策は簡単で，個人の過大な情報発信力を抑えるような仕組みを入れればよい。その一例として本書はフォーラム型のソーシャルメディアを提案した。

　類書に比べたときの本書の特徴は，分断されたネットの問題の原因を特定化し，その具体的な対策を提案していることにある。ネットの分断を嘆く言説は多いが，原因を特定化しているものは少なく，対策を提案している論考はさらに少ない。しばしばユーザの情報リテラシーを上げることと何らかの規制が提案されるが，いずれも有効とは思われない。ネットが普及して 20 年以上経過し，物心ついたときからネットに触れている人が現れて若者を中心に人々の情報リテラシーはかつてないほど上がっている。しかしそれでも状況に改善は見られない。ネットを規制せよとの提案はいくつかあるがいずれも問題が多く，また規制を入れるとかえって分断を招くことがある。たとえばアメリカではフェイスブックやツイッターなど SNS の発信規制を行った結果，トランプ支持者は既存の SNS を頭から信じなくなり社会の分断はかえって深まってしまった。リテラシー向上とネット規制に解決を求めるのは問題含みであり，かつ効果は疑わしい。

　これに対して本書の提案は拍子抜けするほど簡単なものである。過剰な情報発信力を抑制したフォーラム型の SNS をつくること，これだけである。そんなことで状況が改善するのか疑問に思う方もおられるかもしれない。疑問に思われる方はぜひ本書を読んで判断していただければ幸いである。筆者の考えでは，個人の情報発信力を最大に設定したのは学術ネットワークとして出発したインターネットの初期設定ミスであり，修正は可能である。ありえないほどに強い情報発信力を正常化してやれば状況は大きく改善する。

　本書のもう一つの特徴は，論拠としてアンケート調査を多用していることである。本書はその結果をもとにしている。どのアンケート調査かいちいち本文

中で示すのは煩雑なため，ここで一覧にしておこう

(1) 2014年12月調査　「炎上調査」　予備調査2万人→本調査2,000人

(2) 2016年6月調査　「炎上調査2」　予備調査4万人→本調査2,000人

(3) 2017年8月調査　「分断調査1」　予備調査10万人→本調査3,000人

(4) 2018年2月　「分断調査2」　予備調査5万人→本調査3,000人

(5) 2019年5月　「分断調査3」　予備調査2万人のみ

(6) 2020年1月　「フェイクニュース調査1」　6,000人

(7) 2020年4月　「糸井重里炎上事件調査」　1,200人

(8) 2021年7月　「フェイクニュース調査2」　1,200人

(9) 2021年2月　「ヘイトスピーチ調査」　2,000人

調査会社は(1)から(6)まではマイボイス社，(7)から(9)まではサーベロイド社で，いずれもウェブモニター調査である。調査期間は8年間にわたり，調査人数は予備調査を含めて延べ20万人以上になる。本書の分析と提案はこれらアンケート調査の結果と事例研究に基づいたものである。

　本書の構成を簡単に述べておく。第1章は導入であり，そもそも議論が荒れるとはどういうことなのかを整理する。議論には相手を倒すための議論と相互理解のための議論があり，両者が混在しているのが問題であることを示す。第2章では保守とリベラルの思想対立を簡単に整理する。ネットでは保守とリベラルは罵倒と中傷を繰り返すばかりであるが，これは本来の姿ではなく，本来，保守とリベラルは生産的な議論ができる関係にあることを確認する。なおこの第2章はやや横道なので，保守とリベラルの思想対立に興味のない方は飛ばして第3章にすすんでもらっても結構である。

　第3章は本書の核心部分であり，ネット上で議論が荒れて罵倒と中傷になるのはなぜかを述べる。本書の用意する答えは，個人の情報発信力があまりに強すぎること，である。ネットでは誰に対しても議論を開始することができて，それをやめさせる方法がない。聞きたくない人の耳元に無限に囁き続けることができる。この最強ともいえる情報発信力のために，相互理解の議論をする人は嫌気がさしてネットから撤退してしまう。ネットでの個人の情報発信力が最強に設定されているのは，インターネットが学術ネットとして始まったことの名残であり，修正可能である。

　第4章ではその修正方法の一例としてフォーラム型のSNSを提案する。フォーラムとはメンバーシップ制をとり，書き込むことはメンバーしかできないが，読むことは誰でもできるようにしたSNSである。いわば受信と発信を非対称にすることで（言論の自由を守りながら）個人の過剰な情報発信力を制限する仕組みである。フォーラムの中では相互理解を勧めるような落ち着いた議論ができるようになるので，ネットの分断の抑制に役立つと期待できる。

　第5章と第6章は，ここで提案したフォーラムが，分断を防ぐだけでなく，ネットの各種の病理現象を緩和することに役立つことを示す。第5章では炎上を取り上げ第6章ではフェイクニュースを取り上げる。フォーラムは結果として炎上とフェイクニュースの問題に対しても一定の効果があることが示される。

　第7章では情報化の長期的なビジョンを示し，本書の提案をその中に位置づける。近代500年の歴史を振り返るとき，現在のネットの混乱はいわば初期故障であり，いずれ修復される。現在は初期故障に対する解決策が試みられている最中であり，本書のフォーラムの提案もその一つとみなせる。あとがきには，言い残した問題として，ヘイトスピーチと情報力の独占の問題を取り上げた。

　最後に本書はネットについての楽観論であることを述べておきたい。昨今のネットについての論考は悲観論が優勢である。ネット上の言論空間は誹謗と中傷の嵐であり，そこで目にするのは分断，炎上，フェイクニュース，そしてヘイトスピーチである。一向に改善されない惨状に，これは人間にとって宿命的問題であり，あきらめるしかないとの声も陰に陽に聞かれるようになった。ネットとはその程度のものである，と。

　しかし，現在のネット上の混乱は情報化の長期ビジョンからすれば初期故障であり修正可能である。強すぎる情報発信力は学術ネットワークとして始まったインターネットの初期設定のミスにすぎない。たかが初期設定のミスにすぎないものを宿命的な問題としてあきらめる必要はない。問題は修復できる。ここで述べたフォーラムはその一例であり，これ以外にもアイディアはあるだろう。今後30年程度の間にネットにはさまざまの改善の試みが行われると予想する。少なくともいま国家統制のような性急な規制に走るべきではない。

　2022年4月　　　　　　　　　　　　　　　　　　　　　　　　田中辰雄

目　次

ネット分断への処方箋

ネットの問題は解決できる

第1章

二つの議論──倒すか，理解か

　ネットでの議論は荒れている。ツイッター，掲示版等のネット空間で見るのは罵倒と中傷であり，生産的で落ち着いた議論はほとんど見かけない。賛否のどちらの方向でも極端な意見が幅を利かせ，互いを激しく攻撃し合う。リアルの世界ではめったに見られない攻撃的口調（あるいはその裏返しとしての完全な同調）が多く，異なる意見を持つ人が対話によって理解を深めるような落ち着いた議論にはめったに出会わない。ネットとは，そもそもそのような荒れた場所なのであり，実りある議論する場所ではないという見解すら見られる。たとえば，われわれの調査では，ネットでは実りある議論ができないという意見に半数近い人（47%）が賛同している。ネットで実りある議論ができると考える人は7%に過ぎず，ほとんどの人はネットでの議論に期待していない（図1-1）。

　しかし，インターネット草創期にはそうではなかった。ネットを通じて時間と空間を超えて議論ができるなら，すなわち情報の交換ができるなら，世界は良くなるだろうと期待されていたのである。情報の交換は相互の理解をすすめる。世の中の対立や争いは無知や誤解から生じることが多いから，ネットでの広範な議論を通じて相互に理解が深まれば対立や争いの解決にも役立つことだろう。ネット草創期の人々は本気でそのような期待を持っていた。

　今にして思えばあまりにナイーブで甘い考えと思えるかもしれない。確かに人間というものには光もあれば影もあるものであり，ネットでも良いことばかりではない。当時とてフレーミング（炎上）と呼ばれるネット上の喧嘩はあった。しかし，それでもネット草創期には相互理解につながるような落ち着いた議論も行われており，少なくとも現在のように罵倒と中傷ばかりということはなかった。草創期の人が楽観論をとったのは，それなりに落ち着いた生産的な

図1-1　ネットは実りある議論の場か

以下の意見に賛同できますか？
【ネットで実りある議論をするのは難しいと思う】

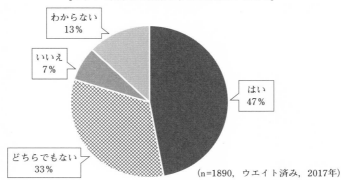

（n=1890，ウエイト済み，2017年）

議論があったがゆえなのである。

　このように述べると驚く人もいるかもしれない。ネットで落ち着いた議論できていたということを，今の荒れたネットしか知らない若い人々に伝えるのは難しい。わかってもらうために具体例を出すのが良いが，自分の関心外の話題についての長々しい議論を読むのは骨である。そこで2つほど手掛かりとなる材料をだしてみよう。ゴドウィンの法則とフレーミングへの対処研究である。いずれもネット草創期の議論の混乱ぶりについてのエピソードであるが，逆説的にネット草創期には落ち着いた生産的な議論もありえたことを示唆している。

1-1　ゴドウィンの法則とフレーミング

　ネットで古くから言われる俗説にゴドウィンの法則というのがある。弁護士のゴドウィンはネットでの議論を観察し，次のような傾向則を見出した。

　　ネット上での議論が長引けば長引くほど，ヒトラーやナチが引き合いに出される確率は1に近づく[1]。

　ネット上の議論が長引くと熱狂して興奮した人が相手を罵倒し始める。罵倒で一番わかりやすいのは相手に絶対悪のレッテルを張ることで，欧米での絶対悪はナチなのでこれが使われやすい。したがって，ある程度長時間議論が続くと，論争相手に対し，そんなことを言うなんてナチと同じだ，おまえはヒトラーだ，と非難する人が現れる。妊娠中絶の是非や銃規制などの政治問題だけなく，ネットでの動画処理の実装はどうあるべきかとか，日本映画における女性の位置づけとかの技術的あるいは文化的な話題においてすら，議論が長引いて白熱すると最後にはナチを引き合いに出して罵倒が開始されるのである。落ち着いて考えてみればばかばかしい話であるが，興奮して相手を攻撃すること自体が目的化すると，このような罵倒と中傷に進みやすい。多くの場合，ナチスになぞらえる人が出た段階で議論は打ち切られたと言われる。

　このゴドウィンの法則からはいろいろな示唆が得られる。ネット草創期でも罵倒と中傷はあったのであり，攻撃的な議論をする人は常に存在するという点で今も昔も変わらないと読むこともできる。しかし，より重要なのは，"議論が長引いた場合に"，という条件が付いていることである。最初は，落ち着いて議論をしていたのであり，一定時間は罵倒でも抽象でもない普通の議論が続いていたことに注意しよう。また，この法則はナチスになぞらえる確率が1に近づくと述べているのであり，かならずそうなるというわけではない。むしろ，継続時間の短い議論ではほとんどはナチスが登場せず終わっていたことを示唆する。さらに，相手をナチス呼ばわりした段階で議論が打ち切られることが多かったということが重要である。相手をナチスと呼んだ時点で，落ち着いた議論は不可能であり，そこから先は罵倒と中傷ばかりになるので打ち切られたと考えられる。ということは結果として罵倒と中傷を避けて終わったことになる。このように考えるなら，ゴドウィンの法則はネット草創期にはむしろ罵倒と中傷の議論は少なかったことを示している。

　これに対し，現在，掲示板とツイッターでは，意見の異なるものが2～3回書き込みを往復させただけでしばしば罵倒と中傷に突入する。最初から罵倒で

1）ゴドウィンが最初にこの法則に言及したのは 1990 年とされる。Godwin, Mike, 1994, "Meme, Counter-meme," Wired, 1994/10/1, https://www.wired.com/1994/10/godwin-if-2/, 2022/1/24 確認。

始まる例さえある。それに比べればネット草創期には，ある程度落ち着いた実りある議論が現在よりも行われてきたことがわかるだろう

　もう一つの事例としてフレーミングへの対処法の研究を紹介しよう。ネットの草創期でも罵倒と中傷に近い現象は存在しており，フレーミングと言われていた。フレーミングとは炎上と訳されるが，不特定多数が関わる今日の炎上とは異なり，当時よく見られたのは特定少数の人の間の感情的な応酬すなわち喧嘩である[2]。Lee（2005）はネット草創期の掲示板（当時はニュースグループと呼ばれていた）でのフレーミングを収集し，そこで行われていた対処法をまとめた。対処法はいくつかあるがその中に次のようなものがある。

　　「第三者が仲介する」
　　「ジョークを言う」
　　「詩を投稿する」

　第三者が仲介するというのは，文字通り喧嘩の当事者以外の第三者が間に入ってとりもつことである。ジョークを言うというのは，論争の中身，あるいは喧嘩する人たちの姿についてジョークを言うことで頭を冷やす方法である。詩を投稿するというのはその発展形で，フレーミングについて嘆き節のような詩（多くはパロディ）を書いて投稿することである。喧嘩というのは多くの場合，少し冷静になって考えてみるとばかばかしいことにこだわっていることが多い。そんなとき，ジョークや詩を見て喧嘩の当事者がはっと我にかえることがある。そこで肩に入った力を抜き，熱くなった心を静めれば落ち着いた議論に戻ることができるというわけである。

　現時点から振り返ってみるとき，この 3 つの対処法はいかにも牧歌的である。現在ネット上で見られる論争にこれらの対処法が有効かを考えてみると，とうてい有効とは思われない。たとえば放射能をめぐる論争，子宮頸がんワクチン

2）今日の炎上は不特定多数の人が次々から現れてネット中で攻撃が行われるが，これはツイッター等の拡散ツールや検索エンジンが普及した後のことである。ネット草創期は口喧嘩がどこで起きているかを知る方法がなかったので，不特定多数が集まってくることが少なく，喧嘩を開始した特定少数者の間だけで継続して論争が行われることが多かった。主戦場はメーリングリストと掲示板である。

についての論争，性表現の自由に関するフェミニズムとアンチフェミニズムの論争，コロナ渦でのPCR検査拡大の是非論争など，近年のネット上では激しい対立論争があった。これら論争の最中に上記3つの対処法で収拾を試みたとして何が起きたかを考えてみればよい。第三者が仲介しますなどと現れても誰も言うことを聞かないだろうし，ジョークや詩にいたってはふざけるんじゃないと言われるか，あるいは無視されるかであろう。このような牧歌的な方法が有効な対処としてあげられているということは，ネット草創期のフレーミングは喧嘩といっても一定の節度があり，罵倒と中傷のみに陥ってはいなかったことを示唆する。ネット草創期には，今より落ち着いた議論の時間がはるかにあったのである。

1-2　現代思想フォーラム事件

　外国の例ばかりでなく，日本の例もあげておこう。現代思想フォーラム事件というのがある。1993年，パソコン通信サービスのニフティの上で行われた議論での書き込みが名誉棄損に問われた事件である。

　パソコン通信とはインターネットが普及する前にパソコン会社が提供していた電子メール，掲示板などのネットサービスのことである。今日の2ちゃんねるのようにテーマが設定された掲示板（会議室）があり，そこで活発に書き込みがされて議論や交流が行われていた。2ちゃんねると違うのは特定の企業（ニフティの場合は富士通）によって運営されていたこと，参加者はニフティにIDを登録して利用したこと，そして，掲示板ごとに管理する管理者（シスオペと呼ばれる）がいたことである。特に管理者の存在は今日のインターネットとは大きく異なっている。現代思想フォーラムはその中で思想的問題を取り扱う会議室であった。

　ことの発端はこのフォーラムで，ある人Xの書き込みに対し，批判者Yが激しい批判の議論を仕掛けたことである。Xはフェミニズムの立場に立っており，女性の自立や中絶の自由などの主張を展開していた。これに対し，批判者YはXの議論が一方的で異論を排除しているとして批判を加えた。Xは長年

フォーラムで活動していたために，発言者を制限できる小グループをつくることができる立場にあり，自身の賛同者だけの小グループをつくった。Yはこれを異論排除として批判したが，批判はこれにとどまらずにエスカレートしていき，Xは嬰児殺しで不法滞在者だ，などの罵倒と中傷を始める（Xは女性であり堕胎したことがあることを公言していた）。これを名誉棄損として裁判がおこされ，賠償命令が出たのがこの事件の顛末である。なお，この訴訟ではフォーラムの管理者と運営会社ニフティの監督責任も問われたが，最終的な控訴審では監督責任は否定され，書き込みをしたYの名誉棄損だけが罪として認められている。

　この事件にはいろいろな論点がある。今から振り返ると，今も昔もフェミニズムは燃えやすい論点なのかと思うこともできる。また，管理者と運営会社の責任が問われなかったのは後のプロバイダー責任法のさきがけと評価することもできる。しかし，ここで注目したいのは，この論争がXとYの間だけで起こり，他には拡大しなかったことである。

　事件の経過を追うと，Xが自分たちだけの小グループをつくって異論を排除したとき，これは問題ではないかと穏やかに疑義を呈する人がいた。また，逆に，Yがあいつは嬰児殺しなどと口汚い中傷を始めたとき，それを諫め，抑えようとして運営会社に働きかける人もいた。当事者である2人の発言だけ見ていると今日の罵倒と中傷だけでのネットと同じ状況であるが，違うのはどちらにも与しない中庸の人達が大勢おり，彼らもそれなりに発言していたことである。言い換えれば，中庸で落ち着いた議論も周囲では一定程度は行われていた。

　そのことをよく表すのは，このときのフォーラムの管理者の対応である。管理者は，問題発言の削除しても同じような書き込みがどこかで行われてしまうので問題は解消されず，それよりも発言を残してそれへの対抗言論を盛り上げていった方がよいと考えていた。裁判所は判決文でこの対応を妥当としている。判決文から引用する。

　　　控訴人B（管理者のこと，引用者注）は，削除を相当とすると判断される発言についても，従前のように直ちに削除することはせず，議論の積み重ねにより発言の質を高めるとの考えに従って本件フォーラムを運営してき

ており，このこと自体は，思想について議論することを目的とする本件フォーラムの性質を考慮すると，運営方法として不当なものとすることはできない[3]。

　訴えた X は，この管理人の対応は中傷発言をフォーラム上に残すことになるので責任放棄であるとして管理人をも削除義務違反で訴追しているが，裁判所は上記のように管理人の対応を評価し，訴えを退けて無罪としている。裁判所が管理人の対応を評価したことからもわかるように，当時，この管理人の対応は一定の有効性を持っていたと考えられる。すなわち，「直ちに削除することはせず，議論の積み重ねにより発言の質を高める」という解決策が一定の効果を持ちうる状況だった。このことは，フォーラム内で罵倒と中傷はあっても，落ち着いて生産的な議論が一定程度は行われていることを示唆する。そうでなければ，議論の積み重ねに期待するという対策はとれない。少なくとも管理人がそれを試み，裁判所がそれを認めるくらいには，落ち着いて生産的な議論も行われていたのである。

　したがって，ネット草創期の人々が，ネットを通じた情報交換で相互理解が進むという楽観的期待を持ったのは，論拠のないことではなかった。当時の人たちがナイーブな夢想家だったわけではない。ネット草創期には議論によって相互理解が進むと思わせる事実が確かに一定程度は存在していたのである。しかしながら，いつのまにかそのような落ち着いた議論は姿を消してしまい，周知のようにネットは罵倒と中傷だけの世界になってしまった。今日，ネットによって相互理解が広がるという期待を明るく語る人はほとんどいない。こうなってしまったのはなぜなのだろうか。人々が極端な 2 つの陣営に分かれ，相互理解を拒否してひたすら攻撃しあうようになってしまったのはなぜか。そしてそれは変えられるものなのか，それともネットに宿命的な欠点なのか。これが本書全体を貫く問題意識である。

---

3) ニフティサーブ現代思想フォーラム事件控訴審判決，http://www.law.co.jp/cases/gendai2.htm，2022/1/24 確認。

1-3　相手を倒すための議論

　論をすすめるにあたって，ここで罵倒と中傷とは何を指すかを明らかにして
おこう。今ネットでは落ち着いた議論が失われ，罵倒と中傷だけになってしま
ったと述べた。しかし落ち着いた議論とは何であろうか。罵倒と中傷と述べた
が激しい論争がはたから見ればそう見えるだけで，それでも議論の一種とは言
えないのだろうか。今後の考察のために，本書に必要な範囲で世の中に存在す
る議論というものについて整理しておこう。

　議論には 2 種類ある。それは相手を倒すための議論と相互理解のための議論
である。

　相手を倒すための議論は，激しい政治闘争の際や法廷論争そしていわゆるディ
ベートなどで行われる。相手を論破して勝つことが目的であり，相互理解を
求めているわけではない。議論には勝者と敗者があり，勝つことが目的なので，
議論は攻撃的になり，論破するためにあらゆる手段が使われる。現在，ツイッ
ターや掲示板など公開の場で行われている議論の大半は，この相手を倒すため
の議論である。

　これに対し，相互理解のための議論というのがある。この議論の目的は相手
を論破することではない。相手と自分の意見の相違点が明らかになり，なぜ意
見が異なるかを相互に理解することが目的である。議論の結果，相互理解を得
られれば成功，得られなければ失敗である。議論に成功と失敗はあっても，勝
者と敗者はいない。この 2 つのタイプの議論は基本的に異なっており，分けて
考える必要がある。以下，それぞれについて少し詳しく解説してみよう

　相手を倒すための議論では，攻撃のためにあらゆる手段が動員される。相手
の議論の弱点を見つければ徹底的にこれを攻撃し，逆に自分の弱点はできるだ
けさらさない。議論を聞いている聴衆が問題の全体像をとらえることは必ずし
も望ましいことではなく，聴衆の関心は全体像ではなく相手の弱点にだけ向け
られるようにすることが望ましい。そのような誘導を図ることが重要な戦略と
なる。また，聴衆の支持を得るためには感情に訴えることも有効なので，わか

りやすいキャッチフレーズやレッテル貼りも多用される。議論の中身より相手の個人的な信用を失わせることも有効な戦略となるので，相手の人間性や人格的な欠点を浮き彫りにする事実があれば遠慮なくそれを使う。つまり人格攻撃もいとわない。

　このような議論の進め方は政治論争ではよく使われる。たとえば『左翼を論破する方法：議論に勝つ 11 のルール』（ベン・シャピーロ）という本がある（Shapiro 2018）。この本はアメリカの右翼の論客が左翼との政治論争をどう進めるかを書いたもので，「相手を倒すための議論」の性質がよく表れている。彼があげた 11 のルールの中には相互理解に通じるものもあるが，そうでないものも多い。たとえば，次の 3 点などはその典型である。

- 戦争だと思っていけ（Walk Toward the Fire）
- 相手にレッテルを貼れ（Frame Your Opponent）
- 自分に有利なように問題設定をせよ（Frame the debate）

　戦争だと思っていけというのは，まさに相手を倒すことを目的とすることの端的な表現である。相手の言い分をある程度認めるとか，妥協案を探すとかは考える必要はない。相互理解など思いのほかであって，相手を倒すことだけに専念せよというわけである。

　レッテル貼りは議論を単純化し感情に訴えるのに有効である。歴史的によく使われるのは，ファシスト，レイシスト，国家主義者，売国奴，共産主義者等であるが，辛辣な造語がつくられることもある。たとえばフェミニズム論争では，名誉男性，フェミナチという言葉があるし，昨今のネットでよく使われるネトウヨ，パヨクもその一例である。原発事故の際の御用学者，放射脳もこれに属する。コロナ渦のときはコロナ脳という言葉を使う人もいた。これらの用語に一定の意味がないわけではないが，ほとんどの場合は相手を非難・攻撃することが自己目的化しており，少なくとも相互理解の姿勢は見られない。

　自分に有利なように問題設定せよとは，相手の弱点に焦点が当たるように議論を誘導せよということを意味する。どんな主張にも弱点はあるので，自分の弱点はできるだけ話題にしないようにし，相手の弱点だけに焦点が当たるよう

に問題設定するのが戦術的に有効である。その結果，聴衆の理解は偏ってしまうことになるが，自分に有利な方向に偏るのはむしろ望ましい。聴衆にバランスのとれた全体的な理解を与えることが目的ではないので，いくら理解が偏りバイアスがかかっても勝ちさえすればよい。

　このように書くと相手を倒すための議論とはいかにも殺伐として非生産的に聞こえるかもしれない。しかし，悪いことばかりではなく利点もある。大きな利点として激しい攻撃の応酬により，短い時間で効率的に問題の論点を明らかできる点があげられる。自分の弱点を隠して相手の弱点だけに焦点を当てると言っても相手も同じことをしてくるのであるからなかなかうまくいかず，結局双方の弱点が明らかになることも多い。この論点が効率的に明らかになるという利点を最大限を生かそうとするのがいわゆるディベートであり，うまくいけば短時間で生産的な議論が期待できる。

　ただし，相手を倒すための議論が生産的になるためには条件が必要である。それは審判者たる聴衆の存在である。議論で相手を倒したかどうか，すなわち勝負を判定するのは聴衆であり，議論は聴衆に向けて行われなければならない。政治闘争では有権者が，法廷論争では裁判官あるいは陪審員（審判員）が，ディベートでは審判（ジャッジ）がその聴衆にあたる。聴衆がいる以上，相手を倒すための議論にはある程度の節度が求められる。非常識あるいは無意味な立論，枝葉末節にこだわる議論，本筋と離れた論点など，議論を混乱させるだけの要素を持ち込むと聴衆の支持を得られず，議論に負けるからである。実際，上記の左翼と議論するための11のルールの中には「相手の議論の矛盾点をつけ」「知らないことは率直に認めてしまえ」「はぐらかされないようにせよ」などまっとうなルールも含まれており一概に非生産的とは言えない。これはあまりひどいことをすると審判者たる聴衆から支持を失ってしまうためである。政治闘争や法廷論争，そしてディベートが，議論として一定の生産性を保っているのは，このように勝負を判定する聴衆が存在しているからである[4]。

　ここで読者は気づくだろう。ネット上では聴衆が存在しない。より正確に言えば勝負を判定する役割をになう聴衆がいない。勝ち負けは相手が黙るかどう

4）実際には，司会者，制限時間，発言順のルールなども必要である。選挙，法廷論争，ディベートいずれもこの3者が揃えられている。ネット上には無論このようなルールはない。

かだけである。こうなるとまっとうではないあらゆる手段が動員され始める。黙らせさえすればよいのであるから，どんなに議論を混乱させてもかまわない。非常識な立論，枝葉末節にこだわる議論，議論の前提の前提のそのまた前提までさかのぼる無制限の戦線拡大，同じことをロボットのように言い続ける消耗戦等，いくらでも手段は考えられる。相手が音を上げて議論から撤退してしまえば論破したと勝利宣言できる。あるいは相手がブロックすれば逃げたと言えばよい。このように相手を倒すための議論は聴衆を失うとき，劣化しやすい。

　このような議論の劣化の典型例が，ネットで古くから知られる「詭弁のガイドライン」である[5]。このガイドラインは2ちゃんねるなどの掲示板で行われた議論から，一見してもっともらしいが実際には中身の乏しい詭弁を集めたものである。このガイドラインは，詭弁に騙されないようにという警告の書と読むこともできるし，こうやれば詭弁で相手をけむに巻けますよという指南書と読むこともできる。相手を倒すための議論が聴衆を失って劣化した場合どうなるかをよく示しているので，一部を簡単に紹介しておこう。

　詭弁のガイドラインでは例として「犬は哺乳類か？」という問いを立てる。犬が哺乳類であることは皆知っているが，あえてこれを否定しようとしてみる。詭弁のガイドラインでは次のような立論例をあげている（原典ではもっと多いが，ここでは一部だけ取り上げる）。

1. 事実に対して仮定を持ち出す
「犬は子供を産むが，もし卵を生む犬がいたらどうだろうか？」
2. ごくまれな反例を取り上げる
「だが，時として尻尾が2本ある犬が生まれることもある」
3. 自分に有利な将来像を予想する
「何年か後，犬に羽が生えないという保証は誰にもできない」
4. 資料を示さず自論が支持されていると思わせる
「世界では，犬は哺乳類ではないという見方が一般的だ」

---

5) いくつかのバージョンがあるが，たとえば次がまとまっている。ニコニコ大百科「詭弁の特徴のガイドライン」https://dic.nicovideo.jp/a/ 詭弁の特徴のガイドライン，2022/1/24 確認。

　5.　一見関係ありそうで関係ない話を始める
　　「ところで，カモノハシが卵を産むのは知っているか？」
　6.　陰謀であると力説する
　　「それは，犬を哺乳類と認めると都合の良いアメリカが画策した陰謀だ」
　7.　自分の見解を述べずに人格批判をする
　　「犬が哺乳類なんて言う奴は，社会に出てない証拠。現実を見てみろよ」
　8.　レッテル貼りをする
　　「犬が哺乳類だなんて過去の概念にしがみつく右翼はイタイね」
　9.　勝利宣言をする
　　「犬が哺乳類だという論はすでに何年も前に論破されてることなのだが」
　10.　細かい部分のミスを指摘し相手を無知と認識させる
　　「犬って言っても大型犬から小型犬までいる。もっと勉強しろよ」
　11.　全か無かで途中を認めないか，あえて無視する。
　　「すべての犬が哺乳類としての条件を満たしているか検査するのは不可能
　　だ（だから，哺乳類ではない）」
　12.　勝手に極論化して，結論の正当性に疑問を呈する。
　　「確かに犬は哺乳類と言えるかもしれない，しかしだからといって，哺乳
　　類としての条件をすべて持っているというのは早計に過ぎないか。」

　犬が哺乳類であるという命題が正しいことは明らかなので，これらの立論が
おかしいことはすぐにわかる。すなわち，これらの立論はいずれも犬が哺乳類
かどうかという問いに正面からまじめに答えるつもりはなく，議論は前進しな
い。このような立論に付き合った場合，議論はただ混乱するだけである。
　犬が哺乳類かという話題の場合は，その不毛さが誰にもすぐわかる。しかし，
これが通常の論争的な話題になると一見してもっともらしく聞こえてくる。た
とえば話題を「原発はすみやかに廃止すべきか」「子宮頸がんワクチンは打つ
べきか」「萌えポスターは女性差別か」など近年論争になった話題に変えてみ
よう。これらの話題に対して上記の詭弁を適用した表現をつくってみると，一
見したところ詭弁とは思えなくなる。「世界では原発は廃止するのが当たり前
だ」「原発が危険というのは環境主義者のつくり出した陰謀だ」等々。実際，

ツイッターや掲示板でこのような形式の立論を見たことがある人もいるだろう。この場合，正面からまっとうに議論しようとしているわけではないので，議論は消耗的になり袋小路にはいる。やがて，相手が疲れて議論の場から撤退してしまえば，勝利宣言をして論破成功と称することができる。実際には相手は呆れて去っていくだけで決して論破したわけではないが，当人は意気揚々と勝利を語ることになる。

　聴衆が勝敗を判定するなら，このようなことは起こらない。聴衆の目から見れば議論が混乱していることは明らかで，仮にそれが詭弁を仕掛けた側にあることがわかれば，詭弁を仕掛けた側は聴衆の支持を失うからである。

　今，撤退すると述べたが，撤退は比較的おとなしい決着である。その人にとって引くことはできないほど重要な問題であれば撤退はありえず，あくまで頑張ろうとする。すると最後には激高し感情的な喧嘩に移行する。これが罵倒と中傷である。かくして，聴衆のいない場での「相手を倒すための議論」は，往々にして罵倒と中傷を生みやすい。ネット上で罵倒と中傷が多いのは，審判役たる聴衆がいないにもかかわらず，相手を倒すための議論を行っているためである。ネットで行われているのは，審判役なきディベート，裁判官なき法廷論争，有権者なき政治討論であり，その行きつく先は罵倒と中傷となる。

1-4　相互理解のための議論その1：論理による理解

　次に相互理解ための議論について述べよう。相互理解のための議論では相手と自分の意見の相違がなぜ，そしてどこから生じているかがわかればよい。議論に勝ち負けはない。見解の相違の理由がわかれば議論は成功であり，わからなければ失敗である。議論に勝ち負けはないが成功と失敗はある。また，相互理解はできるだけ深く広い方がよいので，双方の弱点と利点がわかった方がよい。ゆえに弱点を出すまいと身構える必要はなく，むしろ弱点も利点もさらして議論することが望ましい。相互理解のため議論は激しい攻撃とは無縁であり，静かな話し合いとなる。

　相互理解のための議論の性質を明確にするため，ここで「理解」とは何かを

掘り下げてみよう。理解には2種類ある。一つは論理による理解，もう一つは共感による理解である。

　論理による理解とは，相手の意見の論理的根拠をあきらかにすることである。一般に人の意見は事実判断と価値判断の組み合わせからなっている。事実判断とは，Aが原因でBが起こるというような事実関係についての認識であり，価値判断とは，αよりもβの方が望ましいという優先順位をつけることである。

　たとえば原発問題を例にとってみよう。原発廃止派と原発活用派に分けてみる。価値判断の面から見ると，廃止派は原発事故のリスク（あるいは放射能リスク）を防ぐことが最優先の価値を持っていることが多い。これに対し，活用派は安定した電力確保の価値づけが高く，事故リスクも電力供給にまつわる他のさまざまのリスクの一つという位置づけである。

　以上は価値判断の相違であるが，これに加えて事実判断にも相違が見られる。特に再生可能エネルギーの実現可能性についての見解は割れており，原発廃止派は太陽光・風力などの再生可能エネルギーが代替エネルギーとして十分利用可能と考えるのに対し，原発活用派は再生可能エネルギーは不安定なので，安定したベース電源として原子力が必要だと考える。ここには再生可能エネルギーの供給安定性についての事実判断の相違がある。このように事実判断と価値判断の相違を整理すれば，相手が何を論拠にして自分と反対の意見を持っているのかが理解できる。どこまで一致して，どこから意見が分岐するのかがわかる。

　もちろん理解できたからといって意見が一致するわけではない。が，相手が理解できることは重要である。人は理解できない者には恐怖を抱き，敵対感情を持ちやすい。敵とみなすと相手を極端に悪魔化して描くようになりやすく，そこから罵倒と中傷そして社会の分断まではあと一歩である。廃止派は，原発を利用すべきと述べる人は命より利権を優先する金の亡者だと断じ，逆に活用派は，即時廃止を主張する人を夢想家と言ったりする。極端な事例としてそのような人もあるいはいるかもしれないが，中庸に位置する大半の人は論理的に理解可能な範囲内である。

　このような論理による理解は理解の形式としては古典的なもので，社会学者であるマックス・ウェーバーは目的合理性と呼んだ。ウェーバーは理解社会学

を提唱し，人の行動を理解しようとしたが，彼の考える理解の一つの柱が目的合理性である（ウェーバー 2002）。目的合理性とは，ある目的を最大化するように行動することで，これは上記の価値判断と事実判断を組み合わせてその人の行動を理解することに相当する。すなわち価値判断で目的が定められ，事実判断をもとにその目的を実現しようとする。

　経済問題に限らず，政治問題でも同様である。たとえば金正恩はミサイルを発射するなど特異な行動をとっているが，これも彼なりの目的を合理的に追求した行動として理解できる。彼にとって価値があるのはおそらく自身の地位あるいは支配体制の維持であり（価値判断），これを彼なりの国際社会への認識――たとえばアメリカは実際には強硬策をとれないだろうとか，ミサイルは緊張を高めて交渉を早めことができるなどの判断（事実判断）――と結びつけると，彼の唐突で奇妙なミサイル発射を理解することができる。国際政治の専門家とされる人々は，このような「理解」の努力を続けることが仕事の一つである。念のために申し添えると，理解したからと言って賛同するわけではない。原発廃止に賛成あるいは反対するわけでも，ミサイル発射を容認するわけでもない。しかし理解すれば，そこから対策を考えることができる。

1-5　相互理解のための議論その2：共感による理解

　理解のもう一つの形式は共感（sympathy あるいは empathy）である。これは相手の感じていることを想像力を駆使して追体験し，自分のことのように感じることである。日本語では「相手の立場に立つ」が近く，英語で言えば put oneself in someone's shoe（人の靴を履いてみる）がこれに相当する。理解の形式として共感の重要性は多くの社会思想家や哲学者が述べており，用語もさまざまであるが，ここではアダム・スミスにならい共感（sympathy）という用語を用いておく[6]。

6）アダム・スミスは見えざる手による自由競争を説いた人として知られているが，彼が書いたもう一つの本は倫理についての書物（『道徳情操論』）であり，その中で同感（sympathy）を重要視している。彼の sympathy は同意に近いニュアンスも含むので共感ではなく同感と訳されることもあ

　共感とは何か。事例を使って考えてみよう。たとえば直近の例として，新型コロナに対する態度を考えてみる。新型コロナを恐れる人と気にしない人の差は大きい。恐れる人から見ると現在の日本は病魔に侵された危機的状況にある。ゆえにマスクを二重にし，部屋にこもり，極力人に会わないようにする。そのような人から見ると，コロナをあまり気にせずに友人と食事をしたり，近場に遊びに出かけたりする人は無神経か自覚の足りない愚かな人に見える。一方，コロナをあまり気にしない人もいる。彼らから見ると，コロナによる死亡率はインフルエンザ並みに低いのだからそれほど気にすることはない。そのような人から見ると，現状は騒ぎ過ぎで過剰反応に見える（ちなみにコロナ脳というのはこれを揶揄した表現である）。

　両者の差は論理の問題ではないので，論理的に議論しても相互理解が進むことは期待できない。しかし，できるだけ相手の立場に立とうと努力し，想像力を駆使して共感を試みることはできる。

　たとえば，気にしない派を考えてみる。気にしない派の人の意見としては，新型コロナの死亡率はそれほど高くなく，感染者数もインフルエンザよりずっと少ない。特に基礎疾患がなく中年以下の人の死亡率は非常に小さいので，統計数値を見る限り危険が身近にあるとは思えない。感染に注意すれば普通に生活してよい。外国では日本並みの水準になれば，緊急事態宣言は解除して，さらにマスクまで外しているではないか，といったところであろう。かくして彼らは緊急事態宣言下でも外に出て活動する。

　しかし，そう思う人でも，別の問題では統計数値にかかわらず何かを警戒するという経験はあるはずである。たとえば，高い吊り橋を渡るときに恐怖を感じるだろうし，山中で暗い夜道を一人で帰らなければならないとなれば怖いと感じるかもしれない。吊り橋が落ちる確率あるいは山中の夜道で暴漢や動物に襲われる確率は統計的には無視しうるほど低い。それでも怖い気持ちは抑えられない。新型コロナを恐れる人は，それと同じように統計的にどれだけ低くて

る。本書では同意までは求めないので，共感という言葉を用いておく。なお，現代ではこの共感に相当する言葉は empathy にであるが原典にならって sympathy としておく。empathy は 20 世紀に広まった言葉でアダム・スミスの時代には使われておらず，彼は empathy を含む意味で sympathy を使っている。スミス（1968）。

も感染して死ぬリスクをリアルに感じている。気にしない派の人は自分の似た体験にひきつけることでコロナを恐れる人の気持ちを理解することができる。

　逆にコロナを恐れる人は，気にしない派の人は，鈍感で愚かな人だと思うかもしれない。統計的に無視できるものを合理的に切り捨てるなど，そんな割り切りは理解しがたいと。しかし，その同じ人が，別の問題ではまさに合理的に確率を計算して割り切っている場合がある。たとえば飛行機に乗ってもお酒を飲んでも命を縮める可能性はわずかながらあり，それでも飛行機に乗りお酒も飲んでいるとすれば，起こりそうにないほど小さい確率は切り捨てていることになる。同じような切り捨てをコロナについてもやれる人がいると想像できれば，気にしない人がいることを理解することはできるだろう。自分にとってコロナだけは特別でそのような確率での割り切りはできないだろうが，それができる人がいるということは自分の他の経験に照らして想像し，とりあえず理解することはできる。

　このように共感による理解では，相手の体験に似た体験を過去の自分の体験の中から探し出し，それを重ね合わせることが多い。自分にはとうていそうは思えないが，ひょっとするとあれに似ているかもしれないな，という体験を思い出し，想像力をはたらかせて相手の気持ちをわかろうとするのである。無論，完全に同じ体験はありえないから，共感と言っても限りがある。人間は人の気持ちはなかなかわからないものであり，共感と言ってもせいぜい半分どまり，あるいは2〜3割程度のわずかなものかもしれない。それでもまったく理解できないよりははるかにましである。少なくとも相手を理解不能な異質な人々と思わないでいることができる。

1-6　相互理解のための議論の喪失

　相互理解のための議論には，論理による理解と共感による理解があることを述べてきた。ここで述べた相互理解のための議論は，よく考えるとそれほど特別なことではない。われわれは何かについて人と意見を交わすとき，ほとんどの場合，相互理解のための議論をしているからである。

　たとえば，同僚とプロジェクトの進め方で意見が異なったとする。あなたがA案が良いと言い，相手がB案が良いと言う。なぜ意見が異なるかを話し合うとき，論理による理解が使われる。あなたが優先したいのは納期で，同僚は品質であるというように優先順位が異なっているのかもしれない（価値判断の相違）。あるいはプロジェクト完成までの見込み費用や必要人員の予想が異なるのかもしれない（事実判断の相違）。話し合いの中で議論の分岐点を明らかにしたうえで，さあどうしようかという話になる。

　あるいは，喫茶店で友人と話していて，友人がふと飲食店の全面禁煙化が気に入らないともらしたとする。あなたは社会が禁煙を進めるのは当然と考えており違和感を感じる。そこで，どうして気にいらないのかと尋ねる。友人は，店を禁煙にするかどうかは店と個人の選択の自由に任せるべきと考えているのかもしれず，あるいは受動喫煙の害は誇張されており実はそれほどでもないと思っているのかもしれない。理由を聞いてもあなたは同意はできないかもしれないが，友人の考え自体は理解はできる。友人のあげた理由のうち，選択の自由に任すべきという論拠については他の問題ではあなたも同じ考え方をしたことがあり，共感できる部分があるかもしれない。このように思いめぐらしたうえで，あなたは自分の考えを静かに伝えることができる「私は飲食店の全面禁煙化は良いことだと思うんだがどうだろう」，と。

　このように普通の会話でわれわれが行うのは，圧倒的に相互理解のための議論である。相手を倒すための議論はめったに行われない。同僚相手に自分の案を通そうとして相手を倒すための議論を行えば，喧嘩になって下手をすればプロジェクトはとん挫する。友人に対し全面禁煙化で論破しようとして相手を倒す議論を行えば，嫌な奴であり友達を失うだけであろう。一般の政治問題でも同様である。居酒屋や喫茶店，集会所などでの床屋談義で憲法改正に賛成か反対かが話題になったとき，そこで相手を倒すための議論をする人はめったにいない。どうして相手がそう思うのかを尋ね，自分は違う意見だがどう思うかを聞き，なるほどね，そういう考えもあるのか，私はこう思うんだがどうだろう，と話が進むのが通例である。相手を倒すための議論をふっかけて論破を試みるような人はなかなかいない。日常生活では，相互理解のための議論と相手を倒すための議論の比率はおそらく9対1以上の比率で，圧倒的に相互理解の議論

が多い。

　しかしながら，ネットの中になるとこの比率は逆転し，ほとんどが相手を倒すための議論になってしまう。冒頭で述べてきた，ネットでは極端な意見ばかりで落ち着いた議論がほとんど見られないというのはこのことを意味している。すなわちネットでは相手を倒すための議論が9割を占め，相互理解のための議論はほとんど見られない。ネットの議論が荒れており，実りある議論ができていないというのは，ネットから相互理解のための議論がほとんど消えてしまったからと言い換えることができる。そして聴衆のないままで行われる相手を倒す議論は，容易に罵倒と中傷に行き着いてしまう。

1-7　政治における理解の重要性

　このように述べると，日常生活での会話はともかくとして，政治的な論争では相互理解のためではなく，相手を倒すための議論をするのは当然だという反論を述べる人がいるかもしれない。確かに，政治での議論とはまさに相手を倒すために行われるのが通例で，国会論戦などでも相手を論破せんとする議論が目立つ。古来，政治は権力闘争であり，闘争に勝つための弁論術が数多く考案されてきた。政治闘争という立場から見ると，相互理解のための議論というのはいかにも“甘い”のであり，書生論的あるいは夢想的すぎると見えるだろう。「理解」の大切さを説くなどというのはいかも甘っちょろいのであり，中学・高校の弁論大会までで十分だ。相互理解を強調するのは，現実を見据えた大人の議論ではない，と。

　この反論には一理ある。政治論争の場合には相手を倒すための議論が（聴衆がいることが前提であるが）なくなることはないだろうし，なくなるべきでもないだろう。2つの政治勢力のうちどちらが聴衆の支持を得るかで論を競うことは政治にとって必要不可欠なことであり，また民主主義の華でもある。

　しかし，それでも政治であっても，社会全体としては相手を倒すための議論だけになってはいけない。政治においてもベースとしては相互理解のための議論が必要である。このことも政治学者や社会思想家が古来いろいろな形で述べ

てきたことで，以下，理解の重要性を2点に整理して述べてみよう。

　第一に，政治問題で相互理解がなくなると，議論を通じて政策を良くしていくという努力が失われてくる。相手を倒すための議論では相手を敵視するので相互理解が進まない。理解できない相手から何かを学ぼうという気持ちは生まれないので，相手の主張の良いところをとりこもうという努力が失われる。民主主義の良いところはさまざまの意見が比較考量され，政策の改善が行われることである。どんな案にも良いところと悪いところがあり，最初から完璧ということはない。提案者が気づかぬ欠点や思わぬ改善点があるものであり，議論を通じた相互理解があれば，相手の言い分のうちこの点はもっともであるとして問題点に気づき，政策を改善していくことができる。しかし，相手を倒す議論ばかりだとそのような努力が放棄されてくる。こうして相互理解が失われて相手を倒す議論ばかりになると，民主主義が本来持っていた多くの人の意見を集約して改善していくという良さが失われる。

　第二に，より深刻な問題として，最低限の相互理解がないと民主主義自体を拒否する動きが出てくる。民主主義では多数決で意思決定が行われるが，このとき負けた側も相手の言うことを最低限「理解」できる必要がある。相手の主張に同意はできないが，それでもそれなりの論拠に基づく主張であることを理解できれば「今回は負けたのでしかたがない，どうなるかお手並み拝見だ，任せてみよう」という気持ちになり，負けた結果を受け入れることができる。そのうえで，もし相手の政策が失敗すれば次はわれわれの番だとして待機する。

　しかし，相手を理解すらできないとなると，負けてもその結果を受け入れる気になれない。理解不能な相手の言うことを聞く必要はないと思うからである。アメリカでトランプ大統領が誕生したとき，アメリカ人の中からトランプはわれわれの大統領ではないとか，カリフォルニア州は独立すべきだという声が出たのはその表れである。逆にトランプ大統領が負けたときは，支持者はそれを受け入れようとせず，議事堂に侵入して止めようとした。

　特に負けた側が構造的に少数派であると，最初から多数決には従わず，独自行動を始める。多くの民族運動はこの経路をたどり，独立運動に向かう。日本で言えば基地問題を抱える沖縄が法的にきわどい抵抗運動を行い，しばしば沖縄独立を口にするのはその例である。どんなに主張しても国（本土）に理解し

てもらえず，また国（本土）の考えも理解できないと思うとき，いっそのこと
日本から独立してしまえという気持ちがわいてくる。分断の行き着く先はこの
ような本当の分裂であり，これは民主政治にとっては失敗である。

　さらに沖縄のように少数派ではなく，拮抗する2つの大きな勢力が争いを続
けると，国全体が独裁へ移行する危険性がある。互いに理解できない両陣営が
際限のない罵倒と中傷を繰り返していると，国民がそれに嫌気がさし，対立を
収めてくれる強い指導者を求め始めるからである。これは独裁への誘惑にほか
ならない。この危険は絵空事ではない。『民主主義の死に方——二極化する政治
が招く独裁への道』は，果てしない対立の果てに民主政治が独裁に移行する過
程を分析した書である（レベツキー＝ジブラット 2018）。著者らは政治学者でい
ったんは民主体制をとりながら独裁に移行した例（ワイマール憲法下でのナチ
スが典型であるがそれ以外にもたくさん存在する）を集め，どのようにして民
主政治が終わったかを比較整理した。著者らによれば，民主政治は軍事クーデ
ターのような暴力によって死ぬのではなく，選挙によって死ぬ。互いに相手を
攻撃し合う果てしない対立に疲れた国民が，それを解決する強いリーダーを望
むとき，独裁が現れるというのがこの本の趣旨である。

　相手を倒す議論だけになってしまうのは民主主義にとって危険である。意見
は対立しても，最低限の理解がそこにはなければならない。すなわち，意見は
異なっても，相手の言うことはある程度は理解できるようでなければ民主主義
は機能しない[7]。

　しかし，ネット上では相互理解のための議論がほとんど失われてしまった。
人々が意見形成をする議論の場はリアルからネットに拡大している。それにも

---

7) 同じことを別の角度から次のように述べてもよい。しばしば民主主義では少数意見の尊重が大切
　だと言われる。ここで少数意見の尊重というのは多数意見を差し置いて少数意見を通すという意味
　ではなく（それでは少数派による専制政治になってしまう），多数意見を通すにしても多数派は少
　数派の主張を理解する必要があるということを指している。少数派の意見を理解し，取り入れられ
　るところは取り入れること，これが少数意見の尊重の趣旨である。もし多数派が，少数派を倒すべ
　き敵とみなし，理解を拒否して，自分たちの意見を100％反映させようとするなら，少数派は多数
　決による意思決定自体に異を唱え始める。逆に言えば，少数派は，自分たちは少数派であっても多
　数派から理解はされており，要求の一部は実現されうると思うとき，多数決による意思決定を受け
　入れることができる。こうして安定した民主主義のためには，最低限の相互理解がどうしても必要
　である。

かかわらず，ネットでの議論の大半が相手を倒すための議論になってしまい，相互理解のための議論が消えてしまった。相手を責めるだけの議論では相互理解は生まれない。これは民主制にとってはゆゆしき事態である。

1-8　保守とリベラル

　ここまで相互理解のための議論の重要性を述べてきた。しかし，そうは言っても今の保守とリベラルの激しい対立を見ると，相互理解などありえないという意見の人もいるかもしれない。なるほど，ネット上のいわゆるネトウヨとパヨクの議論はほとんどが罵倒と中傷であり，相互理解とは程遠い。たとえば，新型コロナ対策として PCR 検査を全国民に拡大することの是非については，落ち着いた評価と批判は見られず，強い否定と強い肯定が激しく対立し，互いに罵倒し合うばかりであった。

　実はネットばかりではない。リアルの政治論戦でも相互理解の議論が消え，相手を倒すための議論ばかりになる兆しがある。たとえば一時期の国会論戦ではモリカケ（森友・加計学園）と桜の会が中心であったが，この2つは政策論争ではなく，安倍首相の資質の問題である。獣医学部の新設自体は民主党も認め，桜の会も民主党政権のときにも行っていたのであるから，問題は安倍首相が自己の利益誘導的あるいは独裁的で政治家として不適切という点に絞られる。相手を倒すため議論では，このような相手の個人的信用を傷つける立論は一定の効果をあげるので，政治論争としてこれを使うのは戦術としては理解できる。

　しかし，議論がそれだけになると政治論戦が劣化してくる。現在，論じるべき政治課題は多い。たとえば，米中対立の中で日本の安全保障をどう確保するのか，社会保障の給付と負担の世代間バランスをどうとるのか，正規労働者と非正規労働者の格差をどう解消するのか，新しい貧困層問題（子供，離婚家族，非正規労働者）にどう対処するのか，失われた 20 年が経過した日本経済をどう運営していくのか，新型コロナのような感染症対策の体制をどうつくるか，ロシアのウクライナ侵攻後の安全保障をどうするか，など論点は多数ある。これらの論点について，与党と野党が論戦を戦わせ，論点を明らかにすることで，

有権者の理解を深めるのが政治論争のあるべき姿である。有権者は理解を深め
たうえで，与党あるいは野党どちらを支持するか決めて，投票で意思を表明す
る。保守とリベラルの論争の本来の姿はそのようなものであろう。

　このように述べると，読者はそんな理想論を述べるなと思うかもしれない。
しかし，実は歴史を振り返ると本来の保守とリベラルはそのような良い関係を
保ってきた。次章では遠回りになるが，保守とリベラルの定義にさかのぼり，
両者のあるべき関係について述べてみよう。

第2章

保守とリベラルについての覚書

　本書で分断というとき，典型的には保守とリベラルの対立を意味する。俗に
ネトウヨとパヨクの対立と言ってよい。しかし，このような保守・リベラルの
対立でものごとを考えること自体に違和感のある人もいるかもしれない。最近
のネトウヨとパヨクの不毛な罵倒と中傷を見ていると，このような区分け自体
が無意味であるように思えてくる。保守とリベラルの対立自体がすでに時代遅
れなのであり，時代はそれを超える何か新しいものを求めているのではないか。
そんな疑問を持つ人もいるだろう。

　そこで，この章では保守とリベラルについて簡単に整理をしておくことにす
る。以下述べることは保守とリベラルについての，本書で必要な範囲での整理
である。本書の本筋からは独立しており，また政治思想の説明としても特に目
新しいものではないので，保守・リベラルという用語に特に違和感を感じない
方は，この章を読みとばして次の章に進んでいただいても結構である。

　結論から言えば，保守とリベラルの思想対立は依然として有効である。長い
歴史を持つこの二つの思想的立場はいずれも有効な方法としてこれからも存在
し続けるだろう。この思想対立を時代遅れとして片づけるべきではない。問題
なのは本来は有効な対立軸である保守−リベラルの対立軸を無用に見えるほど
議論を劣化させたネットの仕組みにあるのであり，この対立軸自体は依然とし
て有効である。

2-1 　保守とリベラルの区分けの混乱

　保守とリベラルのうち，保守は比較的古くから使われるが，リベラルという用語が日本で使われるようになったのは比較的最近である。昭和までの日本では革新という言葉が好んで用いられており，保革対立，革新市長，保革伯仲などという言葉がよく使われた。リベラルより進歩主義という言葉を使う人もいる。用語としてはリベラルより進歩主義の方が古くから使われており，一般的で含意も深い。リベラル（liberal）という用語はもともとはアメリカ政治で使われていた言葉で，言葉の辞書的意味である「自由」とはあまり関係がなく，本来は進歩主義（progressivism）の方が内容的には的確である。リベラル，進歩主義，革新は，微妙にニュアンスが違うが，かなりの部分重なりあう概念である。本書は厳格な思想史的議論をするわけではなく，大づかみの理解をすることが目的なので，単純化して以下ではこの3つの言葉をほぼ同じ意味で使うことにする。ニュアンスとしては，政策について語るときはリベラルを，歴史的・思想的な議論のときは進歩主義を使い，日本の昭和時代を語るときは革新を使うが，内容上は同じと思っていただきたい。この章で行うのはその程度のラフな議論である。当面は最近の潮流にそってリベラルと呼ぶことにしよう。

　保守とは何だろうか。リベラルとは何だろうか。まず，世上，一般的によく使われる区別について考察をしてみよう。保守とリベラルは，時に右派（右翼）と左派（左翼）と言い換えられることがある。右と左の区別はフランス革命のとき，議長席から見て右側に王侯貴族と妥協しながらゆっくり改革を進めたいジロンド派が陣取り，左側により急進的な改革を主張するジャコバン派が座ったのが起源とされる。この起源からもわかるように右派すなわち保守とは漸進的・現状維持的な考え方であり，左派すなわちリベラルとは急進的・現状改革的な考え方である。保守が現状維持派，リベラル（革新・進歩主義）が改革派というのは日常的な用語としてもあっているようにも思える。

　しかし，実際の政治課題に向かうと，この現状維持か改革かという区別があまりうまくないことにすぐ気がつく。たとえば今の日本で憲法9条を改正しよ

うというのは保守側であり，リベラル側はこれに強く反対している。この場合，保守側が憲法を変えて日本を変えようという点で改革派で，リベラル側が憲法を変えたくないという点では現状維持派ということになり，立場が逆転する。また，そもそも自民党は田中角栄の列島改造論や中曽根行革，小泉改革のように大きな改革を行ってきており，現状維持的と言えるかどうか微妙である。一時期，若い人は自民党の方がリベラルと考えているという記事が出たことがあるが，これはアベノミクスでの"改革"を評価して，自民党の方が改革的と見たからで皮肉な結果である[1]。現状維持か改革かは，確かに保守とリベラルと親和性があるが，これで保守とリベラルを区別するのはあまりうまくない。

　小さい政府と大きい政府はどうだろうか。特にアメリカでは，保守である共和党は国の経済活動への介入を嫌い，減税をして政府をできるだけ小さくしようする傾向があるのに対し，リベラルの民主党は，社会福祉に熱心で政府を大きくしようとする傾向がある。小さい政府を追及するのが保守（右派）で，大きい政府を許すのがリベラル（左派）というのは，左右を分けるわかりやすい基準として欧米ではよく使われる。

　しかしこれも政策全体を見ると大きな例外ができてしまい，区分けの基準として使うのには問題がある。それは軍事費についての姿勢である。リベラルは軍事費を抑えようとし，保守は軍事費を拡大しようとする傾向がある。したがって，軍事に関してはリベラル側が小さい政府を，保守側が大きい政府を求めていることになり，真逆になる。人は大きい政府か小さい政府かは社会福祉に関してのことで，軍事費は例外だと言うかもしれない。しかし，では，なぜ例外なのだろう。社会福祉と安全保障（軍事）は国の二つの基本機能である。二つの基本機能のうち一つを例外として放り出した定義に意味があるだろうか。例外とするには理由が必要であり，理由なしに例外を許すと議論は著しく恣意的になる。

　また，日本の場合，自民党政権は小泉改革や中曽根行革のときに新自由主義と呼ばれて小さな政府を標榜したことがあるが，それ以外の期間は概して財政

1）ビジネスインサイダー，2017/10/31，「自民党こそリベラルで革新的」──20代の「保守・リベラル」観はこんなに変わってきている　https://www.businessinsider.jp/post-106486，2022/1/24確認。

拡張的であり，真剣に小さい政府を目指しているとは言えない。たとえば自民党は公約として減税を全面に掲げて選挙を戦ったことがほとんどない。小さい政府か大きい政府かは確かに，保守とリベラルの対立と親和性があるが，これを区分けの基準として使うのは無理がある。

　最後に社会的弱者を擁護するのがリベラルだという考え方についても検討しておこう。伝統的には左派は労働者の利益を代表することが多い。これは資本主義社会では資本家あるいは富裕層が強者であり，労働者は弱者なので，その利益を守るのが左派だったからである。アメリカでもリベラルである民主党は労働組合の支持を受けており，日本でもかつての社会党は労働組合である総評を支持母体としていた。さらに民族的あるいは人種的マイノリティーの利益擁護に熱心なのもリベラル陣営の特徴であり，これも社会的弱者の擁護に熱心だからと考えられる。女性の地位向上，外国人労働者の権利確保，貧困層の生活向上など弱者保護に熱心なのはリベラルであり，保守側はどちらかと言えば自助努力を重視する。こうして社会的弱者の擁護に熱心かどうかで保守とリベラルを分けるという基準を考えることができる。

　しかし，この基準にも問題がある。それは社会的弱者の中身が揺れると区分けが困難になることである。たとえば外国人労働者の流入を考えてみよう。外国人労働者が流入すると労働供給が増えるので（長期はともかくとして）短期的には自国労働者は賃金は低下し，あるいは失職の危険にさらされる。このとき，リベラルが擁護すべきは外国人労働者であろうか，自国労働者であろうか。圧倒的マイノリティーである外国人労働者を擁護し，その流入や家族の呼び寄せを支持するべきであろうか。それとも特に落ち度もないのに賃金低下と失職の危険にさらされた自国労働者を守るため，外国人労働者流入に反対すべきだろうか。これは絵空事ではなく，実際にヨーロッパとアメリカで起きている政治問題である。従来はリベラルは外国人労働者に同情的で，彼らを擁護することが多かったが，近年では明らかに迷いが見られる。日本でも，著名なリベラル論客の社会学者，上野千鶴子氏が外国人労働者の流入の制限を支持する発言をしてリベラル陣営を驚かしたことがある[2]。

　2）東京新聞，2017/2/11，シリーズ「この国のかたち」，上野千鶴子「平等に貧しくなろう」
　　https://www.tokyo-np.co.jp/article/3201，2022/1/24 確認。

　外国人労働者問題は人数規模からして小さい問題と言うかもしれないが，人数規模の大きい問題もいくらでも指摘できる。たとえば日本での非正規労働問題では，パートや派遣など非正規労働者の労働環境の改善が課題である。しかし，実は非正規労働者と正規労働者の利益は潜在的には対立しうる。たとえば年金や保険を同一にしようと思うと，正規労働者の受け取りを減らして非正規労働者に分けることになり，対立が表面化する。対立が表面化したとき，リベラルは正規労働者と非正規労者のどちらにつくべきだろうか。正規労働者と非正規労働者は人口のかなりの部分を占めており，無視できる規模ではない。

　また，リベラル政党の支持基盤である大手労働組合の組合員は，ほとんどが終身雇用で守られており，社会的弱者というより強者のようにも見える。昭和の時代，資本主義に伴う景気変動で生活が脅かされるのは，毎年のように生産物の価格変化にさらされる農民であり，農民の方が弱者らしかった。だとすれば，米価支持や各種補助金で農民を擁護してきたのは自民党だったのであるから，弱者保護をもっともよくしてきたのは自民党であり，自民党こそリベラルということになってしまう。このように弱者保護か否かで保守とリベラルを分けるという区分けも，実際に適用しようとすると無理がでてくる。

　社会的弱者の擁護に積極的か否かで保守とリベラルを区別できるのは，社会的弱者が誰の目にも明らかなくらいにはっきりしているときである。資本主義の初期，イギリスで児童を含む多数の悲惨な工場労働者が生まれたとき，工場労働者は社会的弱者だっただろう。戦後 1950 ～ 60 年代のアメリカでの差別されている黒人は明らかに社会的弱者だった。そのような状況では彼ら社会的弱者を守るという左翼の立ち位置は明瞭であり，これをもってリベラルの定義としても問題はなかった。しかし，労働者保護の法制が整備されて労働者の生活が安定し，公民権運動がある程度の成果をあげてマイノリティーの地位が向上してくると，社会的弱者がわかりにくくなる。たとえば，トランプ政権を支持する白人労働者男性は自分たちを強者とは思っておらず，アファーマティブアクションとグローバル化で痛めつけられた社会的弱者と思っている節がある[3]。

3）トランプを支持した白人男性労働者についての記述は，ヴァンス（2017）がよく描写している。著者は貧しい白人労働者階級の子供であり，劣悪な環境の中で育ちながらも，運と努力によって名門イェール大学のロースクールに入る。それを父に報告に行ったときに父が述べた言葉，「願書で

　このように保守とリベラルの区別を改めて考えてみると，思いのほか区別が難しい。個別問題では，日本なら憲法9条改正賛成か反対か，アメリカなら銃規制に賛成か反対かのように保守とリベラルで意見の分かれそうな問いはいくらでもあげられる。しかし，あらためて保守とは何か，リベラルとは何かと問われると答えは難しくなる。

　実際，保守とリベラルといった思想上あるいはイデオロギー上の対立が無意味化したという主張は過去に何度も提起されている。古くは社会学者のダニエル・ベルがとなえた『イデオロギーの終焉』（1960年）がある（ベル 1983）。ベルは戦後の豊かな社会では生活水準の向上とともに資本家と労働者の対立は薄れ，それにともなって政治的イデオロギー対立は薄まると予想した。彼が念頭に置く終焉しつつあるイデオロギーはマルクス主義であり必ずしも左翼（リベラル）全般ではないが，マルクス主義は左翼の代表的なイデオロギーであり，その終焉は左右の思想対立の弱体化を意味する。実際，彼は今後は大きな思想的な対立はなくなって，科学的・部分的な改良が実践的に（プラグマティックに）積み重ねられるだろうと予想した。日本でも1970年代から保守と革新の対立が失われつつあるという議論が何度か立てられており，実際，革新という用語は使われなくなっている（すでに述べたように，その代わりに使われるようになった用語が「リベラル」である）。

　冷戦終了後に出た『歴史の終わり』（フランシス・フクヤマ，1992年）にも似たニュアンスがある（フクヤマ 2005）。フクヤマはソ連崩壊により政治体制としての自由と民主主義の勝利は明らかとなり，政治についての大きなイデオロギー対立は終息すると予想した。思想史で言えばポストモダンの論客の著作の中にも保守とリベラルの対立を時代遅れと見る言辞が見られる。保守とリベラルの対立を近代すなわちモダンの一部とみなすなら，モダンの次を見すえるポストモダン論客にとって，保守とリベラルの対立は古臭く，捨て去るべき遺物である。

　黒人かリベラルのふりをしたのか？」というセリフがなによりよく状況を物語っている。子供の成功を喜ぶべきところで，アファーマティブアクションについて言及するのである。なお，アファーマティブアクション（積極的差別是正策）とは，雇用の際に，女性・黒人・少数民族など差別されやすい社会的弱者に対して一定の枠を用意する制度のことである。

2-2　それでも保守とリベラルの区別は有効である

　では，保守とリベラルの区別はもはや無意味なのかというとそうとも言えない。なぜなら人々の態度には依然として一貫性が見られるからである。たとえば先に述べた3通りの区分けの案，すなわち改革か現状維持か，大きな政府か小さな政府か，社会的弱者の保護に積極的か否かの区分けは，今述べたようにそれぞれ単独では保守とリベラルの区分けとしてうまく機能しない。しかし，傾向としては，世界のどの国を見てもリベラル（左翼）とされる政党は，改革的で，大きな政府志向で，社会的弱者を擁護しようという傾向があり，保守（右翼）とされる政党は，現状維持的で，政府を小さくしようとし，自助努力を重視する傾向がある。

　このように人々の選択の間に一貫した相関があることは多くの調査で裏づけられている。試みに筆者が前著『ネットは社会を分断しない』で行ったアンケート調査結果を紹介しておこう。下の10個の論点について，10万人の回答者に対し，強く賛成から強く反対まで7段階で選んでもらった。調査時点は2017年である。10の論点は現在の日本で人々の間で意見の異なりそうな政治上の論点を並べてある。

　　1【憲法9条を改正する】
　　2【社会保障支出をもっと増やすべきだ】
　　3【夫婦別姓を選べるようにする】
　　4【経済成長と環境保護では環境保護を優先したい】
　　5【原発は直ちに廃止する】
　　6【国民全体の利益と個人の利益では個人の利益の方を優先すべきだ】
　　7【政府が職と収入をある程度保障すべきだ】
　　8【学校では子供に愛国心を教えるべきだ】
　　9【中国の領海侵犯は軍事力を使っても排除すべきだ】
　10【現政権は日本を戦前の暗い時代に戻そうとしていると思う】

強く賛成＝－3
賛成　　＝－2
やや賛成＝－1
どちらともいえない＝0
やや反対＝＋1
反対　　＝＋2
強く反対＝＋3
わからない＝除外

　ここで人々の態度に一貫性があるとは選択の間に相関があることを意味する。たとえば，社会保障をもっと増やすべきだと答えた人は夫婦別姓を選べるようにするべきと答える傾向があり，また同時に，経済成長より環境保護を優先すべきと答える傾向がある。すべての論点にこのような相関があるとすると，それを使って人々を二つのグループに分けることができる。人々の意見を二つのグループにまとめられるということは，何か背後で一つの力が働いていると考えるのが自然であり，それが保守とリベラルの対立軸となる。

　ここで実際に二つにまとめる過程を（たとえば主成分分析などで）見せることもできるが，統計処理が専門的になり，一般にはむしろわかりにくい。そこで，別の方法で選択に一貫性があることを示そう。アンケート調査の回答を使ってネット上の論客を保守・リベラルで分類できるかを試みる。もし，保守・リベラルの区分けが有効なら，論客たちが保守論客とリベラル論客にうまく分類できるはずである。（なお，この作業は『ネットは社会を分断しない』第3章，第5章で行ったことの再現である。）

　まず，アンケート回答者の保守・リベラル度合いを数値化する。上記10問について強く賛成ならマイナス3，強く反対ならプラス3の値をふって，10問について平均値をとる。10の争点のうち，大半の争点はリベラル側が賛成し，保守側が反対する争点なので，このように点数をつけると，リベラルの人はマイナスに，保守の人はプラスになる[4]。そのうえで10問の平均をとると，回

———

4）ただし争点の1と8と9のみは逆に保守派が賛成するのでこのときだけは符号を逆転させる。

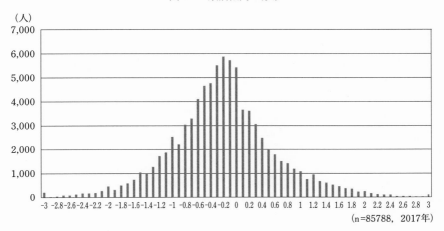

図 2-1　政治傾向の分布

(n=85788, 2017年)

答者の保守・リベラルの傾向が求められる。**図 2-1** はこの保守・リベラルの度合いの分布であり，正規分布的な分布をしている。右側のプラスの値が保守的な人，左側のマイナスの値がリベラルの人である。

　次に，ツイッターで政治的発言をしている 27 人の論客リストを回答者に示し，回答者がツイッターでフォローしている人を答えてもらう。論客をフォローしている人の政治傾向の平均値を求めてグラフ化したのが**図 2-2** である。この図はその論客をフォローしている人の政治傾向であり，たとえば上から 6 番目の安倍晋三について言えば，安倍晋三をフォローしている人が回答者の中に 563 人おり，彼らの政治傾向の平均値が 0.84 であったことを示す。値がプラスの値なのでフォロワーの中に保守的な人が多いことがわかる。人は自分と近い意見の人をフォローするとすると，この値はフォローされる人の政治傾向に近いだろう。図では，得られた値の大きい順に 27 人を並べてある。

　これを眺めてみると，値がプラスの人はすべて保守論客であり，値がマイナスの人はすべてリベラル論客である。実にきれいに分かれておりほとんど例外がない。真ん中あたりの田原総一郎と小泉進次郎の間に数値の段差があり，切れ目が（分析者の恣意によらず）データから取り出せることにも注意されたい。この切れ目は分析者の個人的思惑によらず，データだけの力でなされている。

図 2-2　論客 27 人のフォロワーの政治傾向

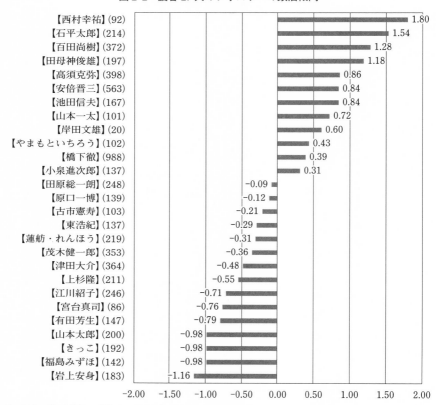

注：名前の横の括弧内の数値は，その人をフォローしている人の数，2013 年。

それにもかかわらず，これだけきれいに分かれるということは，保守とリベラルを区別する何らかの基準があると思わざるをえない。

2-3　保守とリベラルを区別するもの

保守とリベラルを区別するものは何であろうか。保守とリベラル（進歩）に

ついてのまとまった議論としては，知識社会学の祖であるマンハイムの議論が
ある（マンハイム 1969）。マンハイムは保守主義を特徴づけるものとして次の
ような項目をあげる。過去からの連続性の重視，現実主義，漸進主義，具体的
事例への意欲，現にあるもの（存在）の重視，直線的な進歩への懐疑，である。
一方，進歩主義（リベラル）を特徴づけるものはその逆になり，未来に向けて
の飛躍，理想主義，急進主義，理念的体系化への意欲，あるべき姿（当為）の
重視，直線的進歩への確信が指摘される。

　これらはそれぞれ確かに保守とリベラルの特徴であるように思える。が，羅
列的で統一されておらず，区別の基準としては使いにくい。より包括的で根本
的な区別の基準，すなわち一口で語れる基準が望まれる。本書では村上泰亮の
議論をもとに保守とリベラルの区別をつけてみよう。以下の議論は，村上泰亮
『反古典の政治経済学』を下敷きにしたものである（村上 1992）。

　村上によれば，進歩主義（リベラル）とは，人類普遍の理想をこの世に実現
できると信じ，それに近づこうとする姿勢である。ここで人類普遍の理想とは，
たとえばフランス革命で掲げられた自由，平等であり，リベラルはこれを地上
に実現しようとする。自由とは市民が他の誰にも支配されず自由意思で決めら
れる市民的自由を指し，平等とは生まれながらの家柄・身分などによって差を
つけられることなく扱われることを意味する。このように理解された自由と平
等は，特定の歴史や国の事情に依存しないという意味で人類普遍の理想であり，
リベラルはこれを現実社会で実現できると考える。普遍的理想は，その後，基
本的人権という形に体系化され，さらに最低限の生活を送る権利（社会権）や
環境権などに拡張されていく。近代の主要な価値は進歩主義（リベラル）がつ
くり出したものがほとんどであり，その意味では進歩主義（リベラル）が近代
をリードしたと言ってもよいだろう．

　進歩主義がこれら普遍的理想を実現できると考える背景には，人間の理性的
認識能力への信頼がある。普遍的理想を認識し，それを社会に実現させるのは
人間の理性の力とされているからである。モンテスキューやルソーらの啓蒙思
想家がフランス革命を先導する思想家とされるのはそのためであり，彼らはい
ずれも人間の理性的な認識能力に信頼をおいており，それを深刻に疑うことが
ない。

　一方，これに対し，保守主義は，人間の理性的能力への懐疑の念を持っている。人間には理性があるがその能力には大いに限界があり，いくらでも誤りをおかす。普遍的理想と言っても人の限られた能力では一面的な理解にしかなりえず，性急に実現しようとすれば他の面を無視したことにより大きな災いをもたらす。複雑で多面的な社会を余すところなく知ることは人間には不可能である。ましてや，現世代一代だけ，さらに言えば，その中の一握りの今の為政者があますことなく知ることは期待できない。もし知りえたと思いこんで行動するなら，それは危険極まりない愚行となる。

　では保守が頼りにするのは何かと言えば，それは歴史的経験である。歴史的経験は社会全体を使った言わば巨大な実験の蓄積であり，その試行錯誤をくぐりぬけてきた制度・慣習・伝統などには，言葉では表現できない知恵が詰まっている。保守主義とはこれら歴史的経験を経てきたものを少しずつ改善していく方が確実と考える立場である。すなわち保守主義は歴史的経験に知恵が詰まっていると考え，それをもとに考えていこうとする姿勢と要約できる。

　普遍的理想を掲げ，それに合わせて現状を変えようとするのがリベラル（進歩主義），歴史的経験に含まれる知恵を生かそうとするのが保守と述べた。やや議論が抽象的なので歴史上の具体例にそって説明しなおそう。フランス革命が良い事例になる。

　フランス革命は中学生でも習う世界史の大事件であり，市民たちが自由・平等を求めて特権階級であった貴族を打ち倒した画期的な出来事である。バスティーユ牢獄を襲った市民たちが掲げた理念である自由と平等は，その後の近代の流れを決定づけたと言ってもよい。その勢いは今でも脈々と続いており，独裁政権を倒したアラブの春や，普通選挙を求めてデモを行う香港住民などのように，現在進行形で人々を導く力であり続けている。思想的に見ても，ルソーやヴォルテールなどの今日でもよく知られた思想家がフランス革命を支えており，その意義は計り知れない。

　当時の主要な思想家は，自由な個人が契約によってつくったのが社会であるという社会契約説を信奉しており，それがもっともよく実現されたのがフランス革命である。自由な個人が契約でつくったのが社会であれば，それが個人の理想に反するとき，つくり直そうとするのは当然である。フランス革命は，自

由・平等という普遍的な理想を実現しようとした点で優れて進歩主義的（リベラル的）な事件であった。実際，理想主義，急進主義，理念的体系化（ルソーを見よ），あるべき姿の重視など，フランス革命には進歩主義の特徴がよく出ている。

　しかし，このとき同時に批判も巻き起こることになる。エドモンド・バークはフランス革命から１年を過ぎたころに『フランス革命の省察』を書き，革命を批判した。自由と平等が良いものだとしても，それを理由にこれまでの規則や通念をすべて廃棄するようなことをすれば大きな災いを招くというのが彼の主張である。なぜなら，これまでの規則や通念には歴史的に蓄積された知恵が含まれており，それを失ったとき社会は崩壊あるいは暴走するからである。

　実際，フランス革命はその後，多くの罪なき人たちを断頭台に送る恐怖政治を生み出した。自由と平等は独裁の頂点に立つ一握りの人のものになり，自由と平等の名のもとに多くの無辜の人が殺されるという悲劇が進行する。混乱し続けるフランス政治は最終的にナポレオンの独裁を招き，ヨーロッパ中を戦乱に巻き込んでしまう。今日の歴史家の中には，フランス革命は自由と平等の理念をつくり出した点は評価しつつも，革命自体は膨大な社会的損失をともなう厄災であったという意見の人も多い。フランス革命の初期にこれを予想したバークの本は，現実主義，漸進主義，理念的体系化の拒否，現にある姿の重視など，保守主義の特徴をよく表しており，保守主義の聖典とされることもある。

2-4　保守とリベラルの相違の説明

　普遍的理想を掲げてその実現を目指すのがリベラル，歴史的経験の中に知恵があるとしてこれを重視するのが保守というのがここでの理解である。この理解に立ったとき，ここまでに述べてきた保守とリベラルの特徴がうまく説明できるかどうかを見てみよう。

　まず，保守が現状維持的，リベラルが改革的というのは，この理解から見て自然な結果である。リベラルは普遍的理想を掲げ，それを地上に実現できると考える以上，現状に対して改革的にならざるをえない。普遍的理想に照らして

みれば現実が不完全であることは明らかであり，多くの社会問題に気づく。普遍的理想を実現できると信じるのがリベラルなのだから，それら問題点も解決できるはずであり，現在の制度や仕組みを批判し，改革しようとする。実際，多くの社会問題を発掘し，告発するのはリベラル陣営の特徴である。どの国でもジャーナリストが傾向としてリベラル的なのは，理想に照らして社会の問題点を見つけて告発するというリベラル思考が，ジャーナリストの仕事と相性が良いからであろう。

　一方，保守側は，現状が普遍的理想から外れているとしてもそれを直ちに解決できるとは考えない。現状の制度や仕組みは歴史的経験を経て選ばれてきたものであり，言葉で表現できなくてもそれなりの理由がある。それを忘れて一面的な理想に照らして現状を改革すればかえって悪い結果を生むと考える。どんな改革にも良い面と悪い面があり，保守が改革に賛成するのは，良い面が悪い面をはっきり上回ると経験的に判断できたときに限られる。そうでないときは現状のままを選択する。結果として保守は現状維持的になりやすい。こうして，傾向としてはリベラルは改革的に，保守は現状維持的になる。

　ただし，これが逆転することがある。それは，普遍的理想がすでに実現している場合である。普遍的理想がすでにそこにあるのなら，リベラルは当然それを維持しようとする。日本でリベラル陣営が憲法9条を維持しようとするのは，9条が理想を実現していると考えるからである。憲法9条は，軍備と戦争の放棄をうたっており戦争の惨禍に苦しめられてきた人類の理想であろう。無論，現実の国際情勢がこの理想からほど遠いことはリベラル論客も認める。しかし，それなら現実の方を理想にあわせるべく努力すべきであって，理想を引き下ろすべきではない。それゆえ，憲法9条の維持がリベラルの主張になる。

　これに対し，保守主義は，歴史的経験に沿って考える。歴史的経験を見れば，戦後の平和を維持してきたのは憲法9条ではなく集団安全保障体制であり，日本で言えば日米安保であったと見る。安保体制のためには集団的自衛権が必要であり，憲法がこれを禁じているなら改正しなければならない。かくして憲法改正に前向きになる。このように考えれば，全般的には保守が現状維持的でリベラルが改革的であるのに，憲法9条に関してだけはそれが逆転するという現象を矛盾なく説明することができる。

　大きな政府と小さな政府についても同様の理解が可能である。リベラルは普遍的理想を実現できると思っているので，それを政府にさせようとする。たとえば，平等という理想を実現するため，格差を是正すべく生活保護や職業訓練，低所得者向け住宅建設を提案するというようにである。理想実現のためにもっとも多くの手段を持っているのは国であり，それゆえ国の規模拡大を厭わない。リベラル論客はナショナリズムや国家主義を批判することが多いが，それでいながら国の財政規模拡大には積極的という一見矛盾したような行動をとるのは，このように考えると理解することができる。この大きな政府が徹底されたのが，計画経済や社会主義であり，人の手によって社会を制御して理想を実現しようとする。このような考え方の背後には，繰り返すように人間の能力すなわち理性的な認識能力への信頼がある。

　これに対し，保守は人間の理性的能力について懐疑的なので，国の能力にも懐疑的である。実際の歴史的経験で成功した政策ならば良いが，経験のない政策は失敗する例が多いと考える。上の例で言えば，生活保護は仕事をする意欲を失わせ，国の提供する職業訓練は市場のニーズからずれがちであり，低所得者向け住宅は貧困層を一か所に集め，かえって貧困街を増やすだけになるといったようにである。人が頭の中で考えたとおりに社会を設計できるというのは傲慢というものであり，政府のできることは限られるし，また，限るべきである。こうして大きな政府と小さな政府の主張が導かれる。

　軍事費に関してこれが逆転するのは，リベラルの掲げる普遍的理想の中に軍事力のない平和な世界が入っているからと考えられる。カントの『永遠平和のために』に見るまでもなく，戦争のない世界は誰にとっても理想であり，戦争を遂行するための軍事力はない方が良い。逆に保守側が軍事費の維持あるいは拡張を主張するのは，歴史的経験を見るなら，現実の平和は軍事力の均衡によって，言わば抑止力によって保たれていると考えるからである。このとき一国だけ一方的に軍事力を減らすことは軍事バランスを崩し，かえって平和を脅かす。

　社会的弱者の擁護にリベラルが積極的なのも，平等という普遍的価値から見て当然であろう。貧困層，女性，人種・民族的マイノリティー，外国人労働者，LBGT などは社会的に弱い立場にあり，それを守ることは平等の理想の点から

見て望ましい。誰しも個人として平等であり，みな幸福になる権利を有すると
すれば，特定の人々が不利になる状況は理想からほど遠い。すでに述べたよう
に現代では社会的弱者が誰かがわかりにくくなっており，その意味ではリベラ
ルの立ち位置は難しい。それでもこの看板を掲げるのは，それがリベラルの掲
げる平等という普遍的理想からの必然的帰結だからである。

　一方，保守側は，理想はそうであっても，歴史的経験に照らすと政府や制度
ができることは限られており，状況をかえって悪化させることもあると考える。
たとえば，福祉は過ぎると人々の労働意欲を低下させるし，職種ごとに男女比
あるいは人種比率を一定枠確保するいわゆるアファーマティブアクションは社
会の緊張を高めてしまう。結果としては保守側は自助努力を促す傾向が強くな
る。保守とて社会的弱者に対する支援を否定するわけではなく，日本の自民党
は比較的これに熱心ではある。が，リベラルと比べて温度差が出てくるのは避
けようがない。

　このように，先に述べた保守・リベラルの3つの傾向差——すなわち現状維
持か改革か，大きな政府か小さな政府か，社会的弱者の擁護に積極的か否
か——は保守とリベラルの基本的な考え方の差から説明できる。すなわち保守
は歴史的経験を重視し，リベラルは普遍的理想を重視するということから説明
できる。同様の説明は，保守とリベラルの他のさまざまな傾向的な相違点につ
いても行えるが，ここで際限なくやっても煩雑なだけであろう。以下では2点
だけ付け加えることにする。それは国・家族の役割と，歴史観である。

　リベラル陣営はおしなべてナショナリズムと伝統的な家族制度に批判的であ
る。これはナショナリズムも伝統的家族制度も，特定の国や歴史に依存してい
て，普遍的な価値を有しているとは言えないからと考えられる。それらはむし
ろ普遍的理想である個人の自由，平等を抑圧する制度である。自由な個人とい
う概念を前提としたときに導かれる自然な国家観は社会契約説であるが，社会
契約説に立つとナショナリズムは必要ない。国の前に個人があるのであって，
国が個人をつくるのではないからである。ナショナリズムは国家間の戦争の遂
行原理となるので，むしろ克服されるべき敵とされることも多い。愛国心も必
要ではなく，実際，どの国でもリベラルは愛国的な教育には消極的である。家
族制度についても家族の前に個人があるのであり，個人の自由な要求にかなう

ように家族制度を柔軟に変えるべきであるとする。たとえば事実婚や同性婚，夫婦別姓などを認めて，できるだけ制度の縛りを緩くすべきと考える。

　これに対して，保守はナショナリズムと伝統的家族制度に擁護的なことが多い。これは歴史的経験に耐えてきた制度にはそれなりの知恵が詰まっていると考えるからである。ナショナリズムは確かに戦争の遂行原理になる恐れがあるが，その反面，人々の間に公共の意識を高め，モラルをつくり出す効果がある。国を思う気持ちがあると，自分の利益だけではなく国全体の利益，他の人の利益，さらに子孫の利益も考えようという気持ちが出てくるからである。伝統的家族には次の世代（子供たち）を安定して育てるという機能があり，これを崩すことは思わぬマイナスを引き起こしうると考える。たとえば夫婦別姓は，家族の一体感を弱め，子供の社会への帰属意識を弱めて養育を不安定化させるという危惧が出される。個人があって国・家族をつくるという面より，国・家族が"公共心のある立派な"人をつくるという面が強調される。

　歴史観についても保守とリベラルでは違いが見られる。リベラルは先人の行いの悪い面を見る傾向がある。たとえば江戸時代の武士は農民から年貢を絞り取る無慈悲な支配者であり，明治時代の女性は人権の奪われた抑圧された存在，為政者は自分の利益しか考えていない強欲な支配者である。このように否定的な面を見るのは，普遍的理想の実現を信じているため，歴史についても時間の経過とともに理想に近づいていくという進歩史観をとるためである。明治維新で身分制度はなくなり，第二次大戦後に女性参政権をはじめとした女性の権利が認められ，普通選挙の導入で利己的な為政者は出て来にくくなった。このように歴史を理想に近づいていく進歩の過程と見るとき，過去の時代は理想から遠く離れた望ましからざる世界になる。掲げる価値が普遍的である以上，現在の価値観で過去の行為を見るため，どうしても先人の行いは悪く見ることになりやすい。リベラル論客の中に，過去の映画や絵画など芸術作品を，現在の価値観から見て時代に合わないとして注釈や変更，あるいは公開中止を求める人が見られるのはそのためである。

　これに対し，保守は先人の行いの良い面を見ようとする傾向がある。たとえば，新田開発に努めて人々の生活改善に尽力した武士，明治時代に男性に伍して立派にふるまった女子などが語られる。これは歴史的経験に知恵が含まれる

と考える保守主義からすると，先人の努力は評価すべきだからである。たとえ現在の観点からは望ましくない行為であっても，先人がさまざまな試行と努力を繰り返してくれたからこそ今のわれわれがある（伝統や慣習の形でそれを受け継いでいる）。だとすれば先人は敬意を払うべき存在であり，今日の価値観をあてはめて彼らの行為の是非を判断すべきではない。かくして，結果としては保守は先人の行いをよく見ることになりやすい。

　リベラル論客の描く歴史が自虐的になりやすく，保守論客の描く歴史がどこか誇らしげなのはこのためと考えられる。この違いをナショナリズムの有無や客観性の度合いに帰する人もいるが，それよりは保守・リベラルの思考の基本姿勢を反映した結果と考えた方がよいだろう。

2-5　成功例と失敗例

　ここまで保守とリベラルの区別を述べ，それで保守とリベラルの特徴を説明できるかについて述べてきた。読者の中には保守に共感する人もいれば，リベラルに共感する人もいるだろう。本書はネット上での議論を良くすることが目的であり，保守とリベラルどちらかの立場に立つものではない。

　ただ，ここで強調したいのは，保守とリベラルはともに有効な考え方だということである。どちらかが一方的に優れているということはない。ともに一長一短ある思考姿勢であり，それなりに意義を持っている。このことはいろいろな形で示すことができるが，まずは過去の具体的な政策例あるいは政治的な事件を振り返ってみよう。リベラル的政策の成功例もあるが失敗例もある。同様に保守的政策の成功例も失敗例も示すことができる。成功例も失敗例もあるということは，どちらも一定の成果をおさめうる（しかし失敗もありうる）それなりの有効な考え方だということである。

　リベラルの成功例としては，何と言ってもフランス革命をあげることができるだろう。自由・平等という近代を貫く普遍的価値を打ち出した世界史的意義は強調してしすぎることはない。フランス革命を災いとして描く歴史家は多いが彼らもこの意義は認めている。また，第二次大戦後の国際秩序をつくりだし

たアメリカのリーダーシップもリベラルの成功例である。第二次大戦が終わった後，ヨーロッパ諸国は旧秩序の回復を図り植民地を維持しようとしたが，アメリカはこれに反対し帝国主義の清算に乗り出す。アメリカの提案した国際連合案は他のどの国の案より普遍的価値に満ちた画期的なものであり，帝国主義なき世界に指針を与えるものであった。自由という理念のもとに国をつくったアメリカにはもともとリベラル的体質があり，戦後世界はこのアメリカのリベラルの理想主義に支えられたと言ってよい。アメリカのリベラル的体質はその後，アメリカ国内では公民権運動という大きな成果をあげる。そこでの黒人の地位向上運動は，その後一般化され，今日では多様性の尊重（ダイバーシティ）として引き継がれていく。

　リベラル的思考の良いところは，普遍的理想を掲げてそれを実現しようとするので，一挙に状況を変える突破力が生まれることである。問題が深刻なほど，このアプローチは効果を発揮する。フランスのアンシャンレジームでの第三身分，第二次大戦が終わった後の混乱した世界，1950 〜 60 年代アメリカの黒人差別はいずれも深刻な問題状態にあり，これを解決するには突破的な改革を必要とした。リベラル的思考は突破に必要な飛躍力を与え，問題を一挙に解決したのである。

　しかし，これにはリスクもはらむ。突破して飛躍した先の着地点が成功とは限らないからである。跳んだ先の着地点が崖の下だったり，泥沼だったりした例をあげることは容易である。たとえば公民権運動後のアメリカで行われた強制的バス通学は人種の融和を目指した理想主義的政策であったが，かえって人種間の緊張を高め，結局失敗に終わった[5]。アファーマティブアクション（積極的雇用政策）も雇用の平等を狙った政策であるが，逆差別との批判が強まり，

5）強制的なバス通学とは，白人と黒人の子供たちをバスに乗せて互いの居住区の学校に通わせる政策である。白人の子供はバスに乗って黒人居住区の学校に通ってそこの黒人とともに学び，逆に黒人の子供はバスで白人居住区の学校に通って白人とともに学ぶ。これは教育機会の平等化を進めるとともに，偏見の少ない子供のうちから他の人種と交流することで相互理解を促進し，人種の融和をすすめようという狙いであったと考えられる。平等と人種融和の理想に満ちた政策であったが，普段の日常から切り離された環境に強制的に放り込まれ，異質なものを理解せよと迫られた親と子供たちからすれば，大きな負担を強いられる難儀な政策であった。能力を超える負担に耐えかねた多くの親（これには白人だけでなく黒人も含まれる）の多大な反発を招き，かえって人種間の緊張が高まって中止されている。

成功失敗の評価は微妙である[6]。日本でのリベラルの失敗と言えば民主党政権下での沖縄の米軍基地移転問題が記憶に新しい。「最低でも県外」と言った鳩山首相の言葉は結局実現せず，大きな混乱と沖縄県民の心に傷跡を残すだけに終わった。

　人種の融和，雇用の平等，基地のない沖縄，これらはいずれも理想であろう。しかし，歴史的経験を見てみれば，理想がそのまま実現しないのにはそれなりの理由がある。たとえば歴史的経験を見れば沖縄の基地は抑止力の要であり，基地をなくすなら安全保障をどうするのかに対する答えを用意するべきであった。理想だけを求めて頭の中で考えた政策をそのまま実行にうつし，そして失敗するのがリベラルの失敗の典型ケースである。

　リベラル（進歩主義）的思考の失敗例としては社会主義もあげておく必要がある。普遍的理想を人間の理性的能力で実現できるという考えに立つなら，自由競争に任す資本主義より，政府が計画をもって経済を運営する社会主義の方が望ましい。実際，19世紀の進歩主義者はえてして社会主義に好意的だった。しかし，現実には，経済的豊かさの面でも，人権擁護という普遍的価値の面でも社会主義の成果は思わしくなく，結局社会主義は崩壊する。

　最後に最も悪い失敗例としては，掲げる理想の普遍性を信じるあまり，それが絶対の正義となり，極端な権威主義に行きつくケースが考えられる。フランス革命での恐怖政治，ソ連のスターリニズム，中国の文化大革命，カンボジアのポルポト政権などがその例である。いずれも当事者は自分たちの掲げる普遍的な理想を絶対的に正しい正義と信じ，それに反するすべての人・見解を社会から物理的に排除しようとする。当事者は正義を実行していると思っているため歯止めが効かず，結果として暴走した正義はおびただしい数の死者を生み出すことになる。

6）アファーマティブアクションとは，政府・企業などが労働者を募集する際，人種や性別，民族などで一定の枠をつくることで，マイノリティーの雇用を促進する政策である。たとえば女性を一定割合以上採用することを義務づけたりする。これは人種・性別・民族などにもとづく雇用の不平等を是正するのが目的であったが，能力が高くても採用に落ちる人，また能力が劣るのに採用される人が出るため社会の緊張が高まり，逆差別だとして裁判にもなった。アファーマティブアクションは現在でも大学などで行われているが反発も強く，歴史的評価は定まっていない。少なくとも公民権運動のときのような成功とは言えないだろう。

　次に保守側を見てみよう。保守主義についても無論，同様に成功例と失敗例
をあげることができる。ただし，保守の成功例は，歴史に特筆されるような
華々しい事件の形にはなりにくい。これは保守主義が過去の歴史的経験を通じ
て受け継いだものに漸進的な改良を加えていく以上，急激な変化が起こりにく
いためである。保守が成功しているときとは，安定して着実な改良が積み重ね
られているときである。リベラル陣営から提起される問題群に対し，歴史的経
験に照らしながら現実的な解決策を時間をかけて着実に実施していくこと，こ
れが保守が成功するときの姿である。時間をかけることから，成功している保
守では政権担当期間が長くなる。

　実際，戦後の先進国の政権を見ると保守政権の方が期間が長い傾向にある。
イギリス，ドイツ，フランスともに保守政権の期間の方が長い。イギリスでは
1.5 倍，ドイツで 2 倍以上が保守主導の政権である[7]。保守政党の担当期間が
長いことは，戦後政治で保守がある程度の成功をおさめていたことを示唆す
る[8]。その最たるものは，1990 年ごろまで 50 年近い長期のあいだ保守政党が
政権とり続けていたわが日本であろう。

　戦後の自民党を保守の成功例と見ることには，違和感を感じる人もいるかも
しれない。しかし，政権の失敗は政権から滑り落ちることで示される。だとす
ればあれほど長期にわたって政権を維持したのは，失政が少なかったからと考
えるのが自然である[9]。実際，戦後の自民党が政権を維持できたのは，野党リ

7）戦後（1945 ～ 2021 年）のイギリスでは，労働党の政権担当期間があわせて 30 年間であったの
　に対し，保守党は 46 年間で保守の方が長い。ドイツはすべて連立政権なので比較しにくいが，首
　相を出した政党で見ると，中道左派の社会民主党が 20 年間に対し，中道保守のキリスト教民主党
　が 52 年間でやはり保守主導の時代が長い。フランスは大統領と首相を左派と右派で分け合うこと
　があるので判定しにくいが，それでもドゴール派が長く政権を占めたことが象徴するように，右派
　すなわち保守の方が政権担当期間が長い。

8）アメリカは例外で，共和党と民主党の大統領在任期間年数が戦後で見るとほぼ拮抗しており，保
　守主導ではない。これはすでに見たようにアメリカの持つ進歩主義的（リベラル的）体質のためと
　推測される。保守主義が頼りにする歴史的経験が乏しく，自由という普遍的理念のもとに国をつく
　ったアメリカは，その建国の事情から進歩主義的になりやすい。戦後のアメリカ政治は保守の成功
　例とは言い難い。

9）日本で政権交代がなかなか起きなかったのは日本の民主主義が未熟だからだという言説を見るこ
　とがあるが，それは有権者を見くびった考えであろう。日本の有権者とて国の運営に失敗したとな
　れば政党を容赦なく政権から追い出すのであり，実際，2009 年には自民党に見切りをつけ，政権
　を民主党に交代させた。政権交代させる用意も意欲もある有権者を前にして，50 年間も政権を維

ベラル勢力から提示される問題群に着実に応えたことが大きい。たとえば急激
な経済成長につきものの格差拡大には，米価支持をはじめとする農村への助成
や各種の中小企業支援策で対処し，高齢化が進んで福祉国家への要望が広がる
と急激に福祉支出を増やし，公害が社会問題化すると環境庁をつくって環境保
護に取り組んだ。歴史的経験を踏まえて現実的な解決策を出すというのが保守
の真骨頂であり，自民党はそれをよく実践したのである。先に自民党の政策が
欧米基準での保守とは言い難い面があると述べたが，それは自民党が野党から
の要求によく応え，それを実践したためと考えられる。

　しかし，保守の方法が成功するのは歴史的経験が有効である限りである。過
去の歴史的経験が通用しないほど大きな状況変化が起こると，保守の政策は空
回りを始める。歴史的経験の重視は，捨てるべき過去への無用な執着となり，
単に現状を変えたくないだけの無能な政治に堕していく。バブル崩壊後に顕在
化した，人口の減少傾向・デジタル化・雇用の非正規化・グローバル化といっ
た新しい現実は従来と異なる政策対応を必要としていたが，これまでの歴史的
経験にこだわる自民党は有効な政策を打ち出せなかった。失われた10年ある
いは20年という停滞期をへて自民党は国民に見切りをつけられ，2009年に政
権を失うことになる。過去の歴史的経験にこだわるあまり，必要な改革を行う
ことができず停滞に陥るのが保守の典型的失敗例である。

　歴史的経験へのこだわりが単なる停滞ではなく，より大きな誤りを引き起こ
すこともある。たとえば，第二次大戦前の日本には国際問題について二つの相
反する考え方があった。一つは列強の帝国主義に反対し，アジアの植民地の独
立を助けていこうという理想主義的考えで，もう一つは列強が帝国主義をとる
以上，自分たちも帝国主義をとり植民地を獲得すべきという現実主義的考えで
ある。歴史的経験を重視するなら現実の国際社会が帝国主義で動いていること
は疑いようがなく，ゆえに日本も帝国主義をとるべきという後者の意見が強ま
っていく。しかし，後から見ればそれは遅れてきた帝国主義であり，破滅への
道であった。帝国主義が廃棄されるという歴史的転換点にあって，過去の歴史
的経験に引きづられて帝国主義を採用したこと，これは歴史的経験から考える
保守的思考の大きな失敗例と見ることができる。

　　持したのは成功例と見るのが自然である。

　さらに保守が頼りにする歴史的経験は国ごとにばらばらで普遍性がないため，これを重視することは，ともすれば偏狭な自民族中心主義を生みやすい。ドイツ民族の卓越性を掲げたナチスドイツがその典型である。そこまで行かずとも歴史的経験の重視が嵩じて自国の歴史の価値を絶対視するようになると権威主義的体制が生まれる。皇国日本の国体を絶対視し，自由を圧殺した戦前の日本はその実例であろう。リベラルが普遍的理想を絶対視して権威主義化するとすれば，保守は自国の歴史的経験を絶対視して権威主義化する。歴史と伝統の擁護の名のもとに人々の自由を奪い，抑圧するファシズムが保守の最悪の失敗例である。

　このようにリベラルの側でも保守の側でも成功例と失敗例をあげることができる。保守とリベラルはどちらも一定の限界と一定の成果をあげうる思考方法なのであり，どちらかが正しくどちらかが間違っているということはない。

2-6　哲学的理解，日常的理解，歴史的理解

　今見たように保守とリベラルの成功例と失敗例の幅は広い。これは保守とリベラルは政策の相違というより基本的なものの考え方の違いであり，その具体的な政策はさまざまに代わりうるからである。具体的な政策がさまざまである結果，成功も失敗もさまざまなバラエティに富むことになる。

　実際，具体的な政策の中身は，保守もリベラルも長期的に見ると変化している。たとえば，19世紀の保守主義は貴族や王党らの土地所有制度を擁護する傾向があったが，それら階級・制度がなくなり，資本主義が普及すると保守は土地制度に言及しなくなり，経済活動の自由を擁護するようになった。これは保守主義が参照する歴史的経験自体が変わったからである。保守が保守であるのは歴史的経験を尊重するという姿勢ゆえであり，個々の政策ゆえではない。

　リベラル側も普遍的理想と言いながら理想の中身は長期的には変わり，それにともない掲げる政策も変化する。たとえば，フランス革命は平等を謳ったが，当時の平等は男性についてのもので，女性は必ずしも視野に入っていなかった。フランスで女性参政権が完全に認められたのは150年も後の第二次大戦のとき

であり，なんと日本と大差がない。また，自由という概念は，政府から干渉されない自由（消極的自由）であったのが，政府が福祉的政策等で一定の生活水準を達成する自由（積極的自由）へと拡張され，最近では環境権も普遍的理想の中に入りつつある。昨今話題のLGBTの権利拡大や多様性の重視も，ここ10年に急に登場した主張である。このように普遍的理想と言いながらもその具体的内容は変わっていく。リベラルがリベラルであるのは，普遍的理想をこの世に実現するという姿勢ゆえであり，個々の政策ゆえではない。

　このように保守とリベラルの差とは個々の政策の差ではなく，基本的なものの考え方の差である。このようにとらえるなら，そもそもそのようなものの考え方の背後には，より根本的な哲学上の違いがあるのではないかという疑問が出てもよい。

　村上泰亮はこの疑問に対し，リベラルと保守の違いを，哲学における超越論と解釈学の対比に求めた（村上 1992, 第12章）。聞きなれない言葉であるが，超越論とは社会全体について客観的な認識に近づけるとする哲学上の立場である。社会についても自然科学のような客観的で普遍的な認識が獲得可能という考えと言ってもよい。これに対し，解釈学とは社会の客観的認識は困難であり，社会についての認識は一つの解釈にすぎず，また他の解釈と互いに依存しあっていると考える哲学的立場である。部分の解釈のためには全体の解釈が必要で，全体の解釈のためには部分の解釈が必要なので，解釈は循環的になる。村上によれば超越論は社会の客観的認識が可能と考える点で，普遍的理想の実現を信じるリベラル思想に親和的である。一方，解釈学は常に解釈・再解釈を繰り返す点で，歴史的経験にしたがって考える保守思想と親和的である。

　哲学の話をこのように一言で述べても言葉足らずで読者にはうまく伝わらないかもしれない。本書は哲学の本ではなく，筆者もまた哲学の専門家ではないので，ここで哲学的な議論の詳細に入る準備はない。が，保守とリベラルの対立の背後には，このように哲学上の基本的なものの見方の相違があるということは指摘しておきたい。すなわち，保守とリベラルはそれぞれ人間にとって基本的なものの考え方——解釈学と超越論——に対応しており，それぞれ根拠のある有効な思考方法なのである。

　哲学的な理解は一般の読者にはあまりなじみがないと思われるので，逆に日

常的な理解を考えてみよう。哲学的な思惑を離れ，日常的に考えてみると保守思想とリベラル思想はごく当たり前の思考方法である。過去の経験を振り返ってそれから学ぼうという行為（保守）と，理想を掲げてそれに向かっていこうという行為（リベラル）は，よく考えてみれば誰もがやっていることだからである。日常を生きるわれわれは，誰もがある程度はこの二つ，すなわち達成したい理想とこれまでの経験を，あるいは未来への視線と過去への視線を組み合わせて生きている。どちらだけということはない。

　ジャングルの中で夜に道なき道を歩く人を考えてみよう。上空の星を見上げて方角を知り向かうべき方向を見定める，そして足元を見て足場を固めては歩き出す，この二つはいずれも必要なことである。足元を見ずに上空の星ばかり見ていれば，足を踏み外して崖下に落ちてしまう。星を見ずに足元ばかり見ていると方向を見失い，道に迷う。時に星を見上げて方向を見定め，時に足元を見て足場を確認する，この二つはジャングルを進む人にとってどちらも必要な作業である。普遍的理想を掲げてこれに近づこうとするリベラルは星を見上げて方向を見定めることに，歴史的経験から知恵を学ぶ保守は足場を固めることに相当する。いずれも人間にとって有用な方法であり，どちらかが無用あるいは間違っているということはない。

　保守とリベラルがともに有効な方法ということを示すためには，保守とリベラルが誕生した歴史的な経緯の説明も役立つかもしれない。保守と進歩（リベラル）という考え方の対立それ自体も実は歴史的産物である。なぜなら保守と進歩の対立が生まれたのは近代になってのことだからである。近代以前には保守と進歩といった思想的対立はない。たとえば中世ヨーロッパあるいはインド，中国等の古代帝国を含めてもよいが，近代以前の社会にあっては大きな秩序（多くの場合は宗教）があって，人々はその中で暮らしており，進歩という概念がない。たまにその秩序への反抗が試みられることはあるが，その場合は異端として圧殺されるか，あるいは秩序に取り入れられて正統化されて終わる。社会の中で保守と進歩といった継続的な対立が維持され続けることはないのである10)。これは近代以前の社会は是認される社会変動がなかったからと考え

<hr>
10) 中世に思想的に新しい革新がまったくなかったわけではない。ヨーロッパならルネサンスがあり，日本で言えば江戸時代に陽明学や国学，心学，蘭学といった試みがある。しかし，それらの影響は

られる。近代以前の社会でも戦争，疫病，大規模移民などの大事件はあったが，これらの変動は災いであり歓迎されない。災いは避けるべきもの，あるいは通りすぎるまで耐えて待つものであり，良いものとはとらえられない。今日は昨日と同じで明日も同じことが繰り返されることが望ましい。誰もが父母と同じような，また祖父母と同じような生活を繰り返すことが期待される社会では，進歩という概念は出てこない。それはジャングルを歩むのではなく，一生を生まれた村の中で暮らすようなものである。その場合，星を見上げて方向を確かめることも足場を確かめる必要もない。昔からある畑に決まった道を通って行き，決まった労働をして家に帰るのなら，歩く方向も道もすでに決まっており，思い悩む必要もないからである。

　これに対し，近代は社会が変動し続け，それを大きく是認する時代である。ヨーロッパで言えば，近代に入ると絶対王政，大航海時代，宗教改革など大事件が続き，産業革命と市民革命で社会の変動内臓的な性格は決定的となる。今日は昨日と同じではなく，明日は今日とは異なっている。絶えず変動する社会にあって，どのように生きていくべきか人々は思い悩まなければならない。この絶えざる社会変動に応えようという工夫が保守と進歩という二つの思考方法を生みだしたと考えることができる。村を離れてジャングルを歩くことを余儀なくされた人類が編み出した工夫が，進歩主義と保守主義である。進歩主義は普遍的理想を頼りにし，保守主義は歴史的経験を頼りにする。このように考えれば，保守主義と進歩主義（リベラル）の対立は，社会変動が続く限り，すなわち近代が続く限りは続いていくことになる。保守とリベラルの対立は終わったという人もいるが，それは早計であろう。社会が変動を続ける限り，形を変えながら二つの思考姿勢は存続し続ける。

　確かに，保守とリベラルの対立そのものが古臭いという批判は多い。実際，20世紀に入ってからこちら，リベラル思想（進歩主義思想）と保守思想それぞれへの批判は知的プロフェッショナルの手によって数多く行われてきた。リベラル思想が頼りにする理性的認識に対してはデカルト主義批判[11]という形

　　特定の文人の範囲にとどまり，保守と進歩という社会全体を動かす政治上の思想対立にまでは広がっていない。
　11）デカルト主義とは，主観と客観を分離し，人間の側にある主観が世界を客観的に認識していける

で人間の理性的能力への懐疑が向けられたし, 保守思想が頼りにする歴史的経験については, 慣習や伝統を腑分けして実はそれらは特定の（多くは支配層の）イデオロギーの擁護装置であるという批判がよく行われた。現象学, 構造主義, ポストモダンといった20世紀の新しい思想潮流は, むしろ保守主義と進歩主義（リベラル）を批判し, 解体することが仕事であった感がある。

しかしながら, これらの20世紀の新しい思想潮流は結局代替物を生みだせなかった。すなわち, 批判はしても保守とリベラルに代わるものを打ち出していない。たとえば理性を懐疑したとして, その後どうするのか。理性を捨てた代わりに歴史的経験に頼るならば保守主義になってしまう。そもそも理性を懐疑するのも理性だとするとあきらかに無限後退に陥る（自己言及のパラドックス）。この無限後退を解こうという試みもないわけではないが, それに耐えうるのは一握りの知的プロフェッショナルだけであり, 日常を生きる一般人にできることではない。あるいは, 歴史的につくられた慣習や伝統が特定イデオロギーの擁護装置だったとして, その後どうするのか。慣習や伝統を捨てた代わりに何があるのか。そこで理性的認識に頼るならリベラルに回帰してしまう。批判はどこまでも批判であり, 代替物にはならない。20世紀の新しい思想潮流が, 理性や歴史的経験といった自明と思われがちなものに切り込んだことには知的には十分な価値があるだろう。しかし, 代替物がない以上, その影響は知的プロフェッショナルの範囲にとどまらざるをえない。

代替物が示されない以上, 具体的な政策的課題を考えるときには相変わらず議論は保守とリベラルの対立軸で進んでいくことになる。21世紀に入った現在でも, 政党や市民団体はやはり保守系かリベラル系に分類される。現象学的政党や構造主義的政党, あるいはポストモダン政党というものはない。構造主義やポストモダンを標榜する有力な市民団体も見られない。政策課題について考えようとするとき, 依然として保守とリベラルは有力な思考方法である。ポストモダンが言うように近代が終わるなら保守とリベラルの対立も終焉するのだろうが, 近代の終焉はまだ地平の彼方にある。

まとめると保守とリベラルの対立は見通しうる将来にわたり継続するだろう。

という立場である。自然科学については比較的受け入れやすいが, 同じことが社会についても当てはまると考えるのがここでのデカルト主義である。

そして保守とリベラルはどちらも有効な思考姿勢である。どちらかを採用し，どちらかを捨てるという代替的関係にあるのではなく，競争し合いながらも補い合う関係にある。保守は，ともすれば現実を重視するあまり目標を見失いなって迷走しがちであり，そんなとき，リベラルは理想を掲げて進むべき方向を示す。リベラルはともすれば理想を追うあまり現実から遊離した議論をしがちであり，そんなとき，保守は現実的な解決策を提示する。保守が自民族中心主義になりそうなとき，リベラルは人類普遍の価値を掲げてそれを抑制する。リベラルが理想を絶対化して正義を暴走させそうなとき，保守が現実に何が起きているかを示して暴走を抑える。このような議論を通じた相互理解と牽制が社会にとって望ましい姿であろう。保守とリベラルの議論が正面から行われていればこのような相互理解を通じた生産的な議論が期待できる。

　しかし，今ネット上ではそのような生産的な議論がほとんど消えてしまった。保守もリベラルも相手を倒すための議論ばかりである。極端な意見，相手を罵倒中傷する言辞ばかりであり，互いに相手の議論を理解し，そこから足りない部分を学ぼうというような姿勢はほとんど見られない。言わば分断が常態化してしまった。本書の危機感はここにある。なぜネット上から保守・リベラルの生産的な議論が消えてしまったのだろうか。次章ではその原因を考察する。

補論　本書の立場──思想の自由主義

　この第2章は保守とリベラルの対立について整理することが目的で，それは
ここまでですでに終わっている。したがって，この章はここで終えてもよい。
が，ここで本書の基本的な思想上の立場を記しておくことも無意味ではないだ
ろう。本書はネット上の議論を良くすることを意図して書かれており，保守と
リベラルのどちらかの立場に立つものではない。しかし，それでもなお本書に
も思想的な立場はあり，それを述べておくことは以下の議論に多少は役立つか
もしれない。なお，この第2章自体がすでに挿入的な話であるが，以下述べる
ことはさらに挿入話になるので，興味のない方はこの補論をとばしていただい
ても結構である

思想の自由主義

　本書の立場は「思想の自由主義」である。自由主義とはずいぶん古典的で古
くさい概念と思う方もいるかもしれない。また，ことさらなぜ「思想」にこだ
わるのかと思う方もいるだろう。自由は数あれど，なぜその一部である思想に
こだわるのかを問う人もあろう。以下，説明を加える。

　自由主義とは多義的な言葉であり混乱が生じやすい。まず，自由主義と言っ
た場合，行為のレベルと心の中のレベル，すなわち行動の自由と精神の自由を
区別する必要がある。行動の自由とは職業選択の自由，居住の自由，経済活動
の自由などのことで，精神の自由とは，思想の自由，言論の自由，表現の自由
のことである。

　このうち行動の自由は他の人の権利と衝突するので，必ず制限が必要になる。
職業選択の自由があると言っても，勝手に医者を名乗って診療するわけにはい
かないし，居住の自由があると言っても，人の土地や公園に勝手に家を建てて
住むわけにはいかない。これはある人の行動は他の人に影響を及ぼし，他の人
の権利を侵害しうるからである。したがって，行動のレベルで考えている限り
は何らかの制限が必要になってくる。どの自由を優先し，どの自由を抑えるか

の優先順位をつける必要が出てくると言ってもよい。制限の仕方にはいろいろ
の類型があり、ここからさまざまの自由主義が現れる。

　たとえば、保守陣営では経済的な自由、すなわち経済活動の自由が重視され
る傾向にある。リベラルは逆に企業の規制に熱心であり、経済活動の自由を制
限しようとすることが多い。一方、リベラルは個人の選択の自由に関しては最
大限重視し、中絶や同性婚なども個人の自由の範囲として容認する傾向にある。
保守は逆に伝統的価値観擁護の立場から中絶や同性婚には反対である。こうし
て経済的自由については保守が擁護者に、個人的自由についてはリベラルがそ
の擁護者になる。しばしば、保守論客は自分たちは政府介入に反対する自由主
義者で、リベラルは自由主義的でないと批判し、逆にリベラル論客は自分たち
こそ個人の自由を最大限に認める自由主義者であり、これに反対する保守は自
由主義的でないと批判する。すなわち、ともに我こそは自由主義の擁護者であ
り、相手こそ自由主義的でないと言い合うという奇妙な現象が生じるのは、重
視する行動の自由の中身が異なるためである。ちなみに経済的自由も個人的自
由も最大限認める立場もあり、リバタリアンと呼ばれている。自由を行動のレ
ベルで議論している限りは何らかの制限が必要なので、このように多様な自由
主義が生まれてくる。

　しかし、どのように多様でも、行動のレベルで自由を考えている限り、なん
らかの制限が行われるのは避けがたい。大著『自由論』を書いたジョン・スチ
ュワート・ミルは、自由が制限されて良いのは他者に危害を加える時だけだと
述べた（危害原理）。この危害原理はその後もさまざまの自由論にいつもつい
てまわった。たとえば経済的自由と個人的自由をともに最大限認めるリバタリ
アンでも、他人の自由を制限しない限りという条件を付けている（ノージック
1995）。制限が加わる以上、行動の自由主義はその分だけ弱くならざるをえない。

　たとえば、日本でよく行われる制限として"公共の福祉に反しない限り"と
いうのがある。公共の福祉と自由を対比させてバランスさせるのは、社会とし
て妥当な知恵であろう。しかし、しばしば公共の福祉が優先されて自由がずる
ずると後退し続け、自由が弱まっていくことがある。公共の福祉のために立ち
退きを求められたり、公共の福祉のために酒・タバコが飲めなかったり、公共
の福祉のために労働者を自由に雇えなくなったりなどである。それぞれ理由の

あることであるが，自由より公共の福祉が優先されているため，自由主義なの
か，それとも“公共の福祉”主義なのかわからなくなる。行動のレベルで考え
る限りは自由主義は制限付きという意味で弱くならざるをえない。それは力弱
い自由主義である。

　ここでもし，いかなる制限もなく自由を主張できる領域があるなら，そのと
き初めて自由主義は力強い自由主義となる。いかなる他の理念の介入なく，無
制限に主張できるような自由，そのような自由がありうるかと言えば，ありえ
て，それが心の中の自由，すなわち「思想の自由」である。人の心の中は完全
に自由でなければならない。どのような考えを持つことも自由であり，何人と
言えどそこに立ち入ってはならない。どんなに反社会的な内容であろうと，思
想として持つことは自由であり，考えを変えることを人から強要されてはなら
ない。これが思想の自由主義である。

　さらに思想は表明されなければ意味がないから，言論の自由・表現の自由ま
では含まれる。ただし，言論・表現の自由は，聞きたくない人にまで聞かせる
権利ではないので，社会の中に表明できる場所がどこかにあればよい。どんな
考えを持つことも自由であり，それを表明する場所もあること，これがここで
の思想の自由主義である。要するに，言いたいことは言える社会が思想の自由
主義が守られた社会である。

　このような自由主義の理解は，自由論の文脈の中ではジョン・スチュアー
ト・ミルの自由論に近い。ミルは自由を，精神の自由と行為の自由に分け，行
為の自由は他者の権利・自由を侵すので危害原理から言って制限がかかるのは
やむをえないが，精神の自由にはその心配がないので最大限これを認めるべき
と説いた[12]。ここで述べた行動と精神の二分法はこのミルの考えに近いもの
である。あるいは，ヴォルテールの言としてよく引用される次の言葉もよいだ
ろう。「私はあなたの意見には反対だ。だがあなたがそれを主張する権利は命
をかけて守る」，この言葉も思想の自由主義をよく表現している。

---

[12]　ミル自身の表現を使えば，行為は行為者だけに関わる場合と他の人々にも関わる場合の二つに分
　　けられる。そのうえで，行為者だけにかかわる場合には，社会からの強制や統制から絶対に自由で
　　あるべきとする。ミル（1967）。

正統主義あるいは正義

　思想の自由主義は現代では当たり前であり，とりたてて言うほどのこともないという感想を持つ人もいるかもしれない。しかし，決して当たり前ではない。それを示すためには思想の自由主義の逆の立場を考えてみるのがよい。思想の自由，そしてそれに付随する言論・表現の自由を認めない立場としては，たとえば一つの宗教で国が統治されている宗教国家がそうである。近代以前の帝国の多くは，国教を掲げていることが多く，その教義に反する思想は言論も表現も禁じられる。有名なのはガリレオの宗教裁判で，当人の意図に反しガリレオは地動説を撤回させられる。近代以降でもナチスドイツ下ではユダヤ擁護の主張はできなかったし，戦前の日本では天皇についての記述は制限を受けており，たとえば天皇機関説は禁じられた。戦後でも共産党支配下のロシア圏では共産党批判はタブーであり，命をかけなければできなかったし，現時点で言えば共産党の一党支配が続く中国が最もこれに近い例である。

　思想の自由主義の含意を理解するために例を一つあげてみよう。イラクと米国が戦争した湾岸戦争の際，イラクにとらえられて捕虜となった米兵たちがイラクの国営テレビに登場し，アメリカは間違っていたという述べたことがある。兵士たちの顔には明らかに暴行・拷問の跡があり，そのうつろな目を見れば無理やり言わされていることは明らかであった。

　これは思想の自由に反している。もし，イラクのフセイン大統領が，捕虜となった米兵に対し，「お前たちは憎き敵であるが，お前たちはお前たちなりに祖国アメリカを愛しているのであろう」と述べ，悪待遇に置きながらもテレビでの発言を強要しなければ，最低限思想の自由は守っていたことになる。兵士たちの心の内には入りこまず，それをそのまま放置すなわち尊重したことになるからである。しかし，実際には暴力的な方法で発言を強要しており，この時点で思想の自由を侵したことになる。

　あるいは非常に強い政治思想を持つ集団，たとえばかつての過激派のような集団での自己批判の強要がこれにあたる。しばしばこのような集団では，"間違った"考えを持った人を集団で取り囲み，自己批判を迫ることがある。何時間も取り囲んで自己批判を迫り続けるのは，暴力に等しい。どのような考え方を持とうとその人の自由というのが思想の自由主義であり，長時間取り囲んで

責める時点で，思想の自由に反している。一通りの議論をし，それで意見が合わなければ，そのまま別れるのが思想の自由主義である。自己批判するまで帰さないとなった時点で思想の自由は失われる。同様の現象は，先鋭化した政治集団や社会運動体では現在でもしばしば観察される。決して昔の現象というわけではない。

　思想の自由を認めない世界では，何らかの正統となる考え方があるのが普通である。正統なる思想は絶対に正しく，それを批判する思想は存在を認められない。批判者は沈黙を強いられる。このような立場を総称するうまい言葉はなく，あえて名づけるとすれば原理主義あるいは正統主義とでも呼ぶことになろう。近代に限れば全体主義あるいは権威主義がそれに相当するが，これらの言葉は思想以外の行為レベルでの内容や具体的政治制度まで含んでおり，さらに否定的イメージが強すぎて最初から悪という判断が入ってしまう。人類史を振り返ると中世のローマ帝国，サラセン帝国など，宗教を掲げる国家の方がむしろ多数派であり，これらを全体主義や権威主義と呼ぶのはミスリーティングである[13]。さらに，後に述べるように，今日でも崇高な理想——たとえば差別のない世界の実現——のためには言論の自由を制限してよいという立場は存在しており，思想・言論の自由を認めないことが常に否定的にとらえられているわけではない。したがって，用語としては肯定的でも否定的でもない中立的なものが望ましい。しかし，思想の自由を認めない立場を表す中立的で包括的な言葉は見当たらない。つまり思想の自由のよい対義語がみつからない。が，対義語がないままでは議論がしにくいので，ここでは仮に正統主義あるいは正義と呼んでおくことにする[14]。思想の自由主義ではどんな思想でも持つのは自

---

13) 全体主義あるいは権威主義とは，近代以降の国家について使われ，思想の自由以外のさまざまな政治的社会的要素を含んでいる。この言葉を近代以前の国家に当てはめるべきではない。

14) 思想の自由を認めない立場を正統主義／正義と呼んだが，その中身は全体主義から古代や中世の帝国まであって，バラエティは極めて大きい。この大きすぎるバラエティが示すように，ここで正統主義あるいは正義と呼んだものは，その国の政治制度全般を記述するためのものではなく，単に思想の自由主義を採用しているかいないかという特徴だけを取り出すための用語である。したがって，本書で正統主義あるいは正義について議論するときは，思想の自由に関係する範囲に絞るべきであり，以下の議論でも話題はそこに絞りこむ。

　なお，近代以前における正義は多くの場合有史宗教であるが，これは多数の異なる民族をまとめるために必要な原理だった面がある。特定の民族には依存しない宗教を正統すなわち正義と定め，その秩序に皆が従うというのは，多くの異民族が受け入れやすい方法だからである。実際，近代以

由であり発言もできるのに対し，正統主義あるいは正義では正しい思想が一つあり，それに反する思想は存在を，あるいは少なくとも発言を許されない。

「正統主義あるいは正義と呼ぶ」というのは曖昧な表現であるが，このようにあいまいな表現を使ったのには含みがある。思想の自由を認めないということは，正しい思想が一つあって，それに反する言論・表現は許さないことを意味する。このとき正しい思想はその社会の正統となっているので，この意味で正統主義（orthodoxy）とでも呼ぶのがおそらく語感としては適切である。その時代に "正統" な思想が一つ存在するという意味である。しかし，正統主義という言葉は歴史学ですでに別の意味（ウィーン会議後の復古主義の意味）で使われており，それと混同しやすい[15]。

思想の自由を認めない立場を表す言葉のもう一つの候補は，正義（justice）である。正義は唯一で普遍的な正しさを主張するからである。正義が唯一の正しさを主張するのなら，正義に反する思想は倒されねばならない悪であり，存在は許されない。したがって正義に反する思想には言論の自由はなく，思想の自由の対義語を正義と呼ぶことには一定の合理性がでてくる。ただ，自由の対義語が正義だと述べると違和感を感じる人もいるかもしれない。これは日常用語での正義は，唯一の正しさという意味ではなく，もっとゆるい意味——たとえば「正義とは正しくあろうとする人の心である」など心構えの意味で用いることもあるからである。その場合には唯一の正しさを主張するわけではないので，正義は思想の自由の対義語にはならない。正義を思想の自由の対義語で使うなら，単に正義ではなく，「絶対の正義」とでも言った方がよいかもしれない。

要約すると，思想の自由の対義語を考えたとき，正統主義と正義のいずれも一長一短がある。正統主義は，あまりなじみのない言葉で手あかがついていない利点があるが，すでに歴史学で違う意味で使われており混同が生じる。正義

前の帝国では，正統なる教義を示して国をまとめ，それなりの期間存続し繁栄を享受している。この統治形態を近代における全体主義と同一視すべきではない。

[15] 1814年，ナポレオン戦争の後の戦後処理を議論するウィーン会議で，フランス代表タレーランはフランス革命以前の秩序を正統とみなし，これに復古することを主張した。世界史ではこのときタレーランがとなえた会議の理念を正統主義（legitimism）と呼ぶ。なお，キリスト教の教義の中でも正統（orthodoxy）という言葉が使われ，ロシア正教など特別の意味を持っている。

図 2-3　思想の対立軸

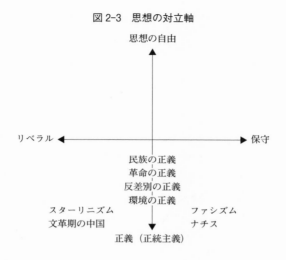

は一般になじみ深くてわかりよい言葉であるが，唯一の正しさという意味で使わないこともある。そこで長所と短所を補うことを期待して，やや異例であるが，この二つの言葉を適宜入れ替えながら用いていくことにする。いずれにせよ意味するところは思想の自由の対義語である。すなわち，ただ一つの正しい思想があって，それに反する思想，そして言論・表現を認めない立場を，正統主義あるいは正義と呼ぶことにする。

保守・リベラルとの関係

　注意すべきは思想の自由主義対正義（正統主義）という対立軸は，保守対リベラルの対立軸とは独立していることである。図 2-3 はこれを図示したものである。水平軸の左右にリベラルと保守の軸を取り，縦軸の上下に思想の自由主義と正義（正統主義）をとる。図の下半分が正義の領域である。正義の具体例としては，宗教の正義，民族の正義，革命の正義，さらに反差別の正義，環境の正義などが考えられる。

　保守・リベラルと正義との関係を見るためにそれぞれについて極端な例をあげてみよう。保守側の正義（正統主義）の極端な事例は自国の歴史伝統を絶対化したファシズムが位置し，リベラル側の正義（正統主義）の極端な事例とし

ては一党独裁型の共産党あるいはその指導者を絶対視したスターリニズムなどが位置する[16]。このように正義（正統主義）の極端な事例は保守側でもリベラル側でも考えられる。このことからわかるように，保守が掲げる正義もあればリベラルが掲げる正義もあるのであり，どちらかに限るわけではない。

　一方，図の上半分は思想の自由の領域である。保守にしろリベラルにしろ，思想の自由主義と両立することは可能であることに注意したい。保守思想，リベラル思想のどちらをとっても，そこから思想の自由を否定する論理が必然的に導かれるわけではない。保守でありながら思想の自由主義者であること，リベラルでありながら思想の自由主義者であることは十分に可能である。保守の人が自国の歴史的経験にどんなに愛着と誇りを持ったとしても，他国の人もまた同じように自分の国の歴史に愛着と誇りを持つことを理解すれば，他国の歴史的経験にも敬意を払おうと思うことができる。リベラルの人が普遍的理想がどれだけ正しいと確信していても，その理想に真っ向から反する思想にも発言の自由を認めようと思うことは可能である。すなわち，保守でもリベラルでも思想の自由を認めることは可能である。

　逆に，保守・リベラルいずれの立場からでも思想の自由を否定する主張をたてることも可能である。すでに述べたように極端な例はファシズムとスターリニズムの例がそれであるが，例としてあまりに極端なので，もう少し身近な例をあげてみよう。

　たとえば，思想の自由の一部である表現の自由で，漫画における性表現規制を考えてみる。漫画での性表現の規制を主張するのはかつては保守側であった。石原都政における「非実在青少年」の規制が典型であり，青少年健全育成のために18禁ではない一般の漫画にまで性的表現の規制を広げようとした。一方，現在はフェミニズムの立場からの漫画の性表現批判が強くなっており，リベラル側からも表現規制を求める声が出るようになった。女性の性的特徴を強調し

---

16) このような図は私のオリジナルというわけではなく，似た先行例はいくつもある。古い例としては，政治学者アイゼンクは，民主的－権威主義的という用語を使って同じような分類枠組みを提示した（Eysenck 1954）。これは今述べた思想の自由主義－正義の対立に一部重なっている。また，リードも円形の図式で似たような分類枠を出している（Leeds 1981）。本書にオリジナリティがあるとすれば，自由主義全般ではなく思想の自由主義を取り出し，それに対立するものとして正義を対立軸に置いた点である。

た漫画表現は女性を人としてではなくモノとして扱っている女性蔑視だというのがその理由である。論拠はそれぞれ異なっており，保守は健全な青少年の育成をあげ，リベラルは女性蔑視の是正をあげる。論拠は異なるが漫画での性表現に制限を加えようとする点は同じである。この場合，表現の自由よりも，青少年の健全育成あるいは女性蔑視是正の方が上位の価値を持つとされる。この一点において両社はともに思想の自由を上回る価値，すなわち正義（正統主義）を掲げていることになる。この事例が示すように，保守でもリベラルでも，思想そして表現の自由を制限しようとする立場はありうる

　したがって，保守であること，リベラルであることが，直ちに思想の自由主義を肯定するわけでも否定するわけでもない。両者は独立であり直交する。今述べた漫画での性表現について言えば，リベラル陣営内でも漫画の性表現の是非については意見が割れており，性表現の規制を主張するフェミニストもいれば，性表現の自由を支持するリベラル論客もいる。保守の側でも，漫画の性表現を容認的な人も否定的な人もいて，一様でない。このように，保守－リベラルの対立と，思想の自由主義－正義（正統主義）の対立は独立である。

正義の誘惑

　ここで強調したいのは，正義あるいは正統主義には人々をひきつけるの魅力があることである。図2-3にあるスターリニズムとファシズムを見ると正義（正統主義）を好む人などいないように思える。しかしそれは，この二つの例があまりに極端かつ時代遅れですでに人々の支持を完全に失っているからである。そうではなく，その時点の社会で正しいとされ，支持が集まりやすい価値を掲げると，人はそれを正義として受け入れる。

　たとえば，近代以前の多くの帝国では国の定めた宗教に反する宗教は認められなかったが，だからと言ってその宗教を受け入れている人には特に不満はなかっただろう。多くの異民族からなる帝国をまとめるためには，特定の民族には依存しない宗教をかかげ，それを正義として国をつくるというのが有力な方法である。それで平和が保たれるなら人々はそれを支持しうる。

　宗教が正統性を持つ社会は日本人にはあまりピンとこないと思われるので，より現代的な例をあげよう。現在もっとも支持を得る思想として平等の思想，

特に反差別がある。人種差別，民族差別，男女差別等はわれわれの社会では明瞭に否定されている。19世紀，20世紀を通じてわれわれはこれらの差別を撲滅する方向で進んできており，差別はいけないという思想には広範な支持がある。したがって，差別を容認すると思える考えは許しがたく，存在すら否定したくなる。差別思想あるいは発言は，力づくでもこの世から消去したいという気持ちが湧いてくる。もし，差別的思想の発言を許さず，消去を図るとすると正義あるいは正統主義に近づくことになる。このように掲げる価値が，そのときのわれわれの価値観に合致するとき，人はそれを絶対に正しいもの，正義として受け入れることをためらわない。

　正義についてもう少し説明する。正義とは普遍的な正しさ，あるいは絶対の正しさを主張することである。すなわち誰にとっても正しいと主張できるものが正義である。正義の具体的な形についてはアリストテレスから，最近のロールズまで古今東西いろいろ議論があるが，共通しているのはその社会の誰にとっても正しいことである。正義は時間と空間を超えて正しさを主張し異論とは共存しない。正義に反する者は，議論の余地なく悪であり，しばしば何らかの制裁が与えられる。正義は悪を断罪する[17]。

　一方，思想の自由主義から正義は導けない。思想の自由ではどんな考えを持つのも自由なのであるから，考え方のレベルでどれか一つの考え方が優越することはない。他を断罪できるような特別な思想は存在せず，差別思想も出発点の段階では他の思想と同じ資格で存在している。ただ，議論の過程で人の支持が集まらず，社会から消えていくだけである。さまざまの思想が支持者の獲得をめぐって争うことを「思想の自由市場（market of ideas）」と呼ぶことがある。この思想の自由市場での悪しきものの淘汰を信じるのが，思想の自由主義である。ここからは正義の観念は出てこない。思想の自由主義から導かれるのは行

---

17) 正義はこのように強烈であるため，正義を論じた論客は慎重な立論を行う。たとえばもっともよく知られたロールズの正義論では，その人の性別，年齢，家庭環境，所得，心理傾向などの属性をすべてはぎとり（無知のヴェール），合理性だけを仮定したときに全員が合意できることをもって正義としている。そこで合意できることは，権利の平等な配分とある範囲の所得格差という極めて控えめなものであり，それ以外は各人の自由にまかされる。ロールズの立論は慎重であるが，それでもこの合意を誰もが受け入れはずとしているがゆえに正義なのであり，正義が誰にとっても正しいこと，すなわち普遍的なものであることは変わりない（ロールズ2010）。

動についてのルールであり，正義ではない。ルールと正義は異なる[18]。

　正義の含意を示すために，やや突拍子もない例をあげてみよう。ウルトラマンと仮面ライダーが同じ映画に出たとしよう。すると2人は必ず協力しなければならない。2人が戦い始めたらもはや正義ではない。そこにスーパーマンがやってくれば3人は協力して，悪の組織と戦わなければならない。正義は時間・空間を超えてただ一つでなければならないからである。また，悪は改心するか，さもなくば殲滅されるかである。地面に線を引き，ここから先は悪の領域でこちら側は正義の領域と分け，仲良く共存して物語が終わってはならない。これも正義は普遍的に正しいからである。

　正義の魅力はその強制力・実行力にある。多くの罪なき人が殺されるような明らかな悪があるとき，力を持って悪を打破したいという強い衝動が生まれる。あからさまな差別に苦しむ人がいるなら，強制的に差別行為を止めさせたいと誰しもが思う。そして実際に実行に移す。ここまでは正義の実現であり誰もが賛同しよう。問題はその先である。殺人や差別といった行為を処罰・排除するのはよいが，殺人や差別を容認するような思想あるいは言論をも処罰・排除するべきだろうか。

　ここで道が分かれる。正義あるいは正統主義からすれば，殺人や差別などを肯定する思想と言論も排除すべきであろう。悪は悪の思想から生じるのであって，意識の底から変えなければならない。悪は「悪かった」と述べて心から改心しなければならないのであり，もし改心しないなら社会的に抹殺されるべきである。ここで社会的抹殺とは，いかなる場所での発言も許さない完全な沈黙であり，いわば社会的に刑務所に入れることである。これに対し，思想の自由主義ではどのような思想も持つことも自由であるので，そこまでは踏み込まない。行為は強制しても思想は強制しない。どのような思想も存在を許され，発言することができる。もし，悪しき思想があるなら思想の自由市場の中で言論の力で変えていくべきと考える。禁止するのは行為だけであり思想にまでは踏

---

18) ルールは正義とは異なる。正義は時代と場所を超えてただ一つであるが，ルールはその時その場にいる人が合意した規則にすぎないので唯一ではなく，変更もできる。たとえば右側通行はルールであるが，正義ではない。思想の自由主義のもとでは正義は導けないがルールは導くことができ，そして正義がなくてもルールだけで社会を運営することは十分に可能である。

み込まない。

　このように比較対比するとき，正義（正統主義）に魅かれるか，思想の自由主義に魅かれるかは人によるだろう。言い換えると正義あるいは正統主義に一定の説得力を感じる人がいてもおかしくない。強く信じる価値があるなら，その価値だけは正義として思想の自由の例外としたいと考えるのは自然である。「思想の自由は認める，ただし差別につながる思想・言論は認めない」というのは差別解消を何より重視する人にとっては魅力的な立場である。

　ここまで差別ばかりを取り上げたが，これは一例にすぎず，別のものでもよい。たとえば天皇の記述を考えることもできる。天皇を敬愛する人はそれなりに多くおり，とりわけ強い敬愛の念を持つ人にとっては，天皇を侮蔑するような言論は聞きたくないだろう。その思いが強まると，天皇を貶めるような思想・言論はこの世から消してしまいたいと思い始める。そこで「思想の自由は認める，ただし天皇を貶める思想・言論は認めない」という立場を考えることができる。実際，このように考えて実力行動に出る人もいる（不敬罪！）。

　正義あるいは正統主義は，かかげる正義の中身さえ納得できるものならばそれなりに人をひきつける有力な考え方である。強い問題意識を持つ人は，当人も気づかないまま，その門下に入ることも多い。

思想の自由主義とネットへの期待——そして幻滅

　これに対し，ここで述べた思想の自由主義は，どんな思想であっても例外なくその存在は認める立場である。言論・表現の場も確保される。悪しき思想があるというならどこまでも言論で対抗するべきであり，思想の内容を理由にしてこの世から排除してはならない。正義をかかげて思想，そして言論・表現をこの世から排除しないこと，それが思想の自由主義である。

　この立場では，自分にとって不快な思想，言論・表現であっても，存在自体は認めなければならない。これは心理的にストレスをともなう。この世のどこかで自分の価値観からはとうてい許せないような言葉が発せられていることを受け入れなければならないからである。これは簡単なことではない。

　妥協案として，一つくらい思想の自由に例外をつくってもよいのではないかという意見もあるかもしれない。どんな社会にも譲れない大事な価値があるも

のであり，それを守るために例外をつくってもよいのではないか，と。実践的
な政策としてはそのような妥協案はありえて，実際，ドイツにおけるナチスの
扱いや，イギリスのスピーカーズコーナーのようにその実例もある[19]。

　しかし，例外は容易に拡大する。たとえば差別の中の一つ，男女差別を防ぐ
ため，女性の性別役割を固定する表現は差別的なので許さないことにしたとし
よう。しかし，どんなものが女性の役割を固定するかの判断は微妙である。人
によっては漫画雑誌の表紙に水着の女性が載っていることも，女性の肉体的魅
力という役割を強調しているように見えて，差別的にうつる。コマーシャルの
中で女性が甘え，男性がそれに応えるようなシーンがあれば，これもステレオ
タイプの役割固定で差別的と思うかもしれない。このように差別的とされる範
囲は容易に拡大する。あるいは天皇への侮蔑的表現を禁じた場合，歴史上の天
皇への記述が制限を受けかねない。日本の歴史における天皇の役割は大きいの
で，天皇への批判的な言説が許されないなら日本の歴史記述は大きく歪んでし
まう。例外は例外ですまず，われわれの心のかなりの部分の自由が奪われてし
まうのである[20]。

　無論，批判自体は自由である。目にしたものについて男女差別的である，あ
るいは天皇への侮蔑であると感じた人がそう述べて批判するのはまったく自由
である（思想の自由からして当然である）。批判を聞いた作者，出版社，CM
制作者，歴史記述者，あるいは個人が，批判に納得したのであれば，表現を修
正しあるいは作品を取り下げるのがよいだろう。しかし，納得しなければその

---

19) ドイツではナチス賛美に通じる言論は禁じられており，ナチス式敬礼などの表現も法的処罰の対
　象になる。すなわち，ドイツではナチスを肯定する思想に言論の自由はなく，この一点に置いての
　み正統主義がとられていると解釈できる。また，イギリスのハイドパークにあるスピーカーズ・コ
　ーナーは何を演説してもよいとされている場所であるが，英国王室批判とイギリス政府転覆の演説
　だけはしてはいけないことになっている。これも例外付きでの自由主義とみなせる。
20) 例外が例外ですむのは，例外となる対象が輪郭のはっきりした一事件に限られるケースである。
　ドイツでのナチスの例はこれにあたる。ナチスが政権をとったのは15年間だけで，党組織も党員
　の範囲もその行為も輪郭がはっきりしているため，ナチスへの好意的評価を禁じても思想の自由へ
　の実害が少ない。たとえば同時期のドイツ国防軍は時期的にも戦闘という面でもナチスに近い位置
　にいたが，国防軍への好意的評価はドイツでも自由に行うことができる。これはナチスの範囲が，
　時間的，空間的，人的に限定されているためである。これに対し男女差別あるいは天皇への敬意は，
　対象の限定が困難で範囲が過去・未来含めていくらでも拡大するため，思想の自由への実害が果て
　しなく大きくなる恐れがある。

まま流してよい。それが思想の自由，表現の自由というものである。何らかの圧力をかけて止めさせてはならない。特定の相手に集中攻撃をかけ，本人の意図に反して撤退させていくなら，思想の自由は失われる。まして，差別的・侮蔑的とされる表現が事前に忖度・躊躇して消えるようなことがあってはならない。なぜならこの世に出る前に排除されてしまえば，それが差別的・侮蔑的だったかどうかを皆が判断することすらできなくなるからである。

　インターネットの草創期には，ネットは今述べた思想の自由主義を実現する場所になるのではないかという期待があった。なぜなら，まず，ネットで流れるのは情報だけであり，物理的な関係は生じないので，この議論の前提だった行為と精神の二分法がネットでは比較的成立しやすい。また，ネットは特定国の管理下にはないので，規制当局がない。したがって，ネットは思想の自由主義を理想的に実現しうる環境にある。そこでネットこそが，思想の自由主義を実現する場所になるだろうし，なるべきだという意見の人たちが現れる。インターネット草創期にはそのような人が一定数いた。極端な例をあげると，ネオナチのサイトがサイト攻撃を受けてページが閲覧不可になると，"私はこの人たちの意見には100％反対だが言論の自由は守るべきだ"，と述べてミラーサイトを立ち上げる人さえ現れた。そこまでやる必要があるのか疑義はあろう。しかしそれはともかくとして，ここで述べた思想の自由主義を守ろうとする人が一定数ネット上にいたことは確かである。インターネットの草創期，ネットは思想の自由主義を奉じる者にとって希望あふれる約束の地であった。

　しかしながら，その後のネットの推移は，残念ながら思想の自由主義の期待したとおりではなかった。第一に，淘汰がうまく働かない。思想の自由主義はどんな思想でも存在を認め，悪しき思想があったとしても言論で対抗すればよいと考える。これは自由な議論をすれば，悪しき思想というものがあるならいずれ支持を失い，良い思想が支持を得るという淘汰の仕組みが働く思想の自由市場を考えていたからと思われる。しかし，現実にネットを見ると，ほとんどの人が眉をひそめるような侮蔑的・差別的言動がまかり通っており，良いものが残っているとはとても思えない[21]。

21）思想の自由主義自体は，生き残った思想の良し悪しとは別に，つまり淘汰が働くかどうかにかかわらず主張することはできる。言い換えると，淘汰が働かなくても，人間にとって思想の自由主義

　第二に，そもそも自由な思想の表明自体ができなくなっている。思想の自由主義は，どんな思想を持つことも自由で，どんな意見でも表明し議論できることを期待する。しかし，実際にネット上で自由にモノが言える人が少なくなっているという現実がある。われわれの調査では，自分はネットで自由にモノを言ってるという人はわずか9%であった（第3章図3-7(b)）。この低さではネットで思想の自由自体が保たれているとは言い難い。

　かくしてネット上で思想の自由主義を守ろうという側の旗色は悪い。思想の自由の名のもとに何もしないでいたら，ネットの状態は悪化するばかりではないかという声が，陰に陽に聞こえてくるようになった。たとえば炎上，フェイクニュース，ヘイトスピーチといった現象はいずれも思想の自由主義に疑問を抱かせる材料である。

　なぜこのような状態が生まれたのだろうか。思想の自由主義は敗れるのだろうか。あらためて人類史を古代から振り返ると正義あるいは正統主義が支配した時代の方がはるかに長い。人類は正義の観念なしにはやっていけない生き物なのだろうか。思想の自由主義は見果てぬ夢であり，人類には贅沢にすぎるのだろうか。思想の自由を守るための対策はないのか。これらの問いは巨大で重い問いであり，にわかに答えることは難しい。本書にもこれに十全に答える力はない。ただ，ささやかではあるが対策を提案したいとは思っている。後に述べるフォーラム型SNSはその一つの対策案である。

はそれ自体で守るだけの価値があると主張することは可能である（むしろ思想的・哲学的にはその方が本筋であろう）。しかし，思想の自由主義が一般の人の支持を得るためには，思想の自由を認めた社会があまりひどい状態にはならないということを示す必要があるだろう。

第 3 章

学術的な，あまりにも学術的な

　ネットでは極端な議論ばかりで落ち着いた議論がなくなってしまったことを述べてきた。ネットで見かけるのは相手を倒す議論ばかりで，相互理解のための議論がなく，行き着く先は罵倒と中傷の分断の世界である。ネットがこうなってしまった理由は何だろうか。この章ではその理由を考える。

　この章は本書の中核をなす部分なのであらかじめ結論を述べておくことにする。まず，ネットが人々の意見を極端化させているわけではない。ネットを使うと人々の意見はむしろ穏健化する。ネットが荒れる原因は，そこではなく，個人の情報発信力が強すぎるためである。強すぎる情報発信力のために，中庸で穏健な議論がネットから消えてしまい，極端な意見だけが残ることになってしまう。異例に強い情報発信力はインターネットが学術ネットワークとして始まったことの名残にすぎず，修正可能である。

3-1 ┃ 選択的接触とエコーチェンバー

　なぜネットは罵倒と中傷の分断の世界になってしまったのか。この問いへの答えとして，まずネットが人々の意見を極端化させており，社会の分断を進めているからだという見解を検討しておこう。分断化は時間軸の中で見ると，ネットの SNS が普及しだした 2000 年頃から進んでいるので，ネットが原因ではないかという説が見られる。この説の中身は選択的接触とエコーチェンバーである。

　マスメディアでは情報がワンセットで提供されるので，自然に反対意見にも

触れる。新聞には一覧性があり，ある事件について反対意見と賛成意見が掲載されていれば両方が目に入ってくる。テレビでも番組内に賛否両論のコメンテータがいれば両方の見解が耳に入ってくる。これに対し，ネットでは自分好みの意見だけを聞くことができる。ツイッターで似た意見の人をフォローし，フェイスブックで政治傾向の近い人と友人となり，気にいった政治ブログだけ閲覧していれば，目にする情報は自分の意見に賛同する情報ばかりになる。人が自分にとって好ましい情報を選ぶ傾向は「選択的接触」と言われており，この選択的接触がネットではかつてないほど徹底的に行える。

　その結果，人々は自分と似た意見ばかりに囲まれるようになり，その人の意見は強化されていく。これは「エコーチェンバー」現象と呼ばれることがある。エコーチェンバーとは自分の発した声が反響して大きく聞こえる部屋のことで，自分を支持する意見ばかり聞いていると自分の意見の正しさへの確信が一方的に強まる現象を指している。ネットでは選択的接触がかつてないほど徹底的にできるため，エコーチェンバー現象が起こりやすく，意見が強化されて過激化しやすいのではないか。実際，特定のサイトに人々が集まり，同じような情報を持ち寄って互いにそうだとそうだと盛り上がっているうちに過激化していく姿はしばしばネットで目にする。過激化して両極端に分断された人たちの間では相互理解は困難であり，相手を倒すための議論だけとなる。ネットの議論が罵倒と中傷になってしまうのは，このようにネットが選択的接触とエコーチェンバーで人々の意見を極端化するからだというのがこの説である

　たとえば，政治学者のキャス・サンスティーンは，ネット上の議論を「サイバーカスケード」と呼び民主主義への脅威として警告を発した。カスケードとは岩肌を流れる小さな滝のことで，水が同じ窪みを流れるようにネット上で似た意見の人々ばかりが集まり，意見が過激化していくことを滝の流れにたとえたのである。サンスティーンによれば民主主義がうまく言機能するためには思いがけない意見に出会う必要があり，それがネットでは失われる。

　また，パリサーの「フィルターバブル」という言葉もよく知られている。ネットで人々は広範な情報に触れている気がしているが，検索エンジンをはじめとするネットの探索結果はその人の好みに合うようにフィルターがかかっており，人々は自分好みの部屋（バブル）の中に閉じこもるようなものになってい

るというのである。

　サイバーカスケードもフィルターバブルも，ネット上で人々が自分好みの偏った情報だけに接する「選択的接触」が行われていることを意味する。そうだとすればエコーチェンバー現象が起こり，人々の意見は極端化し，社会が分断されていく。結果としてネット上では罵倒と中傷が広がることになる。人々の意見が実際に極端化しているとすれば憂うべき事態であり，ネットの将来について悲観的にならざるをえない。

3-2　ネットは社会を分断しない

　しかしながら，である。しかしながら，この説は事実ではない。仔細にデータを検討するとネットが人々の意見を極端化して分断をつくりだしているという事実はない。これは筆者の前著『ネットは社会を分断しない』（浜野氏との共著）で示したことであり，また同様の検証はアメリカでもされている。以下では同書の調査結果を簡単に紹介しよう。

　まず，分断が起こっているのは中高年層であり若年層ではないという事実がある。もしネットで選択的接触が起こり，人々の意見が極端化して分断が進んでいるのなら，ネットをよく使う若年層の方が中高年層より過激化し，分断化されいてるはずである。しかし，事実はまったく逆であり，過激化して分断されているのは中高年層であり，若年層ではない。

　図3-1は，分断度合いを年齢階層別に見たグラフである。分断度合いは第2章の図2-1の政治傾向の指数から作成した。賛成にしろ反対にしろ強くそう思う場合は3点，普通に賛成・反対なら2点，どちらかといえば賛成・反対なら1点を与えて，その平均値を計算したものである。賛成にしろ反対にしろ，意見が強ければ強いほど値が大きくなるので，この値はその人の過激さの度合いを表す。分断が進んで極端な意見の人が増えるとこの値は大きくなるので，この値は分断の度合いを示すと解釈できる。

　図3-1を見ると，分断度合いは年齢が上がるにつれて上昇している。20代の分断度合いは0.54であり，次第に上がって，70代では0.69に増えている。こ

図 3-1　分断度合い：年代別と男女別

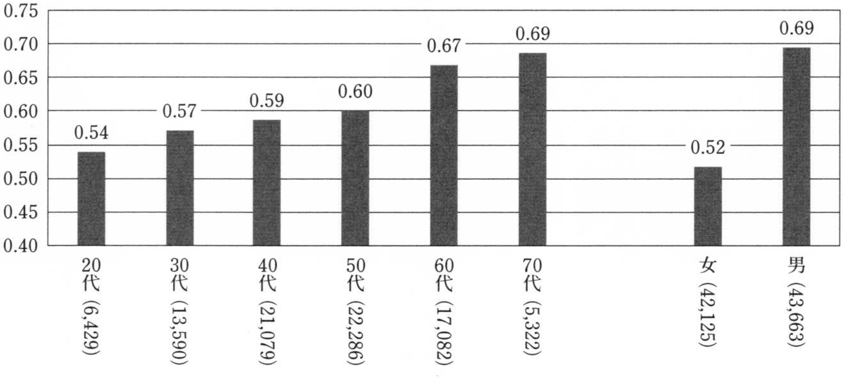

注：括弧内は人数，2017 年。
出所：田中・浜屋（2019）p. 89。

の差の大きさを評価するために，男女差をとって見たのがその横の棒グラフである。これを見ると値の差は，20 代と 70 代の差はほぼ男女差に等しい。男性の方が女性より傾向としては政治的に強い意見を持つ傾向があるが，20 代と 70 代ではこの男女差に相当する程度の違いが生じていることになる。政治的意見の過激度の点で男女間の平均的な差を思い浮かべていただきたい。傾向として男性は過激，女性は穏健である。それとほぼ同じ程度の差が 20 代と 70 代に生じているとすれば，これはかなり大きな差であろう。

　若年層は新聞やテレビといったマスメディアより，ネットを通じてニュースなどの情報源に接している。もしネットの利用で意見が過激化し分断が進むなら若年層ほど分断が進んでいなければならない。しかし，事実は真逆であり若年層は中庸で穏健である。これはネットの利用で分断が進むという説に疑問を投げかける。

　これは日本だけの現象ではなく，アメリカでも同様の報告がある。ゲンツコウらはアメリカについて年齢別に分断度合いを調べ，やはり分断が進んでいるのは中高年層であり，若年層ではないことを見出している（Boxel, Gentzkow, and Shapiro 2017）。ゲンツコウもネットのせいで分断が進むという説は疑問と結論づけている。

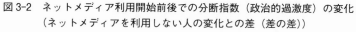

図 3-2　ネットメディア利用開始前後での分断指数（政治的過激度）の変化
（ネットメディアを利用しない人の変化との差（差の差））

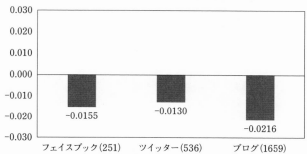

注：名前の横の括弧内の数値は該当サンプル数。政治的動機で利用を開始した人を除く，2017 年。
出所：田中・浜屋（2019）p. 125 より。数値は微修正済み。

　ネットを使うと分断が進行するかどうかを確かめるもっと直接的な方法は，ネットの利用を開始した人の意見が過激化するかどうかを見ることである。フェイスブック，ツイッター，ブログ閲覧を始めた人が始める前に比べて意見が過激化したどうかを見ればよい。これを試みたのが図 3-2 である。

　調査は 2017 年 8 月と 2018 年 2 月の 2 時点に約 5 万人の人間に対して行った。第 2 章で使った政治傾向の 10 問を尋ね，過激さの度合い（すなわち分断度合い）を測る。5 万人の中にはこの 6 か月間にフェイスブック，ツイッター，ブログ閲覧を始めた人がいるので，彼らの意見がネット利用開始後に過激化しているかどうか見ればよい。図 3-2 はその結果である。フェイスブック，ツイッター，ブログすべてのケースで値はわずかにマイナスであり，分断化度合いは低下している，すなわちネットの利用開始後に過激化ではなく中庸化・穏健化している。このうちブログについては統計的に有意な変化であることを示せる。ネットの利用開始によって過激化する傾向にはなく，むしろ逆に穏健化する傾向である。したがってネットは社会を分断していない。

　これも日本だけの現象ではない。バーベラはツイッターのフォロー関係から政治傾向を推定して 2 時点間の変化を調べ，やはりネット利用で過激化は起こらず，むしろ穏健化したとの結果を得ている（Barberá 2015）。

| 3-3 | 選択的接触の真実
——賢明なネット世代 |

　なぜネットを利用し始めると過激化ではなく，穏健化するのだろうか。その理由は簡単で，ネット上の選択的接触は，実は言われているほどには起きていないのである。

　選択的接触がどれくらい起きているかを見るために，ツイッターあるいはフェイスブックなどで，自分と異なる意見の人に接する比率を求めてみよう。接する人の候補としては第 2 章で述べたネット上の保守・リベラルの論客 27 人をとり，この中でツイッターで接している，あるいはフェイスブックのウォールで見かける人を答えてもらう。これら接する人のうち，自分の政治傾向と異なる人の比率を計算してみよう。すなわち

$$\frac{\text{自分と異なる政治傾向の論客の数}}{\text{接しているすべての論客数}}$$

である。たとえば，政治傾向がリベラルの人がいて，27 人のうち 5 人の論客に接しており，そのうち 3 人がリベラル論客，2 人が保守論客だとする。自分と反対の政治傾向の人の比率は 2/5 で 0.4 となる。この比率はその人がどれだけ自分と異なる意見の人の声を聞いているかを示しており，クロス接触率と呼ぶことにしよう。選択的接触が強まるとクロス接触率は低くなる。

　このクロス接触率を計算すると，全回答者の平均値は 0.389 であった。すなわち平均としては，接している人の 4 割程度は自分と反対の意見の人である。この 4 割という数値は驚くほど高い。完全にランダムに選んだ場合が 5 割なので，それよりわずかに低い程度である。その人の耳に入ってくる情報の 4 割がその人とは反対陣営の声ということになり，これだけ異論が聞こえているなら，エコーチェンバーは起こりそうにない。サイバーカスケードもフィルターバブルも，接する情報のほとんどが自分の賛成意見になるような状態を想定していたが，実際にはそこまで偏る人は少ないのである。

　比較のためにネットではなくリアルの世界でのクロス接触率を計算してみよ

う。リアルのマスメディアにも保守系とリベラル系があるので，自分と反対の
政治傾向のメディアを視聴・購読する比率，すなわちクロス接触率が計算でき
る。

　朝日新聞，毎日新聞，報道ステーション，サンデーモーニングをリベラルメ
ディアとし，読売新聞，産経新聞，そこまで言って委員会，ニュース女子を保
守メディアとする。そのうえでその人が自分と逆の政治傾向のメディアを視
聴・購読する比率を求めると 0.373 であった。これはネットでのクロス接触率
0.389 より低い。すなわち，テレビ・新聞の方がネットよりも自分の意見に同
じ番組・新聞ばかりを選んでいる傾向が強いのである。同じことは紙の雑誌と
ネット上のブログについても示すことができる。紙の雑誌の場合のクロス接触
率は 0.349 でブログの 0.411 より低く，紙の雑誌の読者の方が自分の政治傾向
にあった雑誌ばかり読む傾向が強い（詳しくは，田中・浜屋（2019）第 5 章参照）。

　考えてみると，朝日新聞を読み，報道ステーションを見て，世界・AERA
を読めば聞こえる情報はリベラル寄りばかりである。産経新聞を読み，そこま
で言って委員会を見て，月刊 Hanada・正論を読めば保守寄りの情報ばかりが
入ってくる。そのような生活を送る人はいかにもありそうであり，リアルでも
選択的接触は起こる。そして，その程度はむしろネットより高いのである。

　なぜネットの方がクロス接触率が高いのか。よく考えてみるとコスト面から
考えて自然な結果である。リアルでの情報収集にはお金と時間というコストが
かかる。新聞と雑誌はお金を出して買わなければならないし，テレビは放送時
間帯にテレビの前にいなければならない。反対意見を聞くためにわざわざこれ
だけのコストを払う人は少ない。これに対しネットではクリック一つで無料で
かつ，時間を気にせず自動的に反対意見を聞くことができる。だとすればネッ
トの方が反対意見に触れやすく，クロス接触率が高くなるのは当然の結果であ
る。

　だとすればネットの利用を始めると過激化するのではなく，穏健化すること
も理解できる。今まで朝日新聞と AERA を呼んでいたリベラルの人がネット
を始めて保守側の情報に直接触れ，彼らが国家主義者でも頑迷な既存利益擁護
者でもなく，ただ歴史的経験を重視する現実主義者であることを知る。あるい
は，これまで産経新聞と正論を呼んでいた保守の人が，ネットで初めてリベラ

ル側の発言を直接目にし，彼らが反日でも中韓の手先でもなく，ただ普遍的理想の実現を信じる理想主義者であることを知る，等の展開を考えることができる。また，ネットが主たる情報源である若年層が分断化されておらず，むしろ穏健化しているのも当然の結果となる。彼らは最初からネット上で保守・リベラル両方の記事に接しており，両者を比較することに慣れているからである。

　別の言い方をすると，ネット民は思いのほか賢かったということである。確かにネットでは情報源を自分好みの意見だけにすることがこれまでになく可能である。多くの識者はそれを心配し，自分好みの意見だけに耳を傾けてエコーチェンバーが起こって分断が進むことを危惧した。しかし，実際には人々はそうはしなかった。人々は自分と反対の意見にも耳を傾けているのであり，それがクロス接触率4割という数値に表れている。これは民主政治にとって望ましい変化である。ネットでより多様な意見に接し，異なる意見の理解が進むことは民主的な議論を助けるからである。ネットでの議論が荒れているのは，ネットのせいで人々の意見が過激化しているからではない。

3-4　ネットで表明される意見の偏り

　では，なぜネットの議論は荒れるのか。人は問うだろう。ネットの利用で人々の意見が過激化しているわけではないのなら，なぜネットでの議論はリアル以上に極端な意見ばかりで，荒れているのだろうか，と。

　ネットの利用で人々の意見が極端化しているのではない。それにもかかわらずネットでの議論は極端なものばかりである。それならネット議論での意見の表明に偏りがあると考えるしかない。すなわち，中庸で穏健な人の言論がネットからは消えてしまい，極端な意見ばかりが残る結果になっているということである。

　図3-3はこれを概念的に図示したものである。横軸はある争点についての賛成と反対の程度を表す軸，あるいは保守とリベラルの政治傾向の軸である。世の中には中庸な人が多いので人々の意見は中央に集まり，意見分布は図の実線のような山型をしている。ネットの利用によって過激化が進んでいるわけでは

図 3-3 真の世論とネットで見える世論

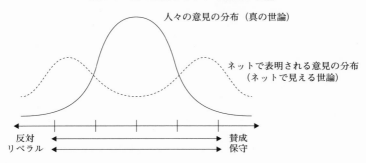

ないので，ネット利用者の意見分布もこれと同じく中央が多い山型のはずである。しかし，ネットで表明される意見には偏りがあり，賛成あるいは反対の極端な意見ばかりになっていると考えられる。図の点線がそれであり，ネットでは両端ばかりが強調されてしまうことになる。

　ネットで表明される意見が両端に偏ることを裏づけるデータはいくつか示せる。例として憲法 9 条改正についてネット上で発言したことがあるか，発言したとすれば過去 1 年に何回くらい書いたかを尋ね，その分布を見てみよう。調査時点は 2019 年 5 月でサンプル数は 2 万人である。

　図 3-4 は人数ベースの分布，すなわちその回数だけ書き込んだ人の数の分布である。これを見ると 95％ 以上の人が過去に一度も憲法 9 条について書き込んでいない。憲法 9 条のような著名な政治争点についてでも書き込んだことがあるのは 5％ 程度であり，一般にネットで政治争点について意見表明する人の数は多くない。過去 1 年に限ると 2 ～ 3％ 程度にまで低下する。

　ここで興味深いのは書き込んだ数のばらつきが大きく，少数ではあるが，非常にたくさん書き込む人がいることである。この偏りの影響を見るために，分布を人数ベースではなく，書き込み数ベースに変えてみよう。たとえば，4 ～6 回書き込んだ人は 0.49％ なので，彼らの総書き込み数は平均を 5 回として，5 回 × 0.49％ × 総人数（19,015 人）となる。この総書き込み数について分布を描いたのが図 3-5 である。この図は，縦軸のそれぞれの書き込み数の区分の人たちが書き込んだ数が，全書き込み数の中のどれくらいの比率を占めるかを示

図 3-4 ネットへの書き込み数別の分布：人数ベース

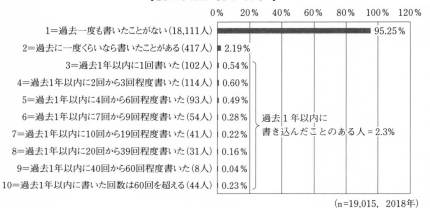

（n=19,015，2018年）

出所：田中・浜屋（2019）。

図 3-5 ネットへの書き込み回数の分布：書き込み数ベース
（過去 1 年に書いたことのある人のみ）

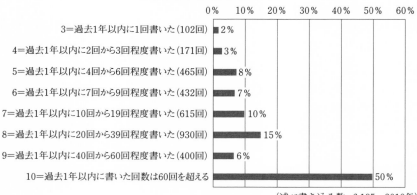

（述べ書き込み数=6,195，2018年）

出所：田中・浜屋（2019）。

している。

　これを見ると60回以上書き込んでいる人の書き込みが50%にも達しており，断然大きい。60回以上書き込む人は**図3-5**で見るように，全体の中で0.23%しかいない。彼らの書き込みが全書き込みの50%を占めていることになる。言い換えるとわれわれが憲法9条改正についてネットで目にする意見のうち半分はわずか0.23%の人の意見である。そして，60回以上書き込んでいることからわかるように，彼らは憲法9条改正について賛成にしろ反対にしろ，極めて強い意見の持ち主である。憲法9条改正に限らず，原発の是非，子宮頚がんワクチンの賛否，PCR検査の拡充の是非などの話題についても同様のグラフを描くことができる。ネット上では両端の強い意見ばかりが表明される傾向があるのである。

　強い意見の持ち主は意見を表明したいという意欲も強いから，書き込み数が増えるのは自然である。思想の自由・言論の自由に基づき，彼らが熱心に書き込みをすること自体に何ら問題はない。しかし，ネットに書き込むのが強い意見の持ち主だけになってしまうと，相互理解を目指した議論は難しくなる。あまりに見解の差が大きい相手とは相互理解は困難であり，理解不能な相手は攻撃対象になりやすいからである。相手を倒すための議論が常態化し，ネットは荒れ始める。

　問題は中庸で穏健な人たちがネットから撤退しており，見えなくなっていることである。すなわち中庸で穏健な人たちが意見交換し，相互理解を進めるような言論空間がネットから消えてしまっている。これはなぜだろうか？

3-5　強すぎる情報発信力

　本書は，その理由は個人の情報発信力が強すぎる点にあると考える。この見解は本書の中核をなす主張なので，以下詳しく述べよう。

　ネットでのコミュニケーションにはリアルにはない大きな特徴がある。それは個人の情報発信力が異例に強いことである。誰に対しても議論を開始することができて，受ける側にそれを拒否する自由がない。

　掲示板とツイッターで非常に極端で攻撃的な意見の人が現れたとしよう。その人の攻撃的で一方的な発言に辟易として，その人の言いたいことはわかったからもう聞きたくないと思っても，その人の発言を聞かないようにする方法がない。掲示板を見る限りその人の発言は目に入ってくるし，ツイッターを開く限り目にせざるをえない。ブロックするなどの方法もあるが，ブロックするにしても一度はその書き込みを読まなければならないし，アカウントを変えて同じ人が，あるいは似たような人が次から次へと現れる。聞きたくないひどい言葉，そして罵声や中傷も目にしなければならない。静かにしてもらおうとして反論すれば，その人のひどい言葉がフォロワー全員に伝わってしまい，むしろ騒ぎが広がってしまう。

　これは極めて異例な事態である。情報を発信する側の力が異常に強く，受信する側に選択する自由がないからである。ネット上ではこれは当たり前のように行われているが，これはコミュニケーションのあり方としては極めて異例である。

　その異例さは同じことがリアルで起こったらどうなるかを考えてみればわかる。仮にネットと同じ程度の情報発信力がリアルの世界にあったらどうなるかを考えよう。たとえば公民館である人が講演をしていると，客席から一人の客が立ち上がり，批判を述べたとする。批判が政治的にかなり偏っているので，講演者は一言二言答えて終わりとして講演を続けようと思っても彼は座らずに批判を続ける。司会者が止めてもやめずに延々としゃべり続ける。退席させようとすると突然彼の周りに魔法のように鋼鉄の檻が現れて彼を護り退席させることができない。そうなったらどうなるだろうか。あるいはテレビの討論番組で，突然スタジオにバーチャルリアリティのように視聴者の一人が現れ，討論に割って入ったらどうなるだろうか。テレビ局が止めさせようと思ってもできず，次々から次にそのような人が現れたらどうなるか。本を出版したら，読者から批判の手紙・電話がたくさん届き，著者はそれらに目を通さなければならないとしたらどうなるか。たとえば手紙を読まなければ家から出られない，あるいは自宅の電話がいつまでも鳴り続けるとしたらどうなるか。

　もちろん，そんなことは現実には起こらない。もし起こったら，講演会は中止であり，そのような事態が頻発するならそもそも講演会自体が開こうとしな

くなる。テレビ局も討論番組は編成しないだろう。本の著者は批判が殺到するような本はそもそも書かなくなるだろう。結果として言論の場は縮小し，言論の自由は損なわれてしまう。もちろん現実にはこのような馬鹿げたことは起きない。しかし，その馬鹿げたことがごく普通に起きているのがネットの世界である。ネットの世界での個人の情報発信力がいかに強力かがわかる。これはコミュニケーションのあり方としては極めて異例である。

3-6　中庸な議論の撤退

　個人の情報発信力が強すぎると，中庸・穏健な人たちが議論の場から撤退していく。中庸・穏健な人が相互理解型の議論をしようとしているとき，極端な意見の人が入って相手を倒すための攻撃的な議論を始めると，中庸で穏健な人たちはそれに耐えられずに議論から撤退してしまうからである。

　たとえば，ある喫茶店で穏健な原発反対派と賛成派の友人同士が意見交換していたとしよう。互いの意見の違いがどこから生じているのかを論理的に整理し，あるいは互いに相手の気持ちを共感して理解しようとしていたとする。すなわち相互理解を求める議論がゆっくり行われていたとする。

　そこにたまたま隣の席に座っていた強硬な原発反対派の人が割って入り，原発賛成派を批判し始めたとする。「命より金が大事だというのか」「あなたは原発利権に洗脳されている！」，と。穏健な人たちは突然現れた批判者の攻撃的言辞についていけない。その勢いに気おされて黙るか，不愉快に感じて席を立つかであろう。さらにそこに今度は強硬な原発賛成派が現れれば事態はさらに悪化する。「原発推進は実は世界の潮流だ」「放射能の被害は小さく，そればかり言うのは環境カルトだ」，と。強硬な反対派と強硬な賛成派の違いは大きく，相互理解は困難であり，すぐさま相手を倒すための議論に移行する。二人の強硬派の激しい攻撃的口調は容易に罵倒と中傷に変化し喫茶店中に響きわたる。そうなったとき，最初にいた穏健で中庸な人たちはもうそこにはいなくなっているだろう。かくして中庸・穏健な議論は居場所を失っていく。

　一般に，相互理解のための議論と相手を倒すための議論は共存しない。相互

理解のための議論では論理と共感を駆使して互いを理解することが目的であり，自らの弱点もさらすし，相手の弱点を責めはしない。懐のうちをすべてさらすため，いわばやわらかい腹をさらして生身で相手に対処するようなものである。これに対し相手を倒すための議論では，倒すことが目的なので，自らの弱点は隠し，相手の弱点をひたすら攻撃する。それは鎧兜に身を固め，剣を武器にして切りかかるようなものである。したがって，両者がぶつかった場合，傷つき嫌気がさしてしまうのは相互理解を求める議論をしている側である。相互理解のための議論をしたい側から見ると，相手を倒すための議論をする人は自分の非を一切認めることなく，一方的に攻めてくるようにしか見えない。最初からこちらを理解する気がなく，ただ打ち倒したいと思っている相手と話すのは苦痛である。相互理解の議論をしたい側はその場から撤退して議論は終了する（しばしば相手を倒すための議論をしている側は勝利宣言を行う）。こうして相互理解のための議論を担う中庸・穏健な人はネットから消えていく。

　これがネットで日常的に起きていることであることを示すため，実際に中庸・穏健な人が撤退する事例を見ることにしよう。

　2019 年の秋に宇崎ちゃん萌え絵ポスター事件というのが起きた。この事件は献血キャンペーンの一環として『宇崎ちゃんは遊びたい』という漫画のキャラを使ったポスターがつくられたが，このキャラが胸の大きさを強調しており，女性蔑視あるいはセクハラとして批判・撤去され，これに対し表現の自由の立場から反論が行われて論争になった事件である。論争はフェミニズム対表現の自由の対立として広がりを見せ，半年近くにも及んだため，多くの人が論戦に加わった。それがため，途中で論戦から撤退する人が目に見えることになった。通常は議論からの撤退は黙って静かに行われるので見えにくいが，この事件は長期にわたり多くの人が加わったために撤退の弁を述べる人が現れた。2 つほど例をあげてみよう。

　ひとりは現役の漫画家 S 氏である[1]。彼はこの事件はまじめに考える価値が

---

1) 経緯は「together まとめ」にまとめられている。
　「篠原健太先生が「不快な表現があり得る」発言の真意を説明。そしてアストラ打ち上げツイートからのアカウント閉鎖へ，https://togetter.com/li/1426315，2022/1/24 確認。
　「篠原健太さんが Twitter アカウントを削除するまでのツイートやりとりまとめ」https://togetter.com/li/1427234，2022/1/24 確認。

あると考えツイッターで発言を始めた。彼の趣
旨は胸を強調したり女性が不快に感じる表現は
漫画表現としてありえるが，すべての人に不快
感を与えないようにすることは創作上難しいの
で，ではどうすればよいか，ということである。
問題提起であり，解決策を模索しようという真
摯な態度で，立場としては中庸である。宇崎ち
ゃんの萌えポスターは性的な表現を公共的な空
間で行っているので個人的には問題だと思う一
方，漫画表現の自由も守りたいという立場だか
らである。

図3-6　宇崎ちゃんポスター事件
　　　　で問題になったポスター

　しかし，このような中庸な立場は許されなか
った。漫画の中に女性にとって不快な表現があ
りえると述べた点を，あなたは性差別表現をし
てもよいと考えていると解釈され，フェミニズム側から差別主義者であるとし
て強い批判と抗議を受けることになる[2]。S氏の書き込みは最後まで真摯なも
のであったが，10日間のやり取りをへて，最終的にはS氏はツイッターアカ
ウントを閉鎖する。S氏は閉鎖は炎上のせいではなく，潮時だと考えたからだ
と述べているが，この事件がきっかけになったのは間違いないだろう。

　S氏は漫画作家の中では珍しく，宇崎ちゃんポスターは問題があると感じて
いる点で，フェミニズム側に寄った立場である。しかし，それでもフェミニズ
ム側からの批判と攻撃はやまず炎上した。中庸な立場の困難さを伝える意味で，
観察していた第三者のツイートをいくつか引用してみよう。

　　「ここまで慎重極まりない，おそらく創作者としてこれ以上に配慮した発言
　　なんて不可能だろってレベルの発言しかしてないのに，それでも燃えるの
　　か……恐ろしい」

　2）ちなみに直接のやり取りはなかったが，表現の自由派からの攻撃もあった。篠原氏がポスターの
　　表現は公的な場としては良くないと述べたことに対して，漫画作家として裏切り行為だと罵られた
　　のである。中庸の立場は両方の側からの攻撃にさらされる。

「しかし，味方になってくれそうだった人まで燃やして，何がしたかったの
　かしら？」
「会話しようとしたのが間違い。」

　ここから読み取れるのは相互理解型の議論がほとんど成立していないことである。一連のやり取りを見ると，S氏は自分と異なる意見を理解しようと努め，また自分の見解を理解してもらいたいと努力しており，相互理解型の議論を望んでいたと読める。しかし，相手はそうではない。相手は自分の正しさを強く確信し，それをS氏に認めさせたいだけである。したがって，相互理解の議論は成立しがたい。相互理解を求める中庸の立ち位置はないのである。

　さらにS氏の場合，フェミニストに反対する立場，すなわち表現の自由派の一部からも攻撃されたことも指摘しておいた方がよいだろう。なぜならS氏は個人的見解として宇崎ちゃんポスターは公共の場にはふさわしくないと述べていたからである。表現の自由を信奉する側から見れば，漫画家でありながら漫画表現の自由の規制に賛同するなどありえないことであり，裏切り者に見える。フェミニストからは差別主義者と呼ばれ，表現の自由派からは裏切り者呼ばわりされる。中庸に位置する者は両側からまさに"ボコボコ"に叩かれるのである。

　もう一つの例として経営コンサルタントK氏の例をあげよう。こちらは宇崎ちゃん論争のとき「フェミニズムについてネットで書くのはこれでやめよう」と明快に宣言して議論から撤退した事例である[3]。K氏はフェミニズムにシンパシーを持ちながらも，現状では人々の支持が広がらないと考え，何らかの改革案を模索して発言してきた人である。たとえば，「女性だけがツライ」論だけでは男性の反発を招くので方法を考えるべきだ等と述べる。賛否はあろうが，そこには理解の幅を広げて賛同者を増やし，社会全体として合意の幅に増やしたいという意図が見て取れる。フェミニズムにシンパシーをいだきながらその問題点と対策を論じる点で中庸に属するが，しかし，K氏によれば，そのような立ち位置はネットでは受け入れられなかった。曰く，

---

3) 倉本圭造，2019/11/15，「フェミニズムへの絶縁状」http://agora-web.jp/archives/2042638.html，2022/1/24 確認。

「ことフェミニズムに関わる問題については果てしなく「どちらか」をちゃんと選んで書かないと読まれない，厳しい世界なのだということを知りました。」
「「ある程度ちゃんとフェミニストが言ってることの文脈を理解する気があって，かつフェミニストの言っていることには全面的に賛成できない」というような記事は難しい位置にある。」

　どちらかをちゃんと選んで書かないといけないというのは，自分はフェミニズム側かアンチフェミニズム側かをはっきりさせないといけないということである。相手を倒すための議論では発言者は敵と味方に分けられる。敵か味方かはっきりさせないといけないということは，中庸な立場が受け入れられないということを意味する。中庸な立場にい続けたK氏は支持を得られず，いくつかの提案を最後の言葉として残してこの話題から撤退する。
　念のために言っておくとフェミニズム全般が攻撃的で，中庸な立場を許さないというわけではない。女性の地位向上，シングルマザー支援やDV問題，セクハラ対策などに地道に取り組んでいる人をフェミニストと呼ぶなら，彼ら／彼女らのほとんどは穏健で中庸な普通の人である。リアルの世界で女性の抱える問題に取り組んでいる人には穏やかな人が多い。議論がおかしくなっているのはネット上であり，問題はネットにある。
　その証拠にフェミニズム以外の問題でも同じように中庸な議論が失われている例は多い。たとえば，憲法9条改正問題，原発と放射能の評価，子宮頸がんワクチン問題，PCR検査大幅拡大の是非などでも，ネット上では両極端の強い攻撃的論調の書き込みばかりで，相互理解のための中庸な議論はほとんど見られないことが実に多い。相手を倒す議論ばかりになり，相互理解のための議論は消えてしまうのはフェミニズムに限らない。したがって，中庸が消えるのはフェミニズムなど特定の問題の特性ではなく，ネットの特性である。

3-7　ネットで自由にモノを言えるか

　この 2 つは事例であり，これに類する撤退が大規模に起きているかどうかは統計的に調べる必要がある。ただ，議論からの撤退は，普通は静かに去るだけなので見えにくく，全般的に起きていることを直接示すのは難しい。しかし，それをうかがわせる材料を示すことはできる。一つだけ示してみる。

　もし，このような撤退が起きているのであれば，多くの人は，ネットは自由にモノが言えるところのように見えて，自由にモノを言えないと感じているはずである。攻撃的で極端な人は言いたいことを言えるが，大多数を占める中庸で穏健な人は発言を控えることになるからである。そこで，2018 年の調査のとき，ネットは自由に発言できるところと思うかどうか，そしてあなた自身は自由に発言できているかどうかを尋ねた。その結果が図 3-7 である。

　図 3-7 (a) を見るとネットは何の制約もなく自由にモノが言えるところだと思うという意見に同意する人が 39% おり，ほぼ 4 割に達する。そうは思わないの 15% よりずっと多く，多くの人はネットは自由にモノが言える場所だと思っている。しかし，図 3-7 (b) で自分自身が何の制約もなく自由にモノを言っているかを尋ねると，そう思うと答えた人は 9% しかいない。そうは思わない人が 54% にも達し，圧倒的多数が自分は自由にモノを言えないと答えている。ネットは自由にモノが言えるところだと思っているのにもかかわらず，自分のことになると自由にモノを言えていないのである。この極端な "ずれ" は，なぜ生じたのか。

　いくつかの解釈が可能であるが，一つの可能な解釈は，極端な人に押されて中庸・穏健な人が発言しなくなっているからという理解である。極端な人の攻撃的な発言を聞いているとネットでは何でも制約なくモノが言えるのだと思う。これがネットでは自由にモノが言える（4 割）という認識を生む。しかし，大多数を占める穏健で中庸な人にとっては，とても口をはさめず沈黙するしかないので，自由にモノを言える人はわずかに 9％ にとどまってしまう。

　この解釈が妥当かどうかを確かめるために，政治的過激度の度合い別の変化

図3-7 ネットは自由に発言できるところか

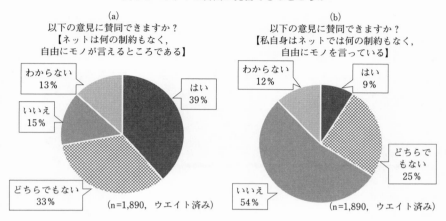

(a)
以下の意見に賛同できますか？
【ネットは何の制約もなく，
自由にモノが言えるところである】

わからない 13%
いいえ 15%
はい 39%
どちらでもない 33%
(n=1,890，ウエイト済み)

(b)
以下の意見に賛同できますか？
【私自身はネットでは何の制約もなく，
自由にモノを言っている】

わからない 12%
はい 9%
どちらでもない 25%
いいえ 54%
(n=1,890，ウエイト済み)

図3-8 政治的過激度の度合い別変化

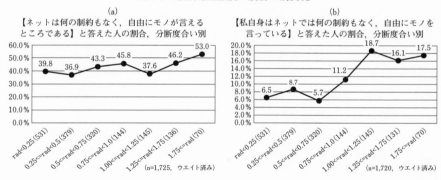

(a)
【ネットは何の制約もなく，自由にモノが言える
ところである】と答えた人の割合，分断度合い別

39.8 36.9 43.3 45.8 37.6 46.2 53.0

rad<0.25(531) 0.25<=rad<0.5(379) 0.5<=rad<0.75(320) 0.75<=rad<1.0(144) 1.00<=rad<1.25(145) 1.25<=rad<1.75(136) 1.75<=rad(70)
(n=1,725，ウエイト済み)

(b)
【私自身はネットでは何の制約もなく，自由にモノを
言っている】と答えた人の割合，分断度合い別

6.5 8.7 5.7 11.2 18.7 16.1 17.5

rad<0.25(531) 0.25<=rad<0.5(379) 0.5<=rad<0.75(320) 0.75<=rad<1.0(144) 1.00<=rad<1.25(145) 1.25<=rad<1.75(131) 1.75<=rad(70)
(n=1,720，ウエイト済み)

を見ておこう。この解釈が正しければ，発言を控える人は穏健・中庸な人ほど多いはずである。これを試みたのが図3-8である。この図の横軸は政治的過激さの度合いで，図3-8等で使ってきた分断度合いである。すなわち，第2章の10個の問いで強い賛成・強い反対を表明していた人ほど右側に来るようにとってある。

　まず，図3-8(a)はネットは自由にモノを言えるところであるかについて見た場合である。グラフは横ばいであり，その人の政治的過激さによっては変化し

ない。この問いは現状のネットをどう見るかという現状認識の問いなので，その人の政治的傾向の影響を受けないのは自然である。一方，図3-8(b)は，自分がネットで自由にモノを言えると答えた人の比率である。見てわかるとおり，左下がりなので，穏健・中庸な人ほど自由にモノが言えなくなってていることになる。発言を控えているのは穏健・中庸な人であり，この解釈にあった結果が得られる[4]。

3-8　広場の比喩 ——スピーカーズコーナー

　このように中庸・穏健な人はネット上の言論空間から撤退していくと考えられる。この撤退をつくりだしているのが，個人の強すぎる情報発信力である。相手を倒すための議論と相互理解のための議論は両立が困難でリアルでは分けられているが，ネットでは強すぎる情報発信力のため，この区別が容易に崩れてしまうからである。喫茶店で原発問題について話しているときに第三者が議論に割り込んでくることはほとんどないが，ネットの掲示板やツイッターで原発問題について話していれば，容易に第三者が現れうる。議論に加わる第三者が相互理解型の議論を行う（心やさしい）人なら問題ないが，相手を倒すための議論を始めると，両立できない2つの議論が混じってしまう。これがもたらす帰結がこれまで何度も述べてきたように中庸の撤退である。以下重要なので，これまでの議論との重複を恐れず，広場の比喩で描いてみよう。

　ロンドンのハイドパークにスピーカーズコーナーという一画がある。ここは誰もが演台（Soapboxと呼ばれる）に立って政治的な演説をすることができる。聴衆は聞きたい演者のもとに集まり，議論の花を咲かせる。実際のイギリスの政治で，このコーナーが使われた例はそれほど多くはないが，民主主義の原型としてよく知られている。ネットもメディアもない時代を考えてみれば，もっ

---

4) ネットは自由にモノが言えるところであるが自分は自由にモノが言えないという現象は，別の原因でも起こりうる。たとえば人と異なり自分はプライバシーが気になるのでモノが言えない，あるいは自分の社会的立場から自由な発言はできないなどである。しかし，その場合は政治的過激度と相関はでないだろう。

図 3-9　世論の形成過程

(a) 通常の世論形成過程

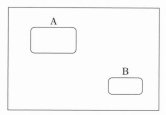

A と B はそれぞれの場で意見を
述べ，その前に聴衆が集まる。

(b) ネットでの世論形成過程

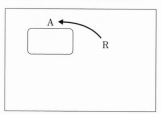

A の周りに集まった聴衆相手に
R がいつまでも意見を述べられる。
→A の集まりは解散

とも素朴な議論の場はこのような形であろう。

　優れた見識を持ち，尊敬を集める人の周りには多くの聴衆が集まり，そうで
はない人の周りには聴衆が集まらない。このような過程を経て多くの聴衆を集
めた人を中心に世論が形成が行われていく。この広場に誰もが立って意見を述
べて人を集めることができることが思想・言論の自由である。図 3-9(a) の通常
の世論形成過程がこれにあたり，A が演台に立って B より多くの聴衆を集め
ている。A が多数意見を形成し世論をリードしていくことになる。

　しかし，ここで大勢の聴衆を集めた人 A の演台に，別の人 R が割って入り
話し始めることが無制限にできたとする。A が演台に立っていると，R も演台
に上がって発言することができ，これを止める方法がない。するとどうなるか。
広場は世論形成の機能を維持できない。

　割って入った R が相互理解のための議論をすればよいが，そうとは限らない。
むしろわざわざ議論に割って入ることからわかるように R は相手を倒すため
の議論を試みるケースが多い。その場合，R が鎧兜に身を固めて一方的に剣を
ふるうことになり，集会にいた穏健派は，嫌気がさして抜けていく。無論，リ
アル空間でそんなことをすれば R は物理的につまみ出されるだろう。しかし，
ネットではそこにい続けることが可能である。ネットでの個人の情報発信力は
極めて強く，いつまでも演台に立ち続けることができるからである。集会参加
者が穏健派だった場合，集会を解散して終わるしかない。

　考えてみるとこれは極めて理不尽なシステムである。R に言いたい意見はもちろんあるであろう。しかし，言いたいことがあるならば彼は自ら広場で演説し，人々を集めればよい。彼の言い分がもっともなのであれば聴衆が集まってくるだろう。多くの聴衆を集めるのは大変であり，ものごとをよく調べ，考えて，説得力のある話をしなければならない。それだけの努力をした人にだけ多くの聴衆が，たとえば 1,000 人といった聴衆がついて，影響力を行使できる。しかし，他の人の集まりに割って発言できるのなら労せずにして 1,000 人の聴衆に自分の考えを伝えることができる。こんな楽なことはない。どんなに奇妙で聞くに堪えない極論であっても，とりあえずは 1,000 人の耳に聞かせることができる。1,000 人の人は聞きたく話を聞かされたあげく，その集まりを解散せざるをえない。理不尽なことこのうえない。

　この問題は集会参加者が多くなると深刻化する。集会参加者が少ないときはそのような極端な人がその場にいる確率は低い。しかし，参加者が増えてくると，極端な考えの人も入ってくる。最初から暴言を吐きたい人，自分だけの偏った正義を語りたい人，誰も相手にしてくれない極端な自説を誰かに聞いてほしいだけの人などが現れる。したがって，参加人数が少ないうちはそれなりに中身のある議論をしていても，ある程度参加者が増えてくると荒れ始めることになる。

　この参加者が増えると荒れ始めるというのはネット草創期から続いてきたネットの強い傾向則である。たとえば掲示板というのは現在は荒れるのが当たり前のように思われているが，登場初期にはそれなりに生産的な議論がされていた。しかし，一般に普及し多くの人が使うにつれて荒れ始めた。ブログでも，読者が書き込める交流ページを設置している場合，初めはまともだったのが，ブログに人気が出て書き込む人が増えると荒れ始めるのが傾向則である。ツイッターも普及し始めた初期はそれほど炎上事案も起こらず，新しいコミュニケーションツールとして期待されていた時期があるが，一般への拡大にともない炎上事件の主舞台になってしまった。このように参加者の拡大とともに荒れていくという現象はネット上で何度も何度も，まさに何度も繰り返されてきた。ネットの初期からネット上のコミュニケーションに精力的に関わってきた津田大介氏の言葉を借りよう。彼に言わせれば，この参加者の増加とともにコミュ

ニケーションの場が劣化する現象は

　　「インターネットの歴史そのもの」

である[5]。まさにネットの歴史は，有望そうなコミュニケーションの場ができ
ても，参加者の増加とともに劣化していくことの繰り返しであった。

　そうなった理由は，個人の情報発信力が強すぎる点にある。広場の比喩で言
えば，他の人が苦労して集めた聴衆の前に乗りこんでいき，いくらでも発言を
続けられるという点にある。これは情報発信力としては強すぎる。

　強すぎると書くと，では言論の自由はどうなるのかと思う人もいるかもしれ
ないが，これは言論の自由の問題ではない。言論の自由はどんな思想でも発言
する場所が確保されていることである。広場の比喩で言えば，誰もが広場で演
台を起き，演説を開始することができること，それが言論の自由である。人が
すでに集めた聴衆の場にいつでも乗りこんで無限に発言し続けられるというこ
とまでは含まない。それは他者の言論空間への侵入であり妨害である。自由を
精神の自由と行為の自由に分けたとき，他者の演台に無許可で入り込むのは
「行為」に属することで，無制限の行使は許されない。リアルの世界ではこの
ことはよく認識されており，そのような強い情報発信は認められない。

　ところがどういうわけかネットの世界では，この異例に強い情報発信があた
かも当然のように認められている。ネットとはそういうものだと皆思ってしま
っている。しかし，よく考えてみると決して当たり前ではない。現在のネット
しか知らない人には"当たり前でない"ことがわかりにくいだろう。そこで当
たり前でないことをわかってもらうために，実例を一つあげよう。それはイン
ターネットが広まる前にあったネットワークの世界，すなわちパソコン通信の
世界である。

　5）これは津田大介の番組内での発言である。2019年9月1日放送，CS放送『日本にプラス』。

3-9 ／ パソコン通信

　現在のネットはインターネットが母体になっているが，インターネットが広まる前にはパソコン通信というのがあった。パソコンを電話回線でつなぎメッセージやデータをやり取りするネットワークである。掲示板があり，趣味やテーマごとに分かれたグループ会議室があり，議論や交流が行われていた。インターネットと違って企業によって運営されており，日本での最大手は富士通が運営していたニフティサーブ，NEC が運営していた PC-VAN の2つであった。ニフティの最盛期には 1,000 を超える議論の場（フォーラムを呼ばれる）ができており，盛んに議論・交流が行われていた。

　現時点から振り返って考えると，パソコン通信の場合，個人の情報発信力は抑制されていた。なぜなら議論と交流の主体であるグループ（ニフティの場合で言えばフォーラムと呼ばれ，PC-VAN では SIG と呼ばれていた）には，運営企業から任命された管理者がいたからである。管理者はユーザから選ばれ，そのグループ内の議論を盛り上げることを期待されており，その目的のためにトラブルに対処し，最終的には問題のある発言を削除したり，ユーザをグループから除名する権限を持っていた。したがって，罵倒や中傷を繰り返してあまりにひどいことをすると制裁されてしまうので，ここで一定の歯止めがかかっていた。

　もちろんそれでもさまざまなトラブルや事件が発生し，延々と議論が燃え盛ることもあった。第1章で述べた現代思想フォーラム事件はその一つである。しかし，今日見るような炎上や罵倒と中傷の嵐だけになるということはなく，それなりの中身のある議論も一定程度は行われていた。換言すると相手を倒すための議論ももちろんあるが，相互理解のための議論も一方では行われていた。南京虐殺の歴史的評価や日米安全保障問題，核兵器と戦争と平和など，政治的にきな臭く荒れそうな話題でも，罵倒と中傷を（かろうじて）避けながら議論が行われることがあった。今日のネットは異なる世界がそこにはあったのである。

　ただし，代償もあった。特定の管理者のもとで長くグループを運営している
とメンバーが固定し，古参のメンバーと新規メンバーの対立や，村八分などの
問題が発生する。人間関係が複雑・濃密になりすぎて息苦しさを感じる人が出
てくるのは避けがたい。現在のネットとは別の意味で自由にモノを言えない雰
囲気がでてきて，決して明るい夢の世界だったわけではない。パソコン通信か
らインターネットの世界に移ったとき，人間関係のしがらみから逃れて解放感
を感じた人も多くいたはずである。

　パソコン通信の方が良かったと言っているのではない。ここで言いたいこと
はネットでのコミュニケーションのあり方は，現在のネットが唯一の方法とい
うわけではないということである。コミュニケーションのあり方の設計方法は
いろいろある。現在のネットのあり方もその一つであるが，他に選択肢がない
わけではない。現在のネットは個人に最強とも言えるほど強い情報発信力を与
えているが，選択肢がそれしかないというわけではない。

3-10　学術的なあまりにも学術的な

　では，なぜ現在のネットが個人にそこまで強い情報発信力を与えているのだ
ろうか？　パソコン通信のときはなかった巨大な情報発信力を個人はなぜ手に
したのか？　振り返ってみると，その原因は現在のネットの母体となったイン
ターネットが学術ネットワークだったことにある。学術ネットワークであれば
個人が強い情報発信力を持つのは当たり前だからである。以下，簡単にインタ
ーネットの歴史を振り返って考えてみよう。

　インターネットはもともとは研究者間のネットワークとしてつくられた。
1960年代，計算機資源を共有したり，実験データを転送したりできたら便利
だということでコンピュータ同士をつないだのが始まりである。しかし，つな
いでみると相互の議論や交流が極めて有用であることに気づく。計算資源の共
有や実験データの転送そっちのけで，人々は情報交換やディスカッションに夢
中になり，それが研究の生産性を急激に引き上げる。何かの研究テーマについ
て意見交換をし，コメントを受け，解決案を提案する等の交流が研究に大いに

役立つのである。メーリングリストがつくられ，掲示板が開かれる。情報交換はさらに SF やスポーツなど研究以外の趣味の分野にも拡大し，交流を効率的にするため，Gopher や www などの画像閲覧と検索技術の革新が起こる。こうしてインターネットの原型ができあがっていく。

　研究者間の学術ネットワークの場合，個人の情報発信力はとことん強くてよい。学問の世界は誰に対しても開かれているべきだからである。研究会でハーバード大学の一流の先生が述べたことがおかしいと思えば，日本の地方大学の一介の大学院生でもそれはおかしいのでは？　と口をはさむことができるべきである。それができることが学問の自由であり，学問の発展につながる。したがって，個人の情報発信力は最強に設定され，誰もがどこに対しても発言できるのがデフォルトとなる。発言を制する管理者など不要であり，除名などもってのほかである。

　当時とてこのような強い情報発信力の弊害はないわけではなかった。フレーミングと呼ばれる喧嘩は起こったし，その他の濫用のトラブルの記録は多々残っている。しかし，それでも議論は罵倒と中傷ばかりにならず，一定の生産性を保っていた。それは当時のインターネットが学術ネットワークで，参加者が研究者だけだったからである

　第一に，研究者は科学的議論のトレーニングを受けており，それに沿って議論を行った。当時の多くのインターネット利用者は自然科学者で，仮説・演繹・検証の科学的方法を身につけており，主張するにあたって何を論拠にするかを述べ，必要なら統計的検証をするなど科学的議論の作法にのっとっていた。科学的議論の作法にのっとっている限り，議論の荒れには限度がある。陰謀論を唱える人やひたすら同じことを述べる人，人格攻撃を繰り返す人，すでに世界の大勢はそれに決まったのだから従えと叫ぶ人，などの科学的論証に乗らない人はそうそう現れない。

　第二に，研究者は所属機関や名前などがある程度わかっており，そこが抑止力になった。実名利用者も多く，仮にハンドルネームなどを使って匿名化していたとしても所属大学，研究室，専門分野，発言内容などから，周囲の人には誰であるかは大体は見当がついた。したがって，あまりにひどい書き込みをすると皆に迷惑がかかり，友人・同僚からいさめられ，さらに研究室のボスから

注意を受けることになる。この点で，一定の抑止力がかかっており，罵倒と中傷だけの書き込みが延々と続くという事態は避けられていた。

このようにネットの初期には，個人に異例に強い情報発信力を与えても，議論が荒れない特殊事情があったのである。この特殊事情はインターネットの利用者が研究者に限られていたから，すなわちインターネットが学術ネットワークだったからであることに注意しよう。第1章で述べたゴドウィンの法則が成立した理由，またフレーミングに牧歌的方法が有効であった理由も，インターネットが学術ネットワークだったからである。

初期のネットが学術ネットワークで利用者が研究者に限られていたことを示す一つの事件を紹介しておこう。別の本でも紹介したが初期のインターネットの状態を表す材料として興味深いのでここでもあげておく。

インターネットが拡大し始めた1990年代，パソコン通信とインターネットを接続するという話がもちあがった。このとき，インターネット側に，つなぐことに反対の声があがったが，その反対の理由が興味深いものであった。反対理由は「どんな奴がつないでくるかわからないじゃないか！」である[6]。

この反対理由は驚くべきことを示している。すなわち，この理由を裏返して考えると，当時のインターネットでは「どんな奴がつないでくるかわかっていた」ことを意味するからである。現在のネットはまさにどんな人がつないでくるかわからない世界であるが，当時はそうではなかったのである。これは先に述べた特殊事情のことを指していると考えられる。インターネットの先にいるのは科学的トレーニングを受けた研究者であり，また大学名や所属等のバックグラウンドもわかる相手であった。しかし，パソコン通信はそうではない[7]。利用者は一般のパソコンユーザであり，またハンドルネームの利用が主で，匿名性も高い。当時，接続に反対した人は，学術ネットワークの前提であった研究者間ネットから離れることの危惧を半ば本能的に表明していたと考えられる。

考えてみると，個人が最強の情報発信力を持つことと，参加者が研究者であ

6）これは，当時インターネットとパソコン通信の接続に関わっていたインターネット側の担当者から，筆者が直接に聞いた話である。

7）パソコン通信が議論の場に管理者を置いて個人の情報発信力を抑えたのは，利用者が研究者に限らず極めて異質かつ多様であることを知っていたからであろう。

ることは，車の両輪である。参加者が研究者であるなら個人が最強の情報発信力を持つべきである。高名な学者の議論に一介の大学院性がいつでも異議を申し立てられてこその学問の自由だからである。一方，個人が最強の情報発信力を持っても議論が一定の生産性を保つのは，ネットの参加者がトレーニングを受けた研究者に限られているからである。個人が最強の情報発信力を持つことと，参加者が研究者であることは互いを条件として必要とする。

　しかし，インターネットが世界に拡大にしたとき，ネットの参加者は研究者以外の広範な領域に拡大し，一つの条件は失われた。相方の条件が失われたことで個人の強すぎる情報発信力は歯止めを失い，暴走を始める。

　参加者が増えれば多様な人たちが現れることは避けがたい。科学的議論よりも直観的に話を進める人，個人的体験を急に一般化する人，歴史的経験を語る人，感情に訴える人，政治イデオロギーを隠そうともしない人，話の組み立て方は人ぞれぞれであり，自然科学的検証の作法に従うわけではない。そしてさらに極端な人たちが現れる。陰謀論を語る人，誰であれ論破したいだけの人，個人的不満を述べたいだけの人，自分だけの正義を振りかざしたい人等などである。さらに，心に闇を抱え，世界と人類全般を呪っているような人もでてくるだろう。世界は広大であり，無限の多様性に満ちている。それだけ多様で異質な人々すべてに最強の情報発信力が与えられた場合，何が起こるか。彼らが最強の情報発信力を持ってぶつかるとき，生き残るのは相手の言うことを一切聞かずに自分の言いたいことだけを疲れることなく言い続ける人（極端な人あるいは強い人）である。相手を理解し，合意点や妥協点をさぐろうというような心やさしい人は消えていく。中庸で穏健な言論空間は維持できない。その行き着いた先が現在のネットの姿である。

　別の言い方をすると学術ネットワークは多様なる世界全体へは適用できなかったということである。個人に最強の情報発信力を与えたのは学術ネットワークとしては当然の選択であったが，それは利用が研究者だけだからできたことであり，異質なものを多く含む世界全体には適用できない。要約すれば，学術的な，あまりに学術的なネットワークが多くの異質さをはらむ世界全体には適用できなかったこと，ここに失敗の本当の原因がある。

3-11 ／ 解決案を求めて

　もしこの理解が正しいなら解決案の方向は明らかである。強すぎる個人の情報発信力を抑えたコミュニケーションの場をつくればよい。個人の情報発信力がここまで強いのはインターネットが学術ネットワークであったことの名残にすぎず，それにこだわる必要はない。個人の情報発信力を適度に抑え，ネット上に中庸で穏健な言論空間をつくることができれば問題は解決する。そんなことが可能なのか，また言論の自由を制限せずにできるのか，疑問はあるだろう。その疑問には次の章で答えたい。

　ただ，章を閉じるにあたり述べておきたいのは，ここで述べたことが正しいなら，これは明るいニュースだということである。

　現在のネットについては悲観論が優勢である。人々の情報リテラシーが上昇すれば改善されるのではという人もいるが，説得力に乏しい。人間の能力に急激な変化を期待することは難しいうえに，ネットが荒れ始めてすでに20年は経過するが荒れている現状に改善の兆しはない。ネットを使えば使うほどエコーチェンバーが起きて社会の分断が進むという説は，われわれをさらに絶望的な気持ちにする。最近ではネットが荒れているのは人間というものの本性がそういうものだからしかたがないという見解も見られるようになった。そのような言説の中には，中国のようなとまではいかないが，何らかの規制を入れるしかないという考えも見え隠れする。

　しかし，この章の見解はいずれとも異なる。ネットが荒れているのはネットの設定のミスのせいである。原因は個人の情報発信力が異例に強い設定になっているからであり，これは学術ネットワーク時代の名残にすぎず，修正可能である。何も人間の本性や運命的な悲観論をとる必要はない。たかだか設定のミスに絶望的になる必要はない。本書は全体としてネットの将来について楽観論をとっているが，その理由の一つは，問題の原因は設定のミスにすぎず，解決可能と考えているからである。次の章では解決に向けた提案を行おう。

第4章

フォーラム型 SNS

　前の章でネットが荒れる原因は，個人の情報発信力が強すぎる点にあると述べた。この章では情報発信力を抑制する方法を考えよう。方法はいろいろありうるが，本書が提案するのは，受信と発信を非対称にしたフォーラム型 SNS である。フォーラムは読むことは誰でもできるが，書き込めるのは会員だけという点で非対称性がある。書き込みを会員だけにすることで個人の情報発信力を抑制して相互理解の議論の場をつくる一方，書かれた内容を読むのは誰でもできるので世論形成も十分に行うことができる。

　なお，筆者は前の本ではサロン型という言葉を使っていた。しかし，サロンという言葉は，有料の会員制のグループという意味で使われることが多く，誤解が多かったので，フォーラム型と名称を変更する。名称が変わっただけで，内容上は前著でのサロン型と同じものである。なお，パソコン通信でもフォーラムという言葉が使われていたが，それとは異なる。

4-1 前提条件

　個人の強すぎる情報発信力を抑制する方法を考える前に，前提条件を置いておく。

　まず第一に，情報発信力を抑制すると言っても，言論の自由は確保されねばならない。本書は思想の自由主義の立場をとっている。思想は表明されなければ意味がないので，思想の自由を実現するために言論の自由は必須である。前の章で極端な人が議論を荒れさせていると述べてきたので，彼らを黙らせれば

よいと思うかもしれないが，それは間違っている。どんな人にも言論の自由は
ある。どんなに極端な意見でも，持つのは自由であり，その表明もできなけれ
ばならない。ある社会，ある時代に極端とみなされ，異端とされている意見が，
他の社会あるいは別の時代に主流になることはよくあることである。思想のダ
イナミズムを保つためにも思想の中身によって発言が許されたり許されなくな
ったりしてはならない。しばしばネット上のあまりの混乱ぶりに，反社会的な
意見や人々が嫌悪感を抱くような意見を規制してはどうかという意見がでるこ
とがあるが，これは言論の自由に反する。

　そもそも，極端な人たちが中庸な意見を撤退させていると言っても，彼らは
現在のネットの仕組みで許される範囲で言論の自由を行使しているだけである。
彼らに特に落ち度があるわけではない。問題なのはネットの仕組みの不備であ
り，発言者に咎はない。解決策は他者の言論を委縮させてしまう過剰な発信力
を抑制することであり，彼らの言論の自由を制限することではない。

　第二に，ネット全体を変える必要はない。個人に最強の情報発信力を与えて
いることが問題というのが本書の認識であるが，ネットのすべてで個人の情報
発信力を抑制する必要はない。また望ましくもない。一個人が全世界に対して
発信できること，典型的には一国民が一国の首相・大統領に対しても発信でき
るというのはネットの最大の利点であり，これは維持すべきである。パソコン
通信からインターネットに移ったとき，人々が感じた解放感を忘れるべきでは
ない。最強の発信力を個人が持っていることには良い面もあるので，これをす
べて捨て去るべきではない。

　問題なのは個人の情報発信力を抑制した場所がネットにないことである。そ
れがために中庸で穏健な人々が議論から撤退し，相互理解のための議論が不可
能になっている。これを回復するためには，ネットの一部に個人の情報発信力
を抑えた場所があればよい。そのような場所がどこかに確保され，そこで相互
理解の議論が行われればよいのであって，ネットでの議論をすべて変更する必
要はない。

　この二つの条件から考えると，望ましいのは新しい SNS をつくることであ
る。インターネットという広場の中に，個人の情報発信力を抑えた場所すなわ
ち SNS をつくり，穏健で中庸な言論をそこに復活させていくことである。

4-2 　基本アイディア ——受診と発信の分離

　SNS で個人の情報発信力を抑えるにはどうすればよいか。一番簡単な方法は会員制をとってしまうことである。たとえばフェイスブックはツイッター・掲示板に比べて書き込める人が比較的制限されているので荒れにくい。さらに LINE となると完全なメンバー制なので外部から侵入されることはなく罵倒と中傷の応酬とはならない。

　しかしながら会員制をとるとその代償として SNS 自体の情報発信力が弱くなり，世論形成ができなくなる。フェイスブックでどんなに良い相互理解型の議論ができたとしても（実際，そのような良い議論の事例はある），それが外部に伝わることはない。フェイスブックは世界的にはツイッターを上回るユーザがいるにもかかわらず，世論形成にほとんど影響を与えていないのは驚くべきことである。ネットの世論を形成しているのはツイッターと掲示版であり，フェイスブックではない。また，会員制にして閉じてしまった場合，そこでいわゆるエコーチェンバーが起こると誰の目にもそれが触れず，修正の方法がなくなるという問題もある。

　そこで，会員制にとるのは書き込みだけにし，読む方は誰でもできるようにする。すなわち受信と発信を非対称にすることを考える。フォーラムと呼ばれるグループがあって，書き込めるのはフォーラム会員に限られるが，書かれたモノを読むことは誰でもできるとしておく。書き込みは会員に限られるので，外部からの未知の個人の侵入は防ぐことができる。一方で書いたものは世界に向かって発信されるので世論形成力は維持できる。

　イメージとしてはツイッターの中に特定メンバーだけが書き込めるような場所（これがフォーラムである）があると考えればよい。このフォーラム内に書き込んだことは誰でも読めてリツイートもできる。しかし，フォーラムの中に書き込めるのはフォーラム会員だけである。

4-3 / フォーラム型 SNS の詳細

　以下，このフォーラム型 SNS の詳細を述べよう。なお，ビジネスモデルを提案するのは学者の得意とするところではないので，以下述べることはあくまで議論のたたき台であり，検討を行うための材料である。実際に実装するときにはネットサービスの専門家に任せられるべきであろう。箇条書きで特徴を書いていく。**図 4-1** を参照していただきたい。

(1) メンバーシップ

　ツイッターのような拡散型のサービスを背景に考える。その中で主宰者がフォーラムと呼ばれるグループを立ち上げる。主宰者はフォーラムに彼の友人を招待する。主宰者に招待された友人たとえば A はさらに彼の友人 B，C を招待することもできる。すなわち主宰者から見ると友人の友人までがフォーラムに加われる。

　フォーラムの参加者を友人に限るのは第三者の侵入（強い情報発信力による介入）を防ぐためである。直接の友人以外に「友人の友人」まで含めるのは，マンネリ化を防ぎ，議論に広がりがあった方がよいためである。ただこれはデフォルトであり，変更は可能としておく（友人の友人のそのまた友人まで含めるか，逆に直接の友人だけに限るかは主宰者が選択できるとする）。

(2) 受診と発信の非対称性

　フォーラムに書き込めるのはフォーラムのメンバーだけである。一方，一般ユーザはフォーラム内の書き込みを読むことはできる。フォーラム自体をフォローし，フォーラム内の書き込みが常時自分に配信されてくるようにすることもできる。フォーラム内の書き込みに外部から直リンクを張って，参照することも自由である。

　一般ユーザがフォーラム内の書き込みを取り上げてリツイートし，自分のフォロワーに拡散することも自由である。ただし，拡散できるのは自分のフォロ

図 4-1　フォーラム型 SNS

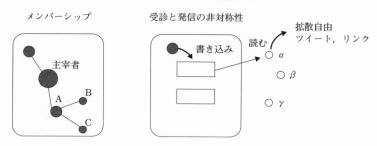

ワーに対してだけであり，フォーラムのフォロワーに対してではない。フォーラムは人気がでれば数万人のフォロワーを抱えていることが考えられるが，その数万人に返信を返すことはできないということである。図で言えば個人 α はフォーラム内の書き込みを自分のフォロワーに転送できるし，外部リンクを張ることもできる。ただし，フォーラムの他のフォロワー β，γ に拡散することはできない。

(3) 退会

　フォーラム内でトラブルが発生し制御不能になったとき，最後の手段としてメンバーを削除することも必要になる。これについては，主宰者は任意のメンバーを退会させることができるとする。また紹介した人は彼が紹介した人のみを退会させられるとしておく。図で言えばAは自分の紹介したB，Cは退会させられる。退会権限を持つ人を主宰者以外に増やすのは，退会させるときの心理的負担を減らすためであり，また紹介者に一定の責任を持ってもらうためでもある。

　自主的な退会はもちろん自由にできる。また会員がフォーラム内で閲覧も発言もまったくせずに一定期間たつと自動的に退会になるとしておく。

　以上 3 点がフォーラム型 SNS の骨子である。このフォーラム型 SNS がどうやって中庸で穏健な言論空間をつくりだすのかをもう一度説明しよう。フォーラム内では会員同士で議論が進むため，そのフォーラムの論調からあまりに外

れた議論は入ってこない。主宰者が相互理解のための議論をしようと思っているところに，相手を倒すための議論をしかける人が現れるということはない。中庸で穏健な人たちが集まって議論をしているときに，極端な意見で攻撃的な人が現れて，議論ができなくなるという事態は避けられる。こうして中庸で穏健な言論空間が維持できる[1]。

　そして，フォーラム自体には発信力があり世論形成ができる。フォーラム内の議論は公開されていて拡散もできるのからである。フォーラム内の議論が興味深く面白いものであれば，これを見ている一般ユーザがリツイートのような方法で拡散する。この拡散力がフェイスブックなどとの違いになる。

　フォーラムとフォーラム外が分断されるのはつまらないという心配がでるかもしれない。ネットの楽しさは思わぬ見知らぬ個人からの面白いフィードバックにある点にあり，それが失われないか，と。確かにフォーラム内の会員と外部の一般ユーザの間に直接のつながりはない。しかし，フィードバックはないわけではないだろう。一般ユーザはフォーラム内の書き込みを見て，コメントや意見をする。それが面白いあるいは興味深いものであれば，人々によって拡散され，広く拡散されればやがてフォーラムのメンバーの誰かの耳に届く。フォーラムのメンバーがそのコメントをフォーラム内に紹介すれば緩いながらもフィードバックが成立する。

　数万人のフォロワーをかかえている人気フォーラムでフィードバックが起こると，一般人の書いたものが数万人に読まれることになり，名誉なことである。多くの人に読んでもらうためにフォーラムのメンバーに取り上げてもらえるような面白いあるいは興味深いコメントをしようと努力することになる。すなわち，面白いコメント，興味深いコメントをしようという誘因が生まれる。

　この誘因づけは大切である。多くの人に読んでもらうために面白いこと，興味深いことを書こうとするのはまっとうな誘因づけである。現状のツイッターでは相手が激高して反論してきた場合でも自分のコメントが多くの人に読まれ

1）なお，フォーラムは中庸で穏健な人だけのものではないので，強い保守の人，あるいは強いリベラルの人たちがそれぞれ集まってフォーラムをつくってもよい。あるいは（あまりないとは思うが）相手を倒すための議論をしたい人たちだけが集まる "戦闘的" フォーラムがあってもよいだろう。論調や議論のスタイルはそれぞれであり，それにあったフォーラムがたくさんできてくる。

るので，喧嘩を煽る方向に誘因づけがなされる面がある。怒らせてしまえば取り上げられて自分のフォロワーが増えるとなれば，意図的に煽る人がでるのは避けがたい。それに比べれば面白いこと・有用なことを言って取り上げてもらおうという誘因は健全このうえないものである。さらに，フォーラム外で，有益で面白いコメントを継続してやっていればやがてフォーラムに招かれることもありえよう。無名の人がフォーラムに"デビュー"する道も開ける。

4-4　フォーラムの具体的イメージ

　フォーラムについての理解を深めるためにフォーラムの具体的な例を考えてみる。以下，固有名詞がいくつかでてくるが特に他意はなく，単なる例示として見ていただきたい。

　第一に，有識者のフォーラムが考えられる。各分野の専門家が開くフォーラムである。たとえば，政治経済の分野なら，佐藤優の外交フォーラム，竹中平蔵の経済フォーラム，上念司の日本経済復興フォーラム，金子勝の日本社会フォーラム等が考えられる。主宰者がそれぞれの友人を集めて，政治社会についてのニュースなどについて議論をしているフォーラムである。政治的にはフォーラムごとに強い保守，中道保守，中道リベラル，強いリベラルのように傾向がでてくるだろう。比較的意見の近い人同士であれば，落ち着いた議論をして，問題を掘り下げることができる。新型コロナのような事件のときは医療者のフォーラムが人気を集めるだろう。

　第二に，芸能・スポーツ・俳優などの有名人の開くフォーラムが考えられる。AKBの誰かがつくったおしゃべりフォーラム，星野源の音楽フォーラム，錦織圭のテニスフォーラム，ユーチューバー・ヒカキンのチャレンジフォーラムなどである。これら有名人が友人同士で話しているところをファンが見ているというイメージである。ラジオでのトークショーやワイドショーなどに一定の需要があることでわかるように，ファンであればひいきのスターが友人と話しているところを見ていたいという需要はあるはずである。それをフォーラムという形で実現する。有名人側の利点は宣伝ができて，かつファンからの緩いフ

ィードバックが期待できることである。有名人にとってはいわゆるクソリプや炎上に悩まされずに情報発信できることは嬉しいことであろう。また有名人当人ではなくファンだけが集まっておしゃべりするファン・フォーラムもありえよう。有名人のフォーラムのそばに姉妹フォーラムのような形でぶら下がっていることが考えられる。

　第三に，趣味のフォーラムもありえる。有識者や著名人ではなくても，世の中には特定の趣味に詳しく，また人をうまく集めて運営できる人が多く存在する。彼らがその趣味ごとにフォーラムを立ち上げればよい。たとえば，川釣りフォーラム，日本アルプス山歩きフォーラム，手芸フォーラム，俳句フォーラム，ホラー映画フォーラム，歴史談義フォーラム，特撮映画フォーラムなどである。パソコン通信の時代には数百の話題別のグループが立ち上がっていたし，現在でもフェイスブックの中には多くの趣味のグループがある。これからわかるように，特定の趣味の話題で話をしたい，またそこから情報を得たいという欲求は存在しており，フォーラムはそれに応えることができる。

　第四に，種々の社会活動型のフォーラムも考えられる。たとえば環境問題や福祉など社会問題などに取り組むNPOがフォーラムをつくり，そこで情報交換し理解を深めるという形である。あるいは地域フォーラムというのも考えられる。地域イベントや地方行政，不用品交換会など地域ならではの話題のタネはあり，それらについて情報交換あるいは発信する需要はあるだろう。ヤフーニュースに張りついてコメントを継続的に行うニュースフォーラムなども考えられる。リベラル寄りあるいは保守寄りのニュースフォーラムがあれば，あるニュースについてのリベラル側の解釈，保守側の解釈を知ることができる。

　第二，第三，第四の類型をフォーラムで行うことに意味があるのかと疑問に思う人もいるかもしれない。罵倒と中傷を防ぐのがフォーラムの目的であり，それが意味あるのは第一の政治経済フォーラムだけではないか，と。しかし，そうではない。第二の有名人フォーラム，第三の趣味フォーラム，第四の社会活動フォーラムでもフォーラムをつくることに意味がある。なぜならこれらの話題でも誰でも書き込めることにすると，簡単に荒れてしまうからである。

　たとえば芸能人のファンが集まって交流する場をつくるとき，誰でもいくらでも書き込めるようにすると，すなわち個人の情報発信力を最強にすると，た

いていは酷いことになってしまう。わざとその芸能人の悪口を書く悪意ある人が現れることもあるが，仮にそれを防げてもファン自体が喧嘩を始めるからである。偏愛という言葉が示すように，熱烈なファンの中には，その芸能人はどうあっても○○でなければならないと思っている人がいる。そのような人にとってはそれに反する他の人の言動が許せず，批判を始める。「彼女は○○でなければならないのに，こんなことをさせようと提案するとはなにごとか」と，他の参加者を攻撃し始めるのである。当人にとっては愛ゆえの発言であるが，他の人にとっては単に暴れているだけにしか見えない。穏やかだった交流の場は険悪になり，やがて閉鎖される。ネットの初期の芸能人サイトには誰でも書き込める掲示板を見かけることがあったが，そのほとんどがこのようなトラブルに見舞われ，消えていった。同じようなトラブルは，釣りだろうがサッカーだろうかどんな趣味の場でも発生しうるし，どんなに意欲にあふれる NGO の交流の場でも発生しうる。誰でもいくらでも書き込める，すなわち最強の情報発信力を認めると，罵倒と中傷が起こるのは政治経済問題には限らない。したがって，個人の情報発信力を弱めて有名人フォーラム，趣味フォーラム，社会活動フォーラムをつくることにも意味があるだろう。メンバーシップ制をとり，罵倒と中傷を抑えて落ち着いた交流を維持することは政治経済以外の話題の場合でも役に立つ。

　書き込むことができないフォーラムに魅力があるのか，それをフォローする人がいるのかという疑問を持つ人もいるかもしれない。フォーラムをフォローする一般人 α，β，γ は読むだけで書き込むことはできない。リツイート，あるいはコメント付きで自分のフォロワーに拡散することはできるので，ある程度の自己表現はできるがそこまでであり，そのフォーラム自体には入り込めない。それで満足するのか，と。

　この疑問には一理あるが，現実的にはそれほど気にしなくてよいだろう。なぜなら，ツイッターのようなオープンなメディアでは，一般的に言って，書き込む人は少なく，ほとんどの人は読むだけ，あるいはリツイートするだけだからである。ツイッターは炎上しやすいツールとしてよく知られていることもあり，自分の意見を書き込む人は多くはない。情報収集ツールとして使っている人が大半であり，ゆえにフォローして読むだけでも需要はあるだろう。また，

どうしても書き込みたい人には自分でフォーラムを立ち上げるというオプションがある。さらに，入れてほしいフォーラムの外側で面白いコメントやレスを付けるなどの活動をして，フォーラムからお呼びがかかるのを待つという手もある。

　なお，フォーラムのような落ち着いた議論には興味がないという人もいるかもしれない。荒れてこそのネットであり，クソリプ炎上どんと来いというような人である。そのような人はフォーラムを使わず，今までどおりのネット生活を送ればよいだろう。フォーラムはあくまで一つの SNS なのであり，利用したい人だけが利用すればよい。フォーラムの外側には今までどおりのインターネットの原野が広がっていることに留意しておく。

4-5　フォーラムがあるときの言論空間

　フォーラムがあることでネット上の言論空間はどう変わるかを描写してみよう。図 4-2 はこれを示して見たものである。上段はフォーラムが導入される前，すなわち現在の状態で，下段はフォーラム導入後の状態を示す。横軸は意見の相違の軸で，右が保守，左がリベラルと考えていただきたい。黒丸（●）は意見を表明する人，白丸（○）はそれを聞いている一般のネット利用者である。

　フォーラムができる前は，中庸な人はネットから撤退しているので，意見を表明する人は両端の人だけである。一般利用者は両端の極端な意見しか聞くことができない。しかし，フォーラムができると中庸部分での議論する人たちが現れる。したがって，保守とリベラルの軸全体を覆うような言論空間ができる。フォーラムは友人同士で集まるため比較的意見の相違が少なく，相互理解型の議論の積み重ねも期待できる。これがこのフォーラム型 SNS の狙うところである。フォーラム外の人々は複数あるフォーラムの中からいくつかを選んでフォローし，そこでの議論に耳を傾けることになる。フォーラムが影響力を高めようとすればフォロワー数を増やさねばならず，主宰者は議論を活性させるべく努力する。フォーラムがたくさんできれば，一般ユーザはこれまでよりも多様な言論空間の中から情報を選ぶことができるようになる。

図4-2　フォーラムができる前と後の言論空間

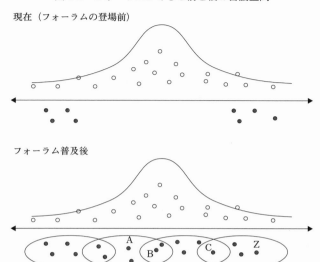

現在（フォーラムの登場前）

フォーラム普及後

4-6　予想される批判への答え ――エコーチェンバー

　ここで予想される批判に答えておくことにする。それはフォーラム内での議論が似た意見ばかりになり多様性を失うのではないか，その結果エコーチェンバーが起こるのではないかという批判である。

　フォーラムでは比較的似た意見の人が集まっているため，確かに議論の幅が狭くなる。図4-2で言えば，フォーラム S_2 に入っている人 A はフォーラム S_4 に入っている人 Z とは議論しない。A は Z の意見を直接聞くことはないため議論の幅はその分だけ狭くなる。議論の幅が小さくなればエコーチェンバーが起こって社会の分断を引き起こすリスクがあるのではないか。ここで述べたフォーラム型 SNS のアイディアは炎上対策として 2016 年に提案したものである

が[2]，それ以降にでたもっとも大きい批判はこの点である。これに答えておこう。一言で言えば，そのリスクはゼロではないが，それでも以下の 3 つの理由でフォーラム型 SNS があった方が望ましいと考える。

　まず，第一に，意見の相違が非常に大きいとき，相互理解型の議論を行うことはそもそも難しいことを，われわれは認める必要がある。図の A と Z はかなり意見の相違が大きいため，司会・審判者などをそろえたディベートならいざ知らず，何の約束事もない状態で生産的な議論をするのは難しいだろう。少なくとも相互理解型の議論は難しい。それが難しかったからこそ，現在のネットでは両端の人しか残らなかったのであり，われわれはそろそろこの現実を認める必要がある。人間の持っている議論する能力あるいは理解する能力はその程度のものであり，過大な期待をかけるべきではない。過大な期待はかえって状況を悪化させる。なぜなら過大な期待が破れたとき，反転するかのように嫌悪と憎悪が拡大しやすいからである。なぜこちらの言うことがわかってくれないのだという絶望は怒りと嫌悪に代わり，相手が死ねばよいと言うにまで至るケースは稀ではない。

　それを避けようとすれば図の上と下の状態しかないだろう。両端に分けて同居を避け，たまに遠くから非難の言葉を投げ合うか，あるいは互いに理解可能な範囲の小部屋をつくり，そこで対話を続けるかである。そして，この上下の 2 つしかないとすれば，多様性の点で優っているのは明らかに下のフォーラムのある世界である。なぜなら中庸の意見が世の中に表明されているから。現在の両端の意見しかない状態に比べれば，はるかに多様な意見がネットに現れる。

　エコーチェンバーを恐れなくてよい第二の理由は，A と Z は同じフォーラムにはいないが，一般の人々がこの 2 人の意見を比較対照することができる点である。フォーラムは相互に重なりながら複数あるので，複数のフォーラムをフォローすることで間接的に A と Z の議論を比較できる。この図で言えば，Z は C と同じフォーラムにいるので，Z と C が相互理解型の議論をしていればその考え方の相違点がわかる。次に C と B を比較し，最後に B と A を比較すれば，間接的な比較ができる。

　たとえば憲法 9 条改正について，最強硬派の Z は米中戦争は不可避と思っ

2) 田中・山口（2016）第 7 章。このときにはサロン型 SNS と呼んでいた。

図 4-3 フォーラム型の効用

エコーチェンバーによる過激化

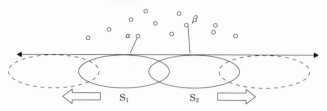

空きを埋める新たなフォーラムの登場

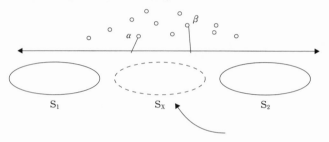

ており熱心な改憲論者であるとする。CはZのようには思っていないが抑止力の理論を信じていて日米安保強化のために憲法改正が必要と考えている。ここでさらにフォーラム S_3 でCとBを比較すると、Bは日米安保は必要だが憲法改正しなくても維持できると考えていて、さらにフォーラム S_2 を見てBとAを比較すればAはそもそも日米安保以外でも平和が維持できると考えている。このように議論はフォーラム中に閉じてしまっても、重なりあって加入する人がおり、人々が多数のフォーラムを見ていれば、広い視点からAとZの意見を比較することができる。

　第三に、仮にフォーラムがエコーチェンバーを起こして極端化したとしても、その穴を新たなフォーラムが埋めるだろう。図 4-3 の上段の図は、エコーチェンバーが起きて、2つのフォーラムがそれぞれ過激化したところを示している。フォーラムには確かにこのような極端化のリスクがある。しかし、フォーラムが両端に移動すると真ん中に空きができるため、下段のようにそこに新たなフ

ォーラムが入りこんでくるだろう。多くのフォーラムは影響力を高めたいと思っているからで，そうだとすると間隙が空くことはチャンスであり，そこを埋めようとする。こうして常に中庸を埋めるフォーラムが現れれば，社会全体としては極端化せずにすむ。

　このように考えると，個々のフォーラムがエコーチェンバーを起こして極端化したとしても，社会全体としての極端化にはブレーキがかかる。フォーラムがいつでも設立でき，人々が複数のフォーラムを組み合わせてフォローする状態では，個々のフォーラムの極端化が社会の分断を進める力は限定的であろう。

4-7　フォーラム型SNSは受け入れられるか？

　フォーラム型SNSは人々に受け入れられるだろうか。まだ，存在していないサービスを人々がどう思うか知ることは難しいが，受け入れられそうだという状況証拠を出すことはできる。やや古いが2014年に行った調査結果を示そう。アンケート調査で下記の問いをたてた。

問　インターネット上のコミュニケーションのあり方としてあなたはどちらの方向が望ましいと思いますか？　どちらか一つを選んでください。
　1　入ってくる人を制限しても，誹謗中傷を抑えた方がよい。
　2　誹謗中傷が起こっても，誰もが入って来られる方がよい。

1はメンバーシップ制をとって誹謗中傷を抑える方がよいという考えで，フォーラム型SNSはその一例である。2は誹謗中傷が起きても自由参入を維持する方がよいという考えで，現在のネットの状態を良しとすることを意味する。この二者択一を回答者に選んでもらう。サンプル数は約2,086人のウェブモニター調査である（調査会社はマイボイス社）。年齢，性別，インターネット利用頻度を補正したうえでの結果は，図4-4のとおりである。

　見てわかるとおり，メンバーシップ制を支持した人が67%にも達しており，はっきりとした多数派である。人々はメンバーシップ制をとって情報発信力を

図 4-4　これからのインターネットのあり方

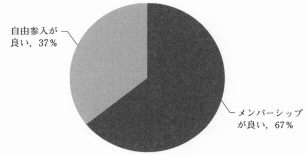

調査2014年，n=2,086，補正済み

図 4-5　これからのインターネットのあり方：年齢別

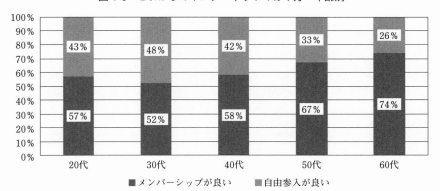

調査2014年，n=2,086，補正済み

抑えることを支持しているのである。属性別に見ると女性の方がメンバーシップ制を望む人が多く，女性であるとざっと 15% ポイント程度メンバーシップ制の支持者が増える。学歴，所得，結婚の有無，職業などについて大きな違いはなく，広い範囲でメンバーシップ性の支持が広がっている。

　興味深いのは年齢の効果である。図 4-5 がそれで，傾向としては高齢者ほどメンバーシップ制を望む人が増えている。解釈はいろいろできて，たとえば若いときは激しく人と言い争うことをいとわないが，年をとると争いを避け，穏

やかな環境を好むのかもしれない。ただ，面白いことに完全に単調な右上がりではなく，U字型をしており，20代になると反転してメンバーシップ制を望む人が増えている。20代は最近のネットの変化に最も敏感に反応する世代である。そこがメンバーシップ制を望むようになっているのは昨今のネットの荒れ具合を見て，より穏やかな交流の場を求めていると解釈できる。

　フォーラム型が人々に受け入れられそうだということを示すもう一つの材料として，強すぎる個人の情報発信力を抑える工夫がすでに一部で行われていることを示そう。3つ取り上げる。NewsPicks，ヤフーニュースのコメントポリシー，そしてツイッターの返信制限機能である。

　NewsPicksは経済ニュースを中心とするニュースサイトである。このサイトの大きな特徴は，コメントを書けるのが実名登録した人で，かつビジネス界でそれなりの地位にある人に限られていることである。書き込む人を識者に厳選することでコメントに一定の品質を確保し，読者が有用な情報を得られるようになっている。書き込める人を制限する点でフォーラムと同じであり，個人の情報発信力を抑えたシステムであることに注意しよう。NewsPicksは2013年の設立以来順調に成長を続け，2020年9月時点で無料会員数は560万人に達したとされており，成功例と見てよい[3]。

　利用者は，それなりの知識のある人のコメントを読むことで，そのニュースの含意を知ることができる。一般にニュースというものにはさまざまな含意があるが，普通のニュースサイトでは含意までは伝えない。含意は人によりさまざまでニュースサイトがその中から一つだけ取り出すことはできないからである。しかし，多くの人のコメントの形であればそれを示すことができる。たとえば，A社が子会社のB社を売却したというニュースには，A社が新しいビジネスに乗り出すために体制を整えるためというプラスの解釈もあれば，子会社の経営に失敗したというマイナスの評価もある。日々の経済ニュースにどういう意味があるのかを，短い時間で知りたいというビジネスマンの需要に合致したのがNewsPicksの成功の理由と考えられる。

　3）IT Media ビジネスオンライン，2021/3/3「"自前主義"で固有の世界観を創出　有料会員を増やし続けるNewsPicksの「垂直統合型ブランド戦略」とは」，https://www.itmedia.co.jp/business/articles/2103/01/news008.html，2022/1/24確認。

　第二の例はヤフーニュースのコメントポリシーである。コメントポリシーとは，ヤフーニュースに付随した掲示板に書き込まれるコメントを制御する方針のことである。ヤフーニュースの掲示板は荒れる掲示板の代名詞であり，特に韓国関連のニュースでは嫌韓コピペが貼られて荒れることが多かった。ヤフーコメントを使ったネトウヨ分析論文があったほどである。

　しかし，ヤフー側は対策として法令違反の書き込みを常時パトロールしてチェックする部隊をつくり，さらに 2018 年には AI を利用して「建設的な内容のものを優先的に表示する」ようにした。この結果，コメントの荒れは減ってきている。書き込みを禁じるわけではないが，建設的な内容を優先表示すると，ひどい書き込みは下の方に沈んで実際には読まれなくなる。結果として極端な人の情報発信力は抑えられ，この情報発信力の抑制により掲示板は以前より落ち着いてきた。

　第三の例はツイッターの返信制限である。これは俗に言うクソリプ防止機能であり，書き込みに対して返信できる人を制限できる機能である。試行期間を経て 2020 年 8 月に導入された。書き込みに対して返信できる人を自分がフォローしている人のみか，あるいは指定した人（@ マークで指定）のみに制限できる。この機能により，利用者はスパムや悪意あるリプライにさらされにくくなり，ある程度は「強すぎる情報発信力」からガードされることになる。フォーラム型に比べるとガードの力は弱いが，個人の強過ぎる情報発信力を抑制する点で趣旨は同じである。

　このクソリプ防止はまだ始まったばかりで評価がさだまっていないが，現在までのところおおむね評判は良いようである。なお，問題点として，批判や誤りの指摘ができないといった点があげられており，この点もフォーラム型と似ている。フォーラム型の問題点は同じ意見ばかりになって議論の多様性が失われることであったが，一人だけの場合は批判・訂正をうけつけなくなるという形になる。いずれも外部の第三者からのコメントが届かなくなることから生じる問題である。

　NewsPicks，ヤフーニュースのコメントポリシー，そしてツイッターのクソリプ防止はいずれも趣旨は異なるものの，強すぎる個人の情報発信力を抑制して落ち着いた言論の場を維持しようという工夫と理解することができる[4]。そ

してそれらは人々に受け入れられ，一定の成果をあげている。このように強すぎる個人の情報発信力を抑制し，中庸な言論空間を維持する工夫はすでにあちこちで試みられている。したがってフォーラム型SNSが受け入れられる素地はすで十分にあると言ってよいだろう。

4-8　結語——フォーラムと言論の自由

　要約する。本章では過剰な情報発信力を抑え，中庸で穏健な言論空間を復活させる方法としてフォーラム型SNSを提案した。フォーラムは書き込めるのは会員だけであるが，読むのは誰でもできるという非対称性なSNSである。情報の受信と発信を非対称にすることにより，過剰な発信力を抑え，相互理解のための議論の場を維持する。フォーラム内では罵倒と中傷ではなく，相互理解のための議論を積み重ね，民主主義に資するような議論が起こることが期待できる。書き込みを会員制にして言論空間を維持する方法には部分的な先例はすでにあり，フォーラム型が人々に受け入れられる素地はあるだろう。

　なお，章をとじるにあたり，フォーラムは言論の自由を制限するわけではないことをもう一度述べておきたい。フォーラムは個人の強すぎる情報発信力を抑制するために考えたものである。ここで，個人の情報発信力を抑制すると書くと言論の自由を制限するのかと受け取る人もいるかもしれない。しかし，そうではない。

　言論の自由は，どんな思想も持つことは自由であり，それを表現することも自由であることを意味する。フォーラム型SNSでもこの原則は守られている。なぜなら，自分でフォーラムを立ち上げることは自由にできるからである。フォーラムに口をはさめるのは会員だけでありその点では制限がある。しかし言いたいことがある人は自分でフォーラムを立ち上げればよく。そこには何の制

4）YouTubeのライブチャンネルで，コメントをかける人をチャンネル登録者だけにできるのも情報発信力を抑える工夫である。たとえば1か月以上登録した人だけが書き込めるとしておくと，すぐには書き込めないため，炎上を聞きつけて新たに殺到してくる人の書き込み（その多くは罵倒と中傷）を防ぐことができる。

限もない。さらにフォーラム型 SNS はネットのいち SNS にすぎず，フォーラムの外側にはブログ，掲示板など自分の言いたいことを言う場所はいくらでも確保されている。言論の自由は，意見を表明する場所がどこかに確保され，言いたいことのある人はそれを言えて，聞きたい人はそれを聞けるようになっていればよい。それはフォーラム型が普及した状態でもまったく変わらず維持される。

　フォーラムはむしろネットの言論の自由を守るために考案したものでもある。ネットでの言論の自由には昨今，疑念が向けられている。曰く，言論の自由に任せておいた結果が，罵倒と中傷ばかりなら，言論の自由とはなんだったのか。言論の自由とは人を罵倒し中傷する自由だというのならそんな自由がそもそも必要なのか。さらに炎上，フェイクニュース，ヘイトスピーチなどネット上の病理現象は言論の自由への懐疑を高めていく。自由な言論がネットの病理を深めるばかりであるなら，言論の自由を制限することもやむをえないのではないか。そのような声が折に触れて聞こえてくるようになった．その声の背景には言論の自由を公然と否定したネットをかかげて成長を続ける中国の姿が浮かんでくる。ネットでの言論の自由は人類にとってあまりに危険な刃なのだろうか。

　そうではない。言論の自由を守りながらこれらの病理に対処する方法は存在する。フォーラム型 SNS はその方法がありうること示すための一つの工夫として考えたものである。次の章では炎上，フェイクニュースに対しても，ここで述べたフォーラム型 SNS が一定の効果をあげることを示すことにしよう。

補論　フォーラム型 SNS の補足説明

　ここでフォーラム型 SNS の補足的な説明を行う。以下述べるのはテクニカルで細かい話であり，核心部分の説明は本文で尽きているので，フォーラム型の詳細に興味のある人以外はこの補論はとばしていただいて結構である。箇条書きで列挙する。

- 文字数と投稿の構造化

　ツイッターでは一つの投稿の文字数は 140 字に制限されているが，フォーラムではこの制限は柔軟に設定できた方がよいだろう。政治経済の問題について込み入った議論をするときはある程度長文でないと趣旨が伝わらないからである。一方，趣味のフォーラムなどでは長文は歓迎されない。最適な文字数はフォーラムの性質によって変わるので，制限文字数はフォーラムごとに独自に設定できる仕様が望ましい。なお，長文の場合，リツイートは一部を切り取ってできるようにしておく。また，フォーラムが大きくなると複数の話題が同時進行するので，スレッドあるいは部屋で分けられるよう構造化しておくとよいだろう。

- マネタイズ方法

　フォーラム型 SNS は他の SNS と同じくフリーミアムとして運営される。運営者が利益をあげる方法としては広告が一番自然である。趣味や芸能，スポーツ関係などのフォーラムではフォローする人の趣味関心は似ていることも多いで，利用者が許せばカスタマイズ広告を入れれば高めの広告料をかせげる。もう一つのマネタイズ方法はプレミアサービスを入れることである。たとえば月300 円の会費を払うとプレミア会員になれて，過去記事検索ができるとか，フォローできるフォーラム数に上限があってその上限が外れるなどの特典が得られるなどが考えられる。

- **フォーラム間交流**

　フォーラムは独立しているが，時に時間を区切ってフォーラム間で交流できる機能をつけるとよい。政治経済フォーラムなら特定の問題について論争をするのが面白いだろう。保守とリベラルの軸で隣接する二つのフォーラムがたとえば1週間と時間を区切って互いに書き込めるようにして，論争を行うのである。数万人のフォロワーを持つ二つのフォーラムが相互に乗りあい，論戦を行えば迫力があり，かなりの見ものになる。フォーラム間の交流は会員の視野を広げ，エコーチェンバーのリスクを減らす効果も期待できる。また，有名人，趣味，社会活動型のフォーラムでも交流は楽しいイベントになるだろう。有名人同士の相互交流はテレビでよく行われるトークショー的な楽しさがある。趣味のフォーラムの交流会も興味深い。日本アルプス山歩きフォーラムと渓谷下りフォーラムの交流会，戦国時代フォーラムと中世ヨーロッパ史フォーラムの交流会，岩手県人フォーラムと宮城県人フォーラムの交流会，など楽しそうな組み合わせはいくらでも考えられる。

- **自動退会ルール**

　4-3で述べたフォーラムの説明の(3)には，一定期間に閲覧も書き込みもしない場合，自動的に退会になるとなっている。この自動退会ルールは，一般に人の集まりというのは入るときは簡単だが抜けるときは抵抗が生じやすいためにつけた仕様である。たとえば友人に誘われてあるフォーラムに入ってはみたが，今一つ面白くなくて抜けたいとする。そのときに"抜ける"のボタンをクリックすると意図的に抜けたことになる。これは「あなたのフォーラムはつまらなかった」という意思表示になり，友人との人間関係に微妙なひびが入る。自動退会仕様があれば，これが避けられる。

　これはリアルの世界にならった工夫である。リアルの世界での趣味・勉強会などの集まりなら，通知が来て何度か行かないでいれば自然に通知が来なくなり退会となる。つまらなくて退会したのか，興味はあったが忙しくて来られなくなったのかはわからない。そこがわからないがゆえに抵抗なく，自然に去ることができる。そのように自然に切れるようにするための仕様が自動退会ルールである。これがあった方が気軽にフォーラムに参加することができるように

なるだろう。また，このような退会ルールがないと，まったく活動しないままの会員が滞留してくる。フォーラムはいつかは閉鎖しないといけないがそのタイミングがつかみにくい。自動退会ルールを入れておくと，不活発化したフォーラムは会員が自然に減っていき，最後に主宰者が活動停止したところで自動消滅する。

- ゲスト・副主宰者

　フォーラムの活動を支援するため，特別な会員資格を用意してもよいであろう。「ゲスト」というのは一定期間だけの会員資格で，外部から著名人などを呼んで話をするときに使う。あるいは誘われた人が本加入の前に試しに入ってみるという使い方もできる。「副主宰者」というのは主宰者と同じ権限を持つ人のことである。フォーラムが大きくなると主宰者一人ではフォーラムのメンテナンスが辛くなってくるので，それを補佐する目的で設置する。主宰者と同じ権限を持つが，唯一の違いは，主宰者は副主宰者を退会させられるが，逆はできないという点だけである。

- 非公開スレ，制限公開フォーラム

　フォーラムは公開が基本である。しかし，場合によっては話の中に固有名詞が出てプライバシー触れるなどのために，非公開にしたい場合がある。その場合には少数の特定のスレッドあるいは部屋だけ非公開にできるオプションを用意する。非公開設定にすると外部からの閲覧はできなくなるので，プライバシーを守りながら話ができる。なお，フォーラム全体をまるごと非公開にはできないが，公開先をプレミア会員に限る制限公開のフォーラムを考えることもできる。あえて世界全体に発信せず特定の人だけへの発信にとどめ，フォーラム内の交流を深めることを主目的とするという選択肢も残しておく。世論形成力は下がるが，炎上などに巻き込まれるリスクは低下する。趣味のフォーラムなどの場合，この制限公開型のフォーラムを選ぶ例が出てくるかもしれない。

　なお，フォーラムまるごと非公開にすることはできない。これは詐欺や性犯罪などの犯罪利用を防ぐためである。フォーラムは公開が原則であり，非公開スレは全書き込みの一定割合以下でなければならないという制限をつけておく。

第5章

炎上への対処

炎上とフェイクニュースはインターネットでの自由な言論が生み出した代表的な病理現象である。本書の提案するフォーラム型 SNS は炎上とフェイクニュースにもある程度の改善をもたらす。この章では炎上を取り上げる。

5-1 問題の所在

炎上とは特定の人・組織に対して非難の書き込みが殺到する現象である。大量の非難が殺到すると対応が困難であり，非難された側は精神的に追い込まれる。最悪の場合，追い込まれた側が自殺にまで至ることもある。2020年5月，プロレスラーでタレントの木村花さんが炎上で追いつめられて自殺した事件は多くの人の注目を集め，あらためて炎上問題の重要性を印象づけた。

この事件では，木村さんが出演していた恋愛リアリティ番組「テラスハウス」での木村さんのある行動が非難の対象になった。この番組では複数の男女が一つの建物で共同生活し，台本がない素のままでの交流の様子を伝える（台本はないが，おおまかな方針のようなものはあるようである）。あるとき，木村さんが共演者の男性の失敗で自分が大事にしていたものを台無しにされたことにひどく怒り，謝る相手を手で叩いた。これが見ていて不快だという書き込みが視聴者から殺到したのである。たわいもないと言えばたわいもないことである。が，炎上事件というのは時間がたってから振り返ると何であんなことで炎上したのだろうと思うようなことで燃えることも多い。多くの非難の書き込みが SNS に殺到し，木村さんはそれを苦にして自殺する。事件は SNS での誹

謗中傷が自殺にまで追い込んだ事例として広く報道されることになった。

　この事件の直後には，誹謗中傷を抑えるような何らかの対策を求める書き込みや記事があふれた。木村さんへ非難コメントを書いたツイッターアカウントのリストがつくられ，制裁を求める声が起きた。さらに，誹謗中傷コメントに対して法的な警告メッセージを送るサービスを提供すると申し出た弁護士事務所も現れた。ネット上の炎上を憂う人は多く，何らかの対策を求める声が出るのは自然な反応である。

　しかし，この問題が難しいのは，誹謗中傷の規制では問題が片づかないことである。誰もが思いつく対策は誹謗中傷の書き込みを制限することであるが，これは現実的に難しく，またおそらくは望ましくもない。それはなぜか。テラスハウス事件での実際の書き込みを見てみよう。

　　「あの口の利き方はないよね」
　　「花さんのことはテラスハウスファンは全員嫌い」
　　「とても不愉快でした」
　　「早く卒業してください」
　　「ファンだったのに失望しました。フォロー外しました」
　　「人間が育っていないって花ちゃんみたいな人のことを言うんだなと思いました」

　これらの書き込みは木村さんの心を傷つけるものであっただろう。コロナ渦で一人でこもりがちなところにこのような言葉ばかり聞いていれば，嫌になってしまっても不思議はない。世界中から存在すら否定されたように感じた心は死を選んでしまう。痛ましいことこのうえない。

　しかし，ここで注意すべきは，一つ一つの書き込みを切り離してバラバラに読むと，否定的ではあるが，いずれも番組を見たうえでの一個人の感想だということである。このような感想・意見はわれわれはかなりの程度，普通に行っていることを思い起こそう。つまらない映画を見た場合，「あの監督はアホだ」とか，「あんな大根役者を使ったのが失敗の原因だ」とか，「シナリオライターは中学生からやり直せ」，などの非難の感想を掲示板や SNS に書き込むことは

よくあることである。これらの書き込みは感想として普通に行われており，誰も問題にしていない。テラスハウス事件での書き込みも，個別にばらして読むとそれらと大差はない。もしテラスハウス事件での書き込みを誹謗中傷として禁止するなら，映画の感想をはじめとした似たような書き込みをすべて禁止せざるをえない。それは言論・表現の大幅な制限になる。

　禁止というのは強すぎるので，礼儀を守り丁寧な言葉遣いを励行するとすればよいという意見もあるかもしれない。聞くに堪えない下品で無礼な物言いが問題だというのである。確かに書き込みの中には「へどが出るぜ」「はやく死んでくれ」などの酷いとしか言いようがない書き込みもあった。しかし，丁寧な言葉のとらえ方は人によって大きく異なり一律の基準にならない。仮に基準ができたとしても，丁寧な言葉を使いながら，辛辣な非難を行うことは可能である。「死ね」を禁止ワードにすると，「氏ね」が陰語として使われるようになったことが思われる。一見して丁寧な言いまわしの中に肺腑をえぐるような非難を込める "ねじれた" 世界が望ましいだろうか。そんなことなら正面切って馬鹿やろうと言われた方がよほど精神衛生上すっきりするかもしれない。

　批判は良いが誹謗中傷はいけないという意見もしばしば聞かれる。しかし，これも有効な対策ではない。何が批判で何が誹謗中傷かは人によって意見が異なるからである[1]。ネット上では，「お前は私を誹謗中傷するのか！」「いやこれは誹謗中傷ではない，批判だ」という言い争いが日常茶飯事のように起きており，批判と誹謗中傷を切り分ける基準が人によって異なることは避けがたい。たとえば，今例にあげた木村花さんへの書き込みをある人が批判と誹謗中傷に分け，そのうえで知人にリストを渡して同じように批判と誹謗中傷に分けてもらったとしよう。結果が一致するかを考えると，とうてい一致するとは思えない。

　このようにネット上の書き込みから誹謗中傷を排除しようという対策は有効ではない。そもそも，つまらない映画を見て，つまらないという感想を言えない社会は息苦しい社会である。感じた感想を言えない社会とは，言論の自由の

1）裁判で誹謗中傷が認められて損害賠償が認められたことも少数ながらある。しかし，女性ライターを「淫売」「旦那は強姦魔」などと繰り返し呼んだ極端なケースであり，そこまでいかないと法的に認められないとなると，炎上対策としては実効性がない。

ない社会である。炎上が起こると，書き込みに何らかの制限を加えて誹謗中傷をなくそうという意見がいつも登場するが実現していないのは，言論の自由を侵すという副作用が大きすぎるからである。先に述べた弁護士事務所による警告サービスも「Twitter 内での表現を委縮させる」という理由でその後，停止されている[2]。

5-2　本書の提案する炎上対策 ——フォーラムによる防御

　ではどうするか。考えてみると木村さんへの炎上コメントは一つだけなら問題はない。問題はこれが大量に書き込まれ，SNS を続ける限り，彼女には読まないという選択肢がほぼないことである。すなわち，非難コメントを書き込む側は事実上，強制的に自分の書き込みを相手に読ませることができる。本書で何度も論じてきた「個人の強すぎる情報発信力」がいかんなく発動される。これが炎上の真の問題点である。

　木村さんを非難するコメントを書いているほとんどの人に，彼女を追い詰めているという自覚はなかっただろう。ほとんどの人はひとこと書いて終わりであり，個人として（非難の）感想を述べたにすぎない。似たような感想・意見の書き込みはネット上によく見られ，特になにも起きていないのであるから，彼女が自殺するまで追い込まれると思わなくても自然である。コメントをひとこと書いた人を責めるのは適切ではない。もしひとことコメントを書いて責められるなら，誰もネットには感想コメントを書けなくなる。

　問題は書いた人にあるのではなく，そのひとことが，すべて彼女の耳に強制的に届いてしまうというネットの構造にある。すなわち個人の情報発信力が異常に強い点にある。どんな事件・現象に対しても不満な人というものはいて，非難の声をあげる。それが少数であれば大きな声にはならないし，たいていは当事者のもとには届かない。しかし，ネットでは個人の情報発信力が異例に強

　2）IT Media ニュース，2020/6/10，「「誹謗中傷ログを自動保存」弁護士事務所が有名人向けサービス，仕組みに疑問の声，一時停止に」https://www.itmedia.co.jp/news/articles/2006/10/news145.html，2022/1/24 確認。

図 5-1　フォーラムによる炎上からの防御

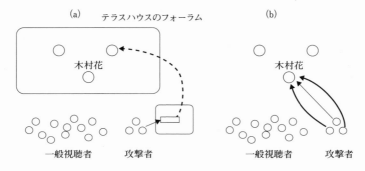

いため，ごく少数の人の声でもすべて当事者の耳元に届いてしまう。木村さん
の耳元に少数の非難者の声ばかりが届き，彼女の情報空間を埋め尽くしてしま
う。そうなると世界中から責められているようにしか見えない。問題なのはネ
ットの持つこの構造にある。

　そこでフォーラムが解決案になる。図 5-1(a)のように，テラスハウスのフォ
ーラムがあって，そこに木村花さんが入っていたとする。このフォーラムはテ
ラスハウスの関係者（出演者，スタッフ）とその友人，また，限られた視聴者
代表（ファンクラブの代表者）などからできている。問題の殴打事件への非難
コメントがネット上にでたとしても，フォーラム内部に直接届くことはない。
フォーラムに書き込めるのはメンバーだけだからである。メンバーの誰かが非
難コメントをフォーラム外の SNS から見つけて拾ってきて，こういう感想が
でているよ，とフォーラム内に持ち込むことはできる。今回の例なら殴打事件
はそれなりに話題になったので，フォーラム内に持ち込む人がいてもおかしく
ない。木村さんがそれ聞いて釈明し，必要なら謝罪すれば一般視聴者は納得し，
それで話は終わったであろう。事件としての殴打事件はもともとその程度の事
件である。

　しかし，フォーラムがない状態では，非難コメントは直接に木村さんのとこ
ろに向かってくる。図 5-1(b)がその状態であり，彼女のまわりはすべて非難コ
メントで埋め尽くされてしまう。実際には非難コメントを書く攻撃者は少数派

であり，殴打事件を気にしていない一般視聴者が圧倒的に多数のはずである。しかし，当事者にはそうは見えず，世界全体から非難されているように思え，追い詰められていく。これが炎上問題である。

　フォーラムはこれを防ぐ。この場合のフォーラムは言わば炎上からその人を守る防御壁（プロテクションベルト）である。フォーラムの中にはその人の味方をする人もでてくるだろう。炎上事件では少しでも味方がいることは大きな救いになる。フォーラム内でなら，しでかした失言や行為について冷静に評価し，謝罪すべき点は謝罪し，誤解に基づく点は正し，正しいと思う点は改めて主張するなどの対応を冷静に行うことができる。このような対応について相談する相手がいるだけで問題はかなり解決する。

　さらに，フォーラムは防御壁になるだけでなく，フォーラム内で炎上事案について生産的な議論をすることも期待できる。炎上事件での攻撃者は正義の旗印を掲げていることが多く，相互理解の議論は困難である。つまり。図5-1(b)の状態で攻撃者と話しても相互理解はありえず，炎上を収めるとすれば全面謝罪しかない。さらに謝罪しても収まらないことすらある。しかし，フォーラムの中であれば中庸で冷静な人がいるので，炎上のもととなった発言について冷静に評価して議論することができる。本来，中庸な一般人（視聴者）が求めているのはそのような議論であり，全面謝罪か対話拒否かの二者択一は何も生産的な成果を生まない。フォーラムの場で議論することで，炎上が提起した問題について多面的な角度から議論することができる。こうしてフォーラムは当事者の身を守りながら，相互理解型の議論を深めることができる。

　ただし，フォーラムで当事者を守れるのはひとことコメントを書くだけの批判者に対してである。ほとんどの炎上参加者はひとこと書くだけなのでフォーラムの防御でことが足りる。しかし，例外的に数十回にわたり書き込み続けるストーカー的な攻撃者が現れることがあり，これはフォーラムでも防御できないので別途対策が必要になる。それはどんな場合か。またそもそもここで述べた議論の前提（炎上での攻撃者はごく少数である，大半の人はひとこと書くだけなど）は正しいのかも確かめる必要があるだろう。以下ではこれらの問いに答えるため，炎上の実態について事例ではなく，統計的な調査をもとにあらためて述べていくことにする。

<table>
<tr><td>5-3</td><td>炎上参加者はごく少数</td></tr>
</table>

　炎上問題を議論するとき，まず第一に確認すべき重要な事実は，炎上参加者が極めて少ないことである。図5-2は2016年に筆者が行った4万人調査で，回答者に対し炎上に関わったことがあるかどうかを尋ねた結果である（詳しい調査結果は，田中（2016）を参照されたい）。これを見ると過去に炎上に参加したことのある人は1.79％しかいない。ここでの参加とは単なる拡散や見物ではなく，書き込んだことのある人である。過去1年間に限ると参加した人は1.07％でさらに低くなる。ウエブアンケートのモニターは，インターネットのヘビーユーザに偏る傾向があるため，それを補正すると0.7％にまで低下する。結局，過去1年間に炎上事件で書き込んだことのある人は全インターネットユーザの0.7％である。この値はわれわれが2014年に行った調査（田中・山口 2016）での値0.5％とほぼ等しく，炎上参加者は1％を切る水準と言ってよい。

　さらに炎上事件は年に何回も起きていることに注意しよう。年間の炎上事件の回数は，何をもって炎上と呼ぶかによるので一概に言えないが，山口（2018）によれば2015年時点で年に1,000件を超えている。炎上と言っても小さいも

図5-2　炎上関与者はどれくらいいるのか

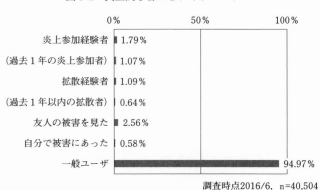

調査時点2016/6，n=40,504

のもあるので控えめに見て仮に年間 500 件とみなそう。一人が 1 年の間に参加する炎上件数の平均値は，後に示す図 5-4 から 3 件程度ということがわかっているので，一つの炎上事件への参加者の数は全体の，0.7＊3/500 = 0.0042% となる。さらにこの中のほとんどはひとこと述べるだけの人であり，何度も書き込みを行うような活発な攻撃者はその数 % 程度しかいない。実にわずかの数である。

　このことを実際のデータで見てみよう。図 5-3 は，2015 年に起きた大きな炎上事件である五輪エンブレム事件のときのツイッターの書き込み数の推移である。五輪エンブレム事件は，デザイナー佐野研二郎の五輪のエンブレムのデザインがパクリであるという疑惑が問題になり，テレビや新聞まで巻きこんで 1 か月以上にわたって騒ぎが続いた大規模な炎上事件である。ピークは二つあり，一つ目は事件が発覚し，マスメディアに取り上げられたとき，二つ目は最終的に取り下げが決定されたときである。

　一人当たりの書き込み数を見るために，ある時点（8 月 14 日 20 時～ 24 時）の書き込みを 820 個サンプリングし，一人がいくつ書き込みをしているかを見てみた。下の表がそれである。1 回だけのツイートが 91.6% で圧倒的に多い，3 回以上ツイートしている人は 1.6% にすぎない。実に 98.4% の人がひとことあるいはふたこと述べているだけなのである[3]。

　炎上のまとめサイトでは，長文の非難ツイートを何通も書いている人がよく引用されるが，これは例外的な人である。大半の人は，「これは問題かも」，「どうかなと思うぞ」「いったいどうなっているんだ」というような一言コメントで終わる。多くの場合，われわれは炎上での非難コメントをまとめサイトで見る。そのため炎上のまとめサイトに書いてあるような激しい非難のコメントがネットにあふれているのが実態と思ってしまう。ウエブニュースを書く人もまとめサイトを見ながら記事を書くので，まとめサイトに書いてあることが人々の代表的な意見であるかのように書く。しかし，実際にはそうではない。

　3）なお，一人の人がサンプリング時間以外の時間にも書き込むと，この方法では書き込み数は数えられない。たとえば複数日にわたって書き込むとその回数は数えられていない。しかし，まとめサイトなどで複数回書き込んでいる人を見るとほとんどがごく短時間の連続投稿であり，日をまたいで投稿する人は極めてまれである。ゆえにこのサンプリングでの推定でおおむね良いだろう。

図5-3　五輪エンブレム事件のツイッター書き込み数

検索ワード "佐野研二郎" ツイッターヒット数
Yahoo リアルタイム検索，2015/9/4＆13検索

炎上発生日	2015/8/4
検索ワード	佐野研二郎
関連全ツイート数（a）	167,346
サンプリング開始時点	8/14/20:00
サンプリング終了時点	8/14/23:59
サンプル数	820
容認ツイート比率（%）	1.9
中立ツイート比率（%）	66.6
批判ツイート比率（%）(b)	28.5
批判ツイート数推定値（a）＊(b)	47,651
1ツイート者比率（%）	91.6%
2以上ツイート者比率（%）	8.4%
3以上ツイート者比率（%）	1.6%

激しい非難コメントを書いているのは極めて限られた人である。

　試みに，具体的な人数をざっくり計算してみよう。仮にユーザ総数を炎上の主舞台であるツイッターユーザを 4,000 万人とみなす。4,000 万人の中で，1 件の炎上参加者の比率が 0.0042% で，さらにそのうち複数回（3 回以上）書き込む人が 1.6% である。これをかけあわせると 27 人しかいない。炎上事件が起こるとネット中に非難コメントがあふれ，世界から攻撃されているように思うか

もしれないが，実際には炎上で激しい言葉で継続して非難の書き込みを行っている人はごく一部である。数として言えば，数人からせいぜい数十人である。

　炎上での攻撃者がごく少数であることは事例でも確かめられる。たとえば，ジャーナリストの上杉隆は靖国問題で自分のブログが炎上して 700 近いコメントがついたとき，IP を見たら書いていたのはたったの 4 人だったと述べている[4]。また，2016 年の熊本震災のとき，女優の平子理沙のブログが不謹慎と言われて炎上したが，そのときの主犯は名前を変えながら何度も書き込みをする 6 人だったという[5]。古くは 2 ちゃんねるのひろゆき氏の言も知られている。ツイッター登場以前は炎上の主舞台は 2 ちゃんねるであったが，ひろゆき氏によれば 2 ちゃんねるの炎上事件では事件を引き起こしているのはおおむね 5 人以下であり，一人で起こしていることもあったという。炎上事件で非難の書き込みを行っている人は実は極めて少数なのである。

　さらに，炎上参加者は時間が経過しても固定されている可能性が高い。図5-2 でこれまでの過去全体を通じて炎上に参加した経験のある人が 1.79%，これを過去 1 年に限ると 1.09% で，差が 2 倍以下と近いことに注意されたい。もしある年に炎上に参加した人のうち，半数が次の年には炎上に参加せず新しい人が炎上に加わるとすれば，すなわち半数が入れ替わるとすれば，過去全体を通じた経験者は今年 1 年だけの経験者よりもずっと多くなっていなければならない。その差があまりないということは炎上参加者が入れ替わっていない，すなわち新陳代謝が起こらず，炎上参加者が毎年固定されていることを意味する。

　どれくらい固定されているか試算してみよう。過去全体と言うときの過去を何年ととるかによるが，仮に 10 年とし，毎年一定数が入れ替わると仮定すると，比 1.07/1.79 より，92% の人が翌年も炎上に参加している計算になる。期間を 5 年としても 83% である。すなわち，ある年に炎上に参加した人のうち，8 〜 9 割は次の年にも炎上に参加しており，入れ替わるのは 1 〜 2 割にすぎない。炎上は毎年固定した顔ぶれの人たちが起こしていることになる。

　4）上杉隆×ちきりん，2009/7/27，「「ここまでしゃべっていいですか」：なぜブログは炎上するのか？　“嫌いな人が好き”の論理」，http://bizmakoto.jp/makoto/articles/0907/27/news008.html，2022/1/24 確認。

　5）平子理沙オフィシャルブログ，2016/04/24，http://lineblog.me/hirakorisa/archives/1056214373.html，2022/1/24 確認。

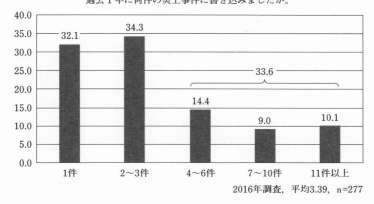

図 5-4　参加した炎上件数の分布

過去 1 年に何件の炎上事件に書き込みましたか。

2016年調査，平均3.39，n=277

　さらに，一人の人が年に何件もの炎上に参加しているという事実もある。図 5-4 は炎上調査のとき，過去 1 年に炎上に参加したことのある人に対して，何件の炎上事件に参加したかを尋ねた結果である。過去 1 年に 1 件だけ炎上に参加したという人は 3 割にすぎない。2 ～ 3 件の炎上事件に書き込んだ人が 3 割おり，そして 4 件以上の炎上事件に書き込んだ人も 3 割に達する。平均参加回数は年に 3.39 件となり，一人で何件もの炎上事件に書き込みを行っていることになる。この意味でも炎上参加者は固定されている。1 年に 1 回とか 2 ～ 3 年に 1 回とかの人が多くいれば，広い範囲に広がっていることになるが，そんなことはなく，参加者は同じ人，すなわち決まった顔ぶれなのである。

　炎上の話題は多様であり，芸能人のスキャンダルから政治家の失言，企業の不祥事，フェミニズム関連の論争まで多岐にわたる。これだけ多様なら話題が変わるたびに世の広範な範囲から炎上に参加する人が現れてもよさそうなものである。しかし，そうではない。実際には参加者は話題によらず特定層に固定されている。

5-4　炎上は国民を代表しているか
　　　——糸井重里事件

　このように炎上参加者が少数で固定されているとすると，彼らの見解が国民を代表しているのかが怪しくなってくる。無論，少数でもそれが国民全体の意見を反映しているなら尊重すべきである。デモに参加する人が少数でも国民的支持があれば国民の代表としてデモ隊の主張には耳を傾けるべきであろう。しかし，炎上の場合，そのような代表性は疑わしい。

　一例として，比較的イデオロギー性の薄い事例を一つ取り上げてみよう。取り上げるのはコピーライターの糸井重里氏がコロナ禍の 2020 年の 4 月 9 日に流して炎上した次のツイートである。

　「わかったことがある。
　　新型コロナウイルスのことばかり聞いているのがつらいのではなかった。
　　ずっと，誰かが誰かを責め立てている。これを感じるのがつらいのだ。」

新型コロナで非常事態宣言の必要性が叫ばれ，出口のない閉塞感の中で人々はイライラし誰かを責め始める。これを嘆いたツイートである。同じ日にさらに「責めるな。自分のことをしろ」ともツイートしている。当人の意図としては社会全般の風潮を問題にしたもので，特定の政治的意図はなかったようである[6]。

　しかし，これは炎上した。安倍首相のコロナ対応を批判する人々は，政府を責めることが問題視されたと感じたのである。すなわち上記の責めるなというのは，政府を責めるなという意味であり，政府擁護のツイートである，と。以下，まとめサイトなどであげられたこのツイートへの非難コメントを拾ってみよう。

6）AERA.dot, 2020/5/8,「糸井重里「責めるな。じぶんのことをしろ。」投稿の真意「誰かが誰かを責める」風潮への疑問から」https://dot.asahi.com/aera/2020050100058.html，2022/1/24 確認。

「糸井重里は，安倍晋三というバカの無能のいいなりになれと，「国民は黙
　って死ね」と言っている」
「臣民しぐさの要求。」
「糸井重里さん，もうレトリックはいいですよ。言いたいことをはっきり，
　「庶民はお上に逆らうな」「政府に補償を求めるな」「マスク二枚で満足し
　ろ」「お前らは犬だ」「奴隷だ」と言えばいいじゃないですか」
「大人しく政府の言うことを聞いて従え，ということですね。」

　糸井氏の発言は政府批判を封じ込めようとするものだというのである。まと
めサイトに載るコメントは例によってこのように激しいものばかりで，これを
受けていくつかのウエブ雑誌もおおむねこれらの批判に沿った記事を書いた。
さらに，上から目線の物言いだ，糸井氏ですら時代からずれてしまった，など
の評も現れ，ネット上はほぼ糸井批判で埋まった。この時期の炎上案件を集め
た記事は，このときの状況を次のように的確に要約している。「この「責める
な」系の発言は，誰が発しても，いま確実に炎上するパターンです」[7]。誰が
発しても，と述べているのは，この時期，糸井氏に似た発言をして小炎上した
事例が他にもあったからである。

　図5-5は，この糸井氏の炎上事件でツイッターの書き込み数の推移である。
（検索ワードは糸井重里）。書き込み直後の9日から炎上が始まり，5日間程度
続いたことが分かる。ピーク時のツイート数が6,000であり，縦軸のスケール
は図5-3の五輪エンブレム事件の半分である。かなりのツイート数であり炎上
事件としては中程度の規模に入る。

5-5	炎上は国民を代表しているか ──一般ユーザの意見

　このようにネット上では糸井ツイートへの批判が圧倒的であった。しかし，
この炎上での書き込みが一般ユーザの意見を代表しているかと言えば，そうで

7）女子SPA，2020/4/18，「安倍首相に糸井重里…相次ぐ"コロナ炎上"。イライラの地雷はどこに
　あるのか」https://joshi-spa.jp/1000081，2022/1/24 確認。

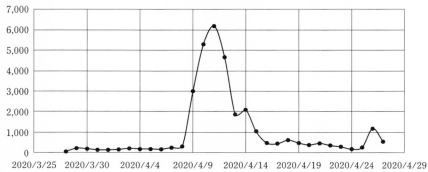

図 5-5　糸井重里氏の炎上事件でのツイッター書き込み数

検索ワード "糸井重里" ツイッターヒット数
Yahoo リアルタイム検索，2020/4/27検索

はないのである。事件の直後に行ったアンケート調査の結果を紹介しよう。調
査時点は 2020 年 4 月 13 日であり，ほぼ炎上直後である。調査会社はサーベロ
イド社のウエブモニターへの調査で，サンプル数は 1,200 人である。

　まず，糸井氏のツイートを提示したうえで，これをどう思うかを答えてもら
った。回答の選択肢は，共感できる，共感できない，わからない / どちらでも
ない，の 3 通りである。設問文の詳細は図 5-6 を参照されたい。誰がツイート
したかも重要な情報なので，糸井重里氏のツイートであることは明記して尋ね
た。

　結果を見ると糸井氏のツイートに共感できるが 46%，共感できないが 16%
なので，共感できる人が共感できない人より圧倒的に多い。ネットでは糸井ツ
イートに対して非難一色であるが，一般ユーザでは逆にむしろ共感している人
が多いことになる。炎上で表明される意見と一般ユーザの意見の間にはずれが
あるのである。ちなみに年齢，性別で分けても傾向に大きな差はない。

　共感が多いのは，この糸井ツイートが炎上していることを回答者が知らない
からではないか，という異議があるかもしれない。そこで回答者にこのツイー
トが炎上したことを伝え，そのうえで炎上したことをどう思うか聞いてみた。
回答選択肢は，1「炎上する理由がわからない」，2「炎上する理由はわかるが，

図5-6　糸井重里氏のツイート自体への感想

今，新型コロナについてネットで人々がさまざまなことを述べています。これについて糸井重里氏がさきごろツイッターに次のような書き込みをしました。
「わかったことがある。新型コロナウイルスのことばかり聞いているのがつらいのではなかった。ずっと誰かが誰かを責め立てている。これを感じるのがつらいのだ」
あなたはこのツイートに読んでどう思いますか。以下の３つから選んでください。

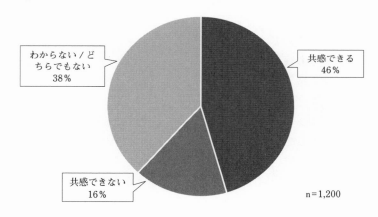

図5-7　糸井重里氏のツイート炎上についてどう思うか

この糸井重里のツイートは炎上しました。この炎上についてどう思いますか？

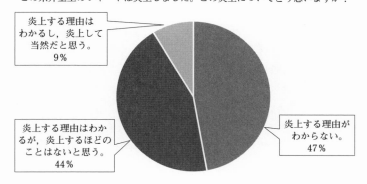

炎上するほどのことはないと思う」，３「炎上する理由はわかるし，炎上して当然だと思う」，の３つである。最後の３の選択肢をとる人は，この炎上で糸井氏を非難している人に近い見解の持ち主だろう。結果は**図5-7**のとおりである。

　炎上する理由がわからない人がほぼ半分に達し，炎上する理由はわかるが，炎上するほどのことはないと思う人が4割程度である。炎上の理由が理解できて，炎上して当然だと思う人は9％しかいない。炎上する理由がわかるという人だけ（図の左半分）に限っても，糸井ツイートに特に問題はないと思う人が，問題だと思う人の5倍（=44/9）いることに注意されたい。図5-6で共感する人が多かったのは，炎上した理由がわからないからではない。炎上した理由がわかってもなお大半の人は糸井ツイートにそれほど問題を感じていないのである。炎上で殺到した非難ツイートは，一般ユーザの多数派の意見ではなかったと言わざるをえない。

　このずれが生じたのは，一般ユーザが政府のコロナ対応を良いとしているからではない。図5-8(a)は，同じ調査で，このとき政府のコロナ対応への評価を7段階評価で尋ねた結果である。53.7％の人が政府のコロナ対応は悪いと答えており，よくやっているの23.3％の2倍にも達している。特に「まったくもって悪い」という7段階評価で一番悪い点をつける人が18.9％もおり，政府のコロナ対応に強い不満を持つ人は多かった。

　それでも糸井ツイートに反発するのではなく共感する人の方が多いのである。図5-8(b)は政府への評価別に，糸井ツイートへの共感の有無を見たものである。政府がよくやっていると考えている左半分の人では糸井ツイートへの共感が強いのは自然であろう。現政府はよくコロナ対策をやっていると考える人から見ると，野党やメディアは政府を責めすぎであり，それゆえに糸井ツイートに共感する。この点では批判者の言うように，このツイートに政権擁護の面があるのは事実であろう。しかし，政権のコロナ対応が悪いと考えている右半分の人でも糸井ツイートに共感する人の方が多数派である。右端の，政府のコロナ対策は「まったくもって悪い」と考えている人ですら，共感する人の方がやや多い。

　あらためて考えてみると，糸井ツイートは政治のことを言っているのではないという解釈も十分可能である。コロナ渦で強制的にひきこもりを強いられた人々はイライラがつのり，まわりにきつく当たり始める。そのような一般的な傾向を憂えたと読むこともできる。また，政治のことを言うとしても，現政権の政策への批判をするなということではなく，批判が感情的なのでより建設的

図5-8 政府のコロナ対応への評価

(a)
新型コロナに対する政府の取り組みについてどう思いますか。以下の
7段階で評価したとき，あなたの考えに近いものを選んでください。

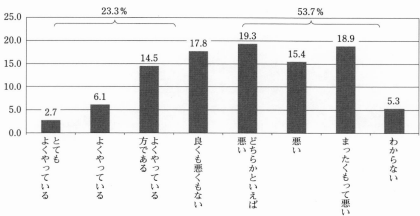

(b)
政府のコロナ対策への評価別に分けたときの共感の有無

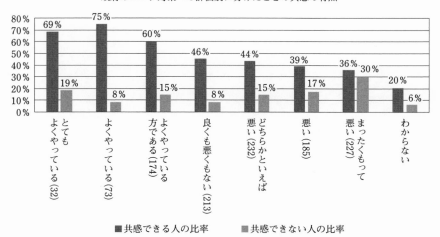

■共感できる人の比率　■共感できない人の比率

なものでありたいという意図かもしれない。人々の意見は多様なのであり，炎上で現れた意見が人々を代表しているとは限らない。

<table>
<tr><td>5-6</td><td>フォーラムの効用その1
——防御壁（自由な言論の確保）</td></tr>
</table>

　このように炎上は国民の意見を代表しているとは限らない。テラスハウス事件の際も，木村花さんへの非難は視聴者の多数意見ではなかっただろう。怒って相手を手で叩いた行為は粗暴であるが，責め立てるほどのことではないと思う視聴者の方が多かったと思われる。しかし，炎上が起きてしまうとネット上に現れる意見は非難一色に染まってしまう。本来は多様である人々の意見が反映されず，特定の意見だけに一色に染まってしまうこと，これが炎上の問題点である。

　その結果，最悪の場合はテラスハウス事件のように自殺という結果を招く。しかし，そこまでいかずとも，押し寄せる非難の言葉を恐れて発言できなくなってしまうという弊害が生じる。多くの炎上事件での弊害は，むしろこの発言の委縮効果である。糸井ツイートの例で言えば，糸井重里氏自身は実績も力のある人なので発言を続けているが，そうではない場合は非難を恐れて黙ってしまうことも多い。実際，何人かの芸能人・タレントが，「今は文句を言うより団結して乗り切るべきときだ」といった発言をして批判にさらされており，謝罪・削除に追い込まれた人もでている[8]。

　人を責めるより自分でなすべきことをやろう，というのは政権擁護ともとれるが，自分にできることをして難局を乗り切ろうというごく普通の前向きの発言ととることもできる。それがすべて政権擁護と受け取られて発言できなくなってしまうとすれば，言論の自由からして問題である。自由な社会では，多数派が少数派の発言を封じてはならないのは言うまでもない。ましてやこの場合，人を責めるより自分でなすべきことやろうというのは少数意見でなく多数意見である。その意見が「今確実に炎上するパターン」となり表明できなくなると

8）音楽の情報.com，2020/4/11，「スガシカオの炎上した理由が意味不明」https://www.ongakuno jouhou.com/entry/2020/04/11/185446，2022/1/24確認。

図5-9　炎上による発言の萎縮経験の割合

あなたに当てはまるものをすべて選んでください（複数回答）。

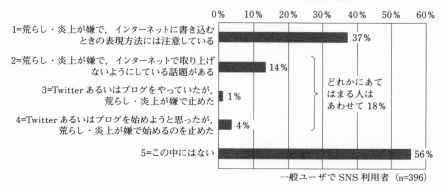

　　　　　　　　一般ユーザでSNS利用者　(n=396)

すれば自由な言論が委縮してしまう。

　炎上によって発言が委縮していることが，一事例でなく，一般にも起きていることを示す調査結果を一つ示しておこう。図5-9は2016年調査で，SNS利用者に対して，炎上と荒らしによって書き込みに影響を受けたかどうか聞いたものである（なお，荒らしとは掲示板やブログなどで攻撃的な書き込みを続けてその場を使えなくしてしまう行為のことである[9]）。これを見ると，炎上・荒らしを恐れて取り上げないようにしている話題があるという人が14%，炎上・荒らしが嫌でツイッターやブログを止めた，あるいは始めるのを止めた人が5%（＝1＋4）いる。後者の2つをあわせると2割弱の人が，言いたいことがあっても炎上・荒らしが嫌で発言をあきらめた経験があることになる。

　2割というのは低い数値に見えるかもしれないが，そんなことはない。炎上・荒らしが問題になるのは，一般に向けて情報発信するときであり，そのような目的で利用する人自体がそもそも多くはないからである。ツイッター利用

　　9）荒らしは炎上と似ているが，荒らしは一人でもできる点が異なる。ネットでの罵倒と中傷の主戦場がツイッターに移るにつれていわゆる「荒らし」は減り，「炎上」が主流となっており，現在ではネット上で問題になるのはほとんど炎上である。設問ではツイッター登場以前のことも含めたいので，荒らしも含めて尋ねた。

者のほとんどは聞くだけで書き込まないし，LINE やフェイスブックの場合は
友人とだけつながって一般に向けては発言しない人も多い。最初から一般に向
けて情報発信する気がなければ，そもそも炎上・荒らしを気にする必要はない。
SNS 利用者の中で一般に向けて情報発信しようという意欲のある人，つまり
潜在的に炎上・荒らしの危険がある人は，おそらくは半分もいないだろう。そ
のような人だけを分母にとると，2 割というのは実際に 5 割近くにまで膨らむ
ことになる。そう考えると委縮効果は大きい。炎上の社会的コストはこのよう
な情報発信の委縮である。言いたいことがあっても炎上が怖くて言えないとい
うのは，思想の自由・言論の自由の立場からすると望ましくない。

　フォーラムはこれへの一つの対策となる。フォーラムの防御壁の中にいれば
直接の攻撃からは守られるからである。むろん，守られすぎて隔離されるのも
よくないが，世の中に大きな批判が巻き起これば，フォーラムの中にいても批
判の声が聞こえてくるだろう。大切なのは，押し寄せる一方的な批判（しかも
実はそれは多数意見とは限らない）に直接さらされて，発言が委縮する事態を
避けることである。炎上を恐れて自分の思うところを発言できないという状態
をつくらないようにすること，これがフォーラムの目的であり，フォーラムの
第一の効用は，防御壁の提供による自由な言論の確保である。

　なお，誤解のないよう念のために言い添えると，炎上で非難を浴びせている
人たちが悪いと言っているわけではない。炎上事件で非難の書き込みを行う人
は，自分の意見を述べているだけで何ら落ち度はない。糸井ツイートは政権擁
護で許せないと感じた人がそれを表明することは言論の自由からして何の問題
もない。問題なのはそれがすべて相手に直接伝わってしまい，制御不能な圧力
になって発言を委縮させてしまうというネットの仕組みにある。フォーラムは
それを緩和するための仕組みである。

5-7　フォーラムの効用その 2 ——相互理解の場所

　フォーラムの第二の効用は，炎上時に相互理解の議論の場所を提供すること
である。

　炎上は個人的失態に関するものもあるが，何らかの社会問題に関連するものも多い。たとえば近年，何度も起きたCMや萌え絵に関する炎上事件は，表現の自由と女性差別是正のどちらを重視するかの論争である。2019年に起きた愛知トリエンナーレでの表現の不自由展の炎上事件は公的博覧会のあり方の論争であった。2015年の五輪エンブレム事件ではパクリ問題であるが，ネット上に蔓延する著作権法上のグレー行為をどう扱うかという一般的論点につながる。このように炎上事件は重要な論点を含んでおり，これら論点について議論が深まり，社会として理解の幅が広がれば，炎上にも意味があることになる。

　しかし，実際には議論が深まり，理解が広がることはない。ほとんどの炎上事件は多数の批判書き込みが殺到したあと，相手が謝罪するか，あるいは無視して終わるかである。五輪エンブレム事件で著作権について議論が行われて人々の理解が深まった様子はないし，愛知トリエンナーレで博覧会のあるべき姿について議論の進展が見られたわけでもない。ただ，多くの罵倒が飛び交ったあと消耗しきって終わるだけである。

　こうなってしまうのは，炎上事件で批判の書き込みをしている側は相手を倒す議論を仕掛けているからである。ほとんどの書き込みが，あなたのやったことは許せないので全面撤回せよという要求であり，相手を倒すことを目的とする。怒りを感じた人が書き込むのだからそうなるのは自然である。しかし，第1章で述べたようにネット上で行われる相手を倒す議論は，審判者がいないために，劣化しやすい。さらに一人ではなく，多数の人が一斉に向かってくるのであるから，そもそも批判された側がまともに議論することは不可能である。

　さらにやっかいなのは，炎上での批判者は正義をかかげていることが多いことである。山口（2020）によれば，炎上事件で書き込む人は正義感から書き込む人が多いことがわかっている。正義の怒りにかられている人との議論は難しい。正義の人は，議論して問題点を明らかにすることが目的ではなく，悪である相手を打ち倒すことが目的だからである。議論する気がない相手との議論は不可能である。

　炎上事件の批判者が正義をかかげていることは，生半可な謝罪では炎上が収まらないことからもわかる。炎上を収まるためにしばしば謝罪が行われるが，その謝罪が一部釈明を含むとさらに炎上することが多い。たとえば次のような

謝罪である。「この部分については謝罪します。ただ私の意図は違っておりそこは理解してほしいです」，「誤解を与えたことは申し訳なかったです」，「そのように受け取られたことは私の落ち度で，その点はお詫びします」。このような謝罪はさらに火に油を注ぐことが多い。それは，謝罪と言っても全面的ではないからである。「言い訳をするのか」，「誤解と言うが誤解したこちらが悪いというのか」，「受け取り方の問題か！」などさらに怒りが倍加する。炎上対策のマニュアル本が，炎上を収める際の謝罪には余計なことを一切言わずにただ詫びろと述べるのはこのためである。これは処世術としては正しい。正義の怒りを収めるものは悪の全面的屈服でなければならないからである。悪者がすべて悪かったと認めてようやく正義の戦士は鉾をおさめる。

　しかしながら，これは処世術としては正しくても，議論のあり方としては完全に間違っている。意見が対立した場合，片方が一方的に悪いということは稀である。どんな論争でも多面的なものであり，ある面ではAの言い分に分があり，他の面ではBの言い分に分があるという方が普通である。炎上事件でも多面的な議論が可能であり，それを浮かび上がらせ，理解の幅を広げることで，社会全体として理解が前進する。萌え絵と女性差別，公的博覧会のあり方，ネット上の著作権，これらの話題について議論すべきことは多数あるが，全面的な謝罪は議論を停止することに等しい。全面謝罪は批判する側にとっては気持ち良いかもしれないが，社会として得るものはない。多くの場合，謝罪する側は真に納得したわけではなく，また，まわりで見ている人も，単に面倒なことに巻き込まれないように私も注意しようと思うのが関の山である。触らぬ神に祟りなしと，身を引く。双方の分断が深まるだけで社会として理解が深まることはない。

　フォーラムはこれに対して，議論の場を与える。複数のフォーラムが炎上を取り上げて議論の俎上に載せればよい。当事者の所属するフォーラムもそうであるが，それ以外の多数のフォーラムが取り上げて議論すれば，正義の怒りに燃える人たちとは距離を置いて，冷静な議論を行うことができる。中庸な批判者と中庸な擁護者が相互理解を求めて議論することができる。炎上事件に際し，相手を倒すための議論ではなく，相互理解のための議論を行う場を提供すること，それがフォーラムの第二の効用である。

5-8　炎上ストーカーの存在

　ここまで炎上事件でのフォーラムの効用を述べてきた。フォーラムの大きな効用は防御壁を提供して自由な言論を確保することである。しかし，この方法では防御ができないことがある。それは一人で50回以上も書き込んでくるストーカー的な攻撃者の場合である。以下，この例外的な攻撃者について述べよう。

　すでに述べたように炎上参加者のほとんどはひとこと話すだけであり，それ以上書き込む人は数％（先の五輪エンブレムの例では1.6%）で，さらにこの数％の人でも書き込み回数はせいぜい3〜5回程度である。多くの炎上のまとめサイトで長い文章を書いて批判コメントを寄せている人を見かけるが，彼らの書き込みは攻撃的ではあるが，回数は常識の範囲である。思いのたけを数回書き込んで気がすんでひきあげるか，あるいは相手の出方を待つということなので，行動としては普通に理解できる。

　ところがごくまれに一人で50回以上にわたり書き込みを続ける人が現れることがある。昼と夜と問わず，毎日執拗につきまとい続ける行為はほとんどストーカーに近い。そのような人はたった一人でも相手を追い詰める。ツイッターで言えば，ブロックしてもブロックしても違うアカウントをとって書き込んでくる。鍵を掛けて相手にしないようにすると，友人・知人を探し出してそちらに攻撃を加える。その人の過去の書き込みをすべて洗い出して重箱の隅をついて非難を浴びせ，それをネット上に拡散する。フェイスブックやインスタグラムのページを調べあげて個人情報をさらす。その際に憶測をまじえるので，事実と想像の区別が曖昧になり，誤った情報を流すことにもなる。このような一連の行動を休むことなく続けるような人の場合，たった一人でも被害は甚大であり，普通の人は参ってしまう。このような人を炎上ストーカーと呼んでおこう。炎上ストーカーはフォーラムでも防御できない。あらゆる手段を使って防御を突破してくるからである。

　実際にそのような人がどれくらいいるのだろうか。表5-1 は2016年調査時に，

表5-1　炎上事件への参加回数と書き込み回数の分布

一つの炎上事件で書き込んだ回数は最大でどれくらいでしょうか？　ツイッターならつぶやきの回数。
ブログや掲示板，ニュースへのコメントなら投稿の回数でお答えください。

		1回	2〜3回	4〜6回	7〜10回	11〜20回	21〜30回	31〜50回	51回以上	計
過去1年に書き込んだ炎上件数	1件	78	9	1	1					89
	2〜3件	15	59	16	3		1		1	95
	4〜6件	2	14	12	8	2	1		1	40
	7〜10件	0	6	4	5	4	6			25
	11件以上	3	6	3	4	2	3		7	28
	計	98	94	36	21	8	11	0	9	277

　過去1年に炎上に参加した人277人に対して，過去1年に参加した炎上事件の数（縦欄）と，一つの炎上事件で書き込んだ回数の最高値（横欄）を答えてもらった結果である。一つの炎上事件に書き込んだ最高回数は，1回が98人，2〜3回が94人と予想どおり少ない回数の人が多い。しかし，例外的に51回以上書き込んだことのある人が9人いる。さらにこの9人のうち，右下の7人は，1年間に書き込んだ炎上事件の数が11件を超えている。この7人は図の分布の中で右下にぽつんと孤立していることに注目されたい。年に11件以上の炎上事件に参加しているということは，ほぼ月に一度は炎上事件に参加していることになり，そのうえで最高で51回以上書き込んだことがあるという。彼らは図抜けた炎上マニアであり，炎上ストーカーである。

5-9　スーパーセブンの性格

　この7人を仮にスーパーセブンと呼んでおこう。彼らはどんな人なのだろうか。毎月のように炎上に書き込み，場合によっては50回以上書き込むというのは尋常ではない。その姿をとらえるために，属性を見てみると，実は共通した特徴はあまりない。強いて言えば，性別は男5人，女2人で男が多い。また年齢はすべて35歳以上で若い人がいない。それ以外の共通した特徴は乏しい。学歴は高卒3人，大卒3人，大学院卒1人で幅広い。独身が4人，既婚が3人で平均的である。職業は，農業，公務員，経営事務，無職，などばらばらで経

図 5-10　炎上参加者の考え方（抜粋）

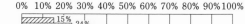

0%　10%　20%　30%　40%　50%　60%　70%　80%　90%　100%

a) 世の中は根本的に間違っていると思う
15%　24%　34%　39%　57%

b) 自分はまわりの人に理解されていないと思う
14%　21%　33%　29%　57%

c) ずるい奴がのさばるのが世の中だと思う
36%　42%　57%　54%　86%

d) 努力は報われないものだと思う
16%　23%　31%　36%　71%

e) 相手の意見が間違っているなら，どこまでも
　　主張して相手を言い負かしたい
9%　14%　28%　21%　43%

f) 罪を犯した人は世の表舞台から退場すべきだ
17%　24%　27%　54%　71%

g) これまでの人生で自分を陥れた人がいる
15%　19%　28%　32%　57%

▨ 1) 一般ユーザ（1,453）　　▨ 2) 炎上参加者（277）　　■ 3) 直接攻撃者（67）
▨ 4) 毎月参加者（28）　　■ 5) スーパーセブン（7）

---

1) 一般ユーザ：炎上に関与したことのない人（1,453）
2) 炎上参加者：過去 1 年に書き込んだことがある人（277）
3) 直接攻撃者：相手に直接コメントしたことがある人（67）
4) 毎月参加者：過去 1 年に 11 件以上の炎上事件に参加した人（28）
5) スーパーセブン：過去 1 年に 11 件以上の炎上事件参加に加えて
　　　　　　　　　　最高 51 回以上書き込んだことがある人（7）

営者もいた。年収もばらつきが大きく，0 円から，1,500 万円まで分布している。属性面のきわだった特徴は乏しい。

　実は，これらスーパーセブンの特徴はこのような表面的な属性ではなく，その性格（キャラクター）にある。これを明らかにするため，性格を表す表現をいくつか用意し，尋ねてみた。このスーパーセブンと他の人の間で差が大きい項目があれば，それがセブンの性格を表す。

　図 5-10 がその結果である。性格を表す項目は調査では 16 個用意したが，その中で一般人とセブンの間で差が大きかった項目を 7 つ（a 〜 g）取り出してグラフにした。図の中の「世の中は根本的に間違っていると思う」から始まっ

て,「これまでの人生で自分を陥れた人がいる」までの7つが, それである。それぞれの文章に対しそう思うかどうかを答えてもらい, そう思うと答えた人の比率をグラフにバーで示してある。

バーが5本あるのは, 炎上参加者を細かく分類して傾向を見るためである。一番上のバーが炎上に関与したことがない一般人である。2番目のバーが炎上に参加したことのある人で, 3番目がそのうち直接相手にコメントしたことのある人, 4番目がほぼ毎月炎上に参加する人と, 下に進むにつれて炎上への関与の度合いが強まる。一番下の5番目のバーがほぼ毎月炎上に参加し, かつ最高書き込み回数が50回を超えるスーパーセブンである。

図を見てわかるとおり, バーはすべて下に進むにつれて上昇している。ゆえに, ここにあげた性格項目は炎上参加者の性格を表していると見ることができる。スーパーセブンは7人しかいないので, それだけでは統計的な検定に耐ええないが, この傾向則があるので, この7個の性格項目を炎上参加者の性格と見てよいであろう。一般の人とスーパーセブンの差は一番上のバーと最後5番目のバーを比較することで見ることができる。どの項目でも一般人が15%程度であるのにして, セブンは50%を超えることが多く, 違いが際立っている。ゆえにこれらの性格項目をセブンの特徴と見てよいであろう。

順に見ていく。(a), (b), (c), (d)を見るとスーパーセブンは世の中への不満・憤りが強いことがわかる。世の中は根本的に間違っている(a)と考える人が57%で一般人の15%をはるかに上回る。ずるい奴がのさばるのが世の中だ(c)と思っている人も86%で一般の36%よりずっと多い。すなわち世の中への否定的な感情が極めて強い。個人としても, 自分はまわりに理解されておらず(b), 努力は報われないもの(d)と思っており, 社会からの疎外感が強い。自分が世の中に受け入れられており, 世界は生きるに値する良いところだという肯定的な感覚はありそうにない。(g)では, これまでの人生で自分を陥れた人がいるとも答えており, 人と世を恨む感情もありそうである。そして, (e), (f)を見ると, 正義感のようなものは強い。相手の意見が間違っているならどこまでも主張して相手を言い負かしたいと考えており, さらに罪を犯した人は世の表舞台から退場すべきだとも考えている。表舞台から退場すべきというのは強い懲罰感情に近く, キャンセルカルチャーにも通じるところがある。

どれも一番上のバーと比較すると，一般人との差はかなり大きく，明らかに特異である。全体として世の中への強い否定的感情と正義感・懲罰感情の共存がその特徴である。

　さらに彼らは別の意味でも特異である。世の中に対して否定的な感情を持つ人は，普通は失意の状態にある。努力は報われない，自分は人に理解されていない，世の中は間違っている，ずるい奴がのさばるのが世の中だ，自分を陥れた人がいる，このような考えを持つに至った理由がその人の恵まれない境遇や周囲の酷い仕打ちにあるとすれば，自分の人生は不幸で理想とはほど多いと思っていると推測できる。実際，一般ユーザに対し，人生の幸福感や自身の人生が理想に近いかと思うかを尋ねてこれら性格項目との相関をとると，はっきりとマイナスの相関が得られる。すなわち，世の中への否定感情が強いほど，自分は不幸であり，自分の人生は理想とは遠いという失意の感情が強まる。これは常識的に予想できる結果である。

　ところが，スーパーセブンは異なるのである。一例として，図 5-11 は，「ほとんどの面で，私の人生は私の理想に近い」という文言にどれくらい賛同するかを 7 点満点で評価してもらったときの平均点である。驚くべきことに一般人とセブンにほとんど差がない。セブンは，世の中に対し強い否定的な感情を持っているのにもかかわらず，自分の人生を一般人と同程度には理想的と見ている。努力は報われない，自分は人に理解されていない，自分を陥れた人がいると思いながらも自分の人生はそれほど悪いものとは思っていないのである。

　この解釈としては，炎上で書き込みを行うためには，それなりのエネルギーが必要だからだと考えられる。世の中に否定的な感情を持っており，かつ正義感・懲罰感情が強いと，何かの事件をきっかけに相手を責めたいという気持ちが生まれる。しかし，その人が失意に沈んでいると，書き込みを続けて相手を責めようというエネルギーが出てこない。50 回以上も書き込みを続けるにはかなりのエネルギーが必要であり，自分の人生は理想とは遠い失敗作だったと失意に沈んでいる人には，それだけのエネルギーがでてこないだろう。世の中を徹底的に否定的に見ていながら，自分の人生についてだけは妙に肯定的という「特異」な人だけがストーカー的な炎上書き込み者になるのである。

　要約すると，スーパーセブンは，人に理解されず，努力は報われず，世の中

図 5-11　自分の人生への評価

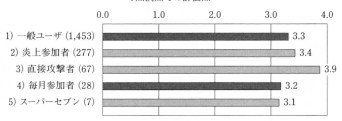

【ほとんどの面で，私の人生は私の理想に近い】
7点満点での評価点

は基本的に間違っているなど，世界への強い否定感情を持ち，かつ正義感・懲罰感情が強い。自身が失意に沈んでいるわけではないので書き込み行動するだけのエネルギーがあり，何かのきっかけで怒りの対象を見つけると攻撃を開始する。結果として，毎月のように炎上に参加し，書き込む回数は 50 回以上になろうともいとわない。炎上ストーカーとなるのはこのような人と考えられる。多くの人にとっては，あまり友人にはしたくないタイプの人であろう。

5-10　炎上ストーカーには法的規制を

　考えてみるとこのような人は少数ではあるが，前からいたはずである。新聞業界では投書欄というのがあって，そこに同じことについて毎月のように執拗に投書を行う投書魔がいたと言われる。いつの世も一定程度ではこのようなストーカー的な人が存在した。これまで，それが問題にならなかったのは，その人が自分の意見を直接相手に伝えるすべがなかったからである。すなわち，情報発信力に限界があり，どうがんばっても新聞への投書程度であとは一人でつぶやくしかなかった。有名人のテレビでの発言にカチンと来たとしても，テレビ局かその有名人の所属事務所に手紙を書くか電話するかくらいのことしかできなかった。いずれもテレビ局か事務所でブロックされ（防御され），当人にまで直接には届かない。情報発信力はそこまでが限界だった。

　それがインターネットの普及で，直接相手の耳元にいくらでも囁けるとという異例なまでの情報発信力を手にすることになった。これが問題の発生原因である。すなわち，本書で何度も述べてきたネットでの個人の強過ぎる情報発信力がつくり出した問題，それが炎上ストーカーである。いつまでも相手に執拗に絡み続けることは，言論あるいは表現の範疇ではなく，行為の範疇に属する。思想・表現の自由は言いたいことを言う権利であるが，聞きたくない人に強制的に聞かせる権利ではない。聞くかどうかはその人の自由であり，強制的に聞かせることは迷惑行為として排除されてよい。

　これは自由論における精神と行為の区分け問題の一例である。思想の自由主義の立場からすると，精神の自由は無制限に認めてよいが，行為については無制限の自由はありえない。行為については他者の権利と衝突しないための調整はあってしかるべきである。炎上ストーカーは迷惑行為であり，規制されてしかるべきだろう。

　炎上ストーカーの数は少ないから，そこまでしなくてもよいのでは意見もあるかもしれないが，そんなことはない。確かに7人は少ない。この7人は2016年調査の4万人から抽出しているので，4万人に7人の割合であり，極めて例外的ではある。しかし，ツイッターユーザ4,000万人を母数にとると，炎上ストーカー予備軍は日本全体で7,000人いることになる。炎上ストーカーはたった一人でも相手を追い詰める力があることに注意しよう。あなたがネット上で情報発信をしているとして，運悪く7,000人のうち，誰か一人のアンテナに引っかかり，怒りを誘発してしまうともうおしまいである。いつまでも尽きることなく攻撃が続き，逃れるすべがない。そのような状況をつくれる人が7,000人ネットにいるという事実は，ネット上での発言を委縮させるに充分であろう。

　このような炎上ストーカーはフォーラムでも防げないので，別途対策が必要になる。そのためには何らかの法的規制しかないだろう。発信者情報開示のハードルを下げて発信者を特定できるようにするのが第一歩である。最近の法改正で電話番号が開示されるようなったので，相手の特定がしやすくなった。もう一歩進めた対策として，ストーカー法を改正してネット上のストーカーもストーカーに含めるというのも良い方法かもしれない。ストーカーとそれ以外の

区別は難しいが，現状の炎上ストーカーは度を越しており，緩い基準をつくったとしても十分対応できるだろう。

5-11 ／ まとめ

本書の提案する炎上対策は2段階である。第一はフォーラムである。フォーラムは，防御壁を提供することで発信者を守り，また，相互理解のための議論の場を提供する。第二は，例外的な炎上ストーカーへの法的規制である。フォーラムでも防御できない例外的な攻撃者に対してはストーカー認定して規制することも考えるべきである。

最後に，この案に予想される一つの批判に答えておく。予想される批判とはフォーラムは，"良い"炎上の力を弱めないかという批判である。ここまで炎上をどちらかと言えば悪いものとして描いてきたが，実際には言わば良い炎上もある。たとえばこれまで消費者が泣き寝入りするしかなかった事件が明るみにでる（グルーポンおせち事件），あるいは政治家の非常識な行動が明るみにでて正される（舛添都知事炎上事件）などのように，世の中の役に立った炎上事件もある。だとすると，フォーラムで防御壁をつくると，このような"良い"炎上の力を弱めることにならないか。すなわち非難の声が高まってもフォーラムにこもってやりすごすことができるようにならないかという批判が考えられる。

これに対しては，多くの人の支持を集める炎上であるなら，炎上の力は弱まらないと述べておきたい。フォーラムが守るのは発信者個人の私的な情報空間だけである。炎上が社会の広範な支持を得ているなら，その人の耳元に直接囁かなくても，広範な人々の支持を背景に多数のフォーラムが話題として取り上げられるだろう。グルーポンおせち事件は多くの人の共感を集めたし，東京都知事の炎上のときも多数の人が取り上げた。このように多くの人の支持と関心が集まっているとき，フォーラムがあったとしてもフォーラムの中に閉じこもってやりすごすことはできない。過去の炎上事例の中で誰が見ても良い炎上とされる事例については，フォーラムがあっても防御は効かず，批判は当事者に

十分届いていたと考えられる。たとえば，グルーポンおせち事件や舛添都知事炎上事件で，もし当事者がフォーラムにこもっていればさらに非難が倍加しただろう。当事者は対応を余儀なくされる。フォーラムが防御するのは私的な情報空間だけである。"良い炎上"とされるものは広範な国民の支持を背景とした公共的な問題提起を含んでおり，その場合フォーラムでの防御は働かない。そして働かなくてよい。

第6章

フェイクニュースへの対処

　フェイクニュースは，誰でも最強の情報発信力を行使できるネットでは起こるべくして起こった事態である。フェイクニュースに対する対策には種々のものが考えられるが，フォーラムも一定の役割を果たすと期待できる。以下，フェイクニュースへの対処方法を検討してみよう。なお，以下述べることは田中ほか（2020）で述べたことを要約し，さらに加筆したものである。

　まず，フェイクニュースには2種類ある。一つは客観的に嘘と判定できるニュースで，もう一つは一握りの事実を含むが非常に偏っていてミスリードになるニュースである。

1. 客観的に嘘とわかるニュース
   （ほとんどの場合，ニュースをつくった人も嘘だとわかっている）
2. 一握りの事実があるが非常に偏っていてミスリーディングなニュース
   （ほとんどの場合，ニュースをつくった人は事実と思っている）

　1がもともとのフェイクニュースである。選挙のときの意図的中傷ニュースや災害時のデマが典型である。たとえば，2016年のアメリカ大統領選のときには，さまざまのニュースが流れたがその中にはまったくのデマも多かった。ヒラリー・クリントンが「イスラム国」に武器を売ったとか，ローマ法王がド

ナルド・トランプの支持を表明などのニュースで，のちに政敵を叩くためにつくられたまったくの虚偽のニュースであったことがわかっている。2020年のアメリカ大統領選のときも多くのフェイクニュースが流れた。また，パニック的な災害のときにも多くの虚偽ニュースが流れる。コロナ禍のときに，26度のお湯を飲むと菌が死ぬというニュースが流れたことがあり，またマスクの次はトイレットペーパーがなくなるというニュースが流れて人々がお店に殺到する事件もあった。いずれもデマであることがその後わかっている。このタイプのフェイクニュースではニュースをつくった本人が嘘と知ってつくっていることも多い。2016年のアメリカの大統領選のときのフェイクニュースは金銭目的で東欧の国の若者が請け負って流していた。

　この第一のタイプのフェイクニュースは，調べれば白黒がはっきりつけられる。言わば賞味期限があり，比較的すみやかに消えていく。したがって，このタイプのフェイクニュースは消えるまでの短い時間に効果があげれば十分な状況であるときに現れるのが通例である。具体的には重要な選挙前や災害直後，そして戦争のような短い時間に集中発生する。すぐに嘘とわかるが，作成者はその短い時間で目的を達成できれば十分である。もともと，アメリカでフェイクニュースが問題になったときに念頭に置かれていたのはこのタイプであり，言わば狭義のフェイクニュースと言うべきであろう。

　この狭義のフェイクニュース対策は，真偽判定をつけられるのであるから，ファクトチェック機関のような組織が迅速に真偽を判定することで対処できる。アメリカでは数十のファクトチェック機関が立ち上がっており，日本でもバズフィード（BuzzFeed）のようにファクトチェックに力を入れる組織がでている。日本ではまだファクトチェック機関の数が少ないが，増えてくればかなりの効果があるだろう。

　実際に効果をあげた例をあげることもできる。アメリカ大統領選は2020年になるとファクトチェック機関が発達してきており，特に選挙不正に関するフェイクニュースには迅速にファクトチェックが作動した。たとえば，不正の証拠として投棄された投票用紙の写真がアップされると，すぐにファクトチェック機関がその写真はまったく関係ない別の写真の転用であるという指摘がなされフェイクニュースを抑え込んだ。日本でも，新型コロナのときには多くの虚

偽ニュースに対してファクトチェック機関は素早く反応した[1]。たとえば「コ
ロナウイルスは熱に弱く，26度～27度のお湯を飲むと殺菌効果がある」「新
型コロナウイルスの再感染は致死的で2回目に感染したときは死んでしまう」
などのニュースに対し，すぐにファクトチェックが行われ，否定されている。
比較的マイナーな例では，学術会議の任用拒否事件のときには，学術会議の実
態があまり知られていなかったために多くの不正確な情報が流れ，これを正す
ためにファクトチェック機関が活躍した。「学術会議会員になると年金が250
万円もらえる」とか，「英米のアカデミーには税金は投入されていない」など
明らかな虚偽は直ちに修正されている。直近ではロシアのウクライナ侵攻につ
いてはイギリスBBCなどが活発にファクトチェックを行いフェイクの拡散を
防いでいる。

　課題はファクトチェック機関の判定を皆に知ってもらうことに時間がかかる
ことである。狭義のフェイクニュースは，そもそも賞味期限が短くてもよい選
挙前や災害時に現れることが多いので，迅速に対応しないと意味がない。選挙
が終わってから，あるいは災害が一段落してからそのニュースがフェイクだと
わかってもすでに手遅れである。周知の速度を速めるような何らかの工夫が待
たれる。たとえば，やや統制的になるが，ファクトチェック機関の判定が入っ
た記事には自動的にフラグがつく方法が考えられる。ツイッターで人々が流す
ニュースについて，それがファクトチェック機関の判定が入ったニュースだと
わかった場合，ツイッターの仕組みとしてフラグをたてるようにするのである。
読者はそのフラグをクリックしてそのファクトチェック機関に跳んで自分で真
偽を確かめることができる。少し統制がすぎるかもしれないが，選挙前や大災
害時のような重大局面に限って実施することには一定の意味があるだろう。実
際，2020年のアメリカ大統領選のときにはツイッターにこれに近い仕組みが
導入されたことがある。

　いずれにせよ真偽判定ができるのであるから，対処はそれほど難しくない。
自由な言論との矛盾もそれほど生じない。第一のタイプのフェイクニュースは
対処可能であり，思想の自由主義にとっての脅威はそれほど高くない。

1）コロナに関するファクトチェックの試みは次のサイトにまとめられている。https://fij.info/
coronavirus-feature/national，2022/1/24確認。

6-2　狭義のフェイクニュースは対処可能である——検証

　第一のタイプのフェイクニュース（狭義のフェイクニュース）は，ファクトチェックで対処可能であると述べてきた。このことを確認する意味で簡単な調査結果を示そう。調査時点は 2021 年 7 月で，対象者 1,256 人に対して，代表的なフェイクニュースを見せて，事実と思うか虚偽と思うかを尋ねてみた。題材として政治的イデオロギーの色のつきにくい新型コロナを取り上げる。次の 5 つのニュースについて事実と思うか虚偽を思うかを尋ねた。

　問　以下にあげるのはここ 2 年の間に流れたコロナについてのニュースです。これらのニュースは事実だと思いますか。虚偽だと思いますか。ニュース自体を知らない場合は「知らなかった」を選んでください
　　（1）新型コロナは 26 度〜 27 度程度のお湯を飲むと防ぐことができる
　　（2）5G が新型ウイルスを広めている面がある
　　（3）漂白剤を飲むとコロナに効果がある
　　（4）コロナのワクチンは人の遺伝子情報を書き換える
　　（5）コロナワクチンで不妊症になるという調査結果がある

回答選択肢（6 つ）
　事実である／事実かもしれない／真偽はまったくわからない
　おそらく虚偽である／虚偽である／このニュースを知らなかった

　（1）〜（3）はコロナの初期に流れた代表的なフェイクニュースである。（1）の 26 度〜 27 度のお湯の話と（3）の漂白剤の話はテレビなどでも話題になった。（2）の 5G がウイルスを広めているというのは日本ではそれほどでもなかったが，欧米ではよく知られたフェイクニュースである。
　（4），（5）は，調査時点が 2021 年 7 月でちょうどワクチンの接種を行っていた頃なので，まさにそのときの"旬"のフェイクニュースである。念のために

図6-1　フェイクニュースの真偽判定

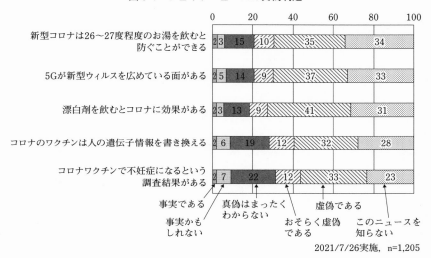

2021/7/26実施, n=1,205

（4）と（5）がフェイクニュースであることを述べておくと，（4）でワクチンはメッセンジャー RNA を使うが，これは細胞内ですぐに分解されるうえに，人間の遺伝子情報は DNA に格納されているので，人の遺伝情報が書き変えられるということはない。（5）の不妊症は，ワクチンの副反応の可能性を列挙したレポートの中に不妊の言及があったために生じたニュースであるが，想定しうるあらゆる可能性の一つにすぎず，実際に不妊症になるという調査結果はない。不妊症の話は日本の産婦人科協会がフェイクであるという否定声明を出し，テレビなどマスコミでも取り上げられた。

　この５つのフェイクニュースを事実と思うか虚偽と思うか回答者に聞く。真偽は５段階評価で行い，このニュースを知らなかった場合は知らないを選んでもらった。結果は図6-1のとおりである。

　まず，気づくのは，これらのニュースを知らないという人が２割〜３割と少ないことである。回答者の７割〜８割がこれらのニュースを認知しており，フェイクニュースの浸透度合いは高い。一般の芸能ニュースやスポーツニュースでもなかなか７割〜８割の認知は得られないことを考えると，フェイクニュー

スの浸透度は驚くべき高さである。フェイクニュースは瞬く間に広がるとよく
言われるが，この認知度の高さからそれが裏づけられる。

　しかし，同時にわかるのは，これを事実と思っている人は少ないことである。
「事実である」と「事実かもしれない」をフェイクニュースを信じた人と呼ぶ
ことにすると，その比率は5%から10%である。逆に「虚偽である」「おそら
く虚偽である」を選んだ人は45%〜50%にも達しており，圧倒的多数は虚偽
と判断している。フェイクニュースは広まったが，それほど信じられていない。
これらのフェイクニュースには，ファクトチェックが行われて後からこれを否
定する修正ニュースも流れており，それらが一定の効果をあげたと推測できる。

　なお，過去のフェイクニュースである(1)〜(3)は事実と思う人が5%程度で
あるのに対し，調査時点で現在進行形であるワクチンについてのフェイクニュ
ース(4)，(5)は信じる人の比率が10%程度になっていて違いがある。現在進行
形であるがゆえに，ファクトチェックによる修正の浸透がまだ不十分であると
解釈できる。

6-3　メディアのフェイクニュース修正機能

　フェイクニュースを信じる人が少ないのは，ファクトチェック機関をはじめ
とするメディアが活躍したせいと見てよいであろうか。一方で，フェイクニュ
ースを拡散するのもまた（ネット系を中心とした）メディアである。フェイク
ニュースにおけるメディアの役割は拡散と修正の相反する2つの方向が交錯し
あう。どちらが優勢かはメディアやニュースの種類等にも依存し，まだわかっ
ていないことも多い。しかし，大雑把な傾向則は示せる。ここでも簡単な調査
結果を示そう。

　図6-1の回答者に，新型コロナについて情報を集めるときの情報源として何
を使ったかを聞いた。選択肢としては，ネットメディアとして，LINE，フェ
イスブック，ツイッター，YouTube，インスタグラム，google検索，そして
個人ブログ，の7種を用意し，さらにテレビ，新聞のマスメディア2種，そし
て口コミも加えた。回答者にはこの中で最もよく使った情報源を3つ答えても

らう。この情報源とその人がフェイクニュースを信じているかを比較することで，ある情報源を使っていた場合，フェイクニュースを信じる人がどれくらい増えるかあるいは減るかを調べることができる（ロジット回帰で推定）[2]。

　図6-2と図6-3がその結果である。図6-2は過去の3つのフェイクニュースの場合，図6-3は調査時点で現在進行形中の2つのフェイクニュースの場合である。縦軸に情報源を並べ，情報源別に，3つあるいは2つのニュースについてこれを信じる人が増えたか減ったかを棒グラフで表した。プラスの値なら信じる人が増えていることを，マイナスの値なら減っていることを示す。すなわち，この2つの図は，その情報源を使っているとき，使っていないときに比べてフェイクニュースを信じる人が何％ポイント増えるかあるいは減るかを表す。統計的に有意な場合は，数値を書き込んである。

　たとえば図6-2のテレビの値は−1.3％であるが，これはテレビを情報源に使っている人では，「26度〜27度程度のお湯がコロナに効く」を信じる人の比率が1.3％ポイント少ないことを意味する。すなわちテレビを情報源に使うはこのフェイクニュースを信じなくなるので，テレビというメディアに修正効果が働いていると解釈できる。なお，1.3％は値として小さいように思うかもしれないが，そもそもこのフェイクニュースを信じている人が5％程度しかいないので，それに比べると1.3％ポイントの減少は大きい。テレビを見ることで，フェイクニュースを信じる人が4分の1（＝1.3/5）減ることになり，かなりの影響力である。

　2つの図の結果をまとめて評価しよう。まず，図6-2の過去のフェイクニュースを見ると，なんと有意になっているケースはすべて値がマイナスであり，フェイクニュースを信じる人が減っている。ネットメディアでもマスメディアでも，メディアに接触してコロナの情報収集をしているとフェイクニュースを

　2）なお，制御変数として，年齢，性別，学歴，配偶者の有無，子供の有無を入れた。また，そもそもその人がフェイクニュースを信じやすい人かどうかに差があると考えられるので，これを表す変数として，当該フェイクニュース以外の他のフェイクニュースを信じている数も制御変数として入れた。たとえば，26度〜27度程度のお湯のフェイクニュースを信じているかどうかを説明する式を推定する際，説明変数として他の4つのニュースのうち信じているニュースの個数を求め，これを説明変数とした。最低は0個，最高は4個であり，値が大きいほどこの人がフェイクニュースを信じやすい人であることを表すと解釈できる。これら制御変数についての結果は煩雑なためグラフでは省略した。

図6-2　情報源別に見た，フェイクニュースを信じる人の増減（過去の3ニュース）

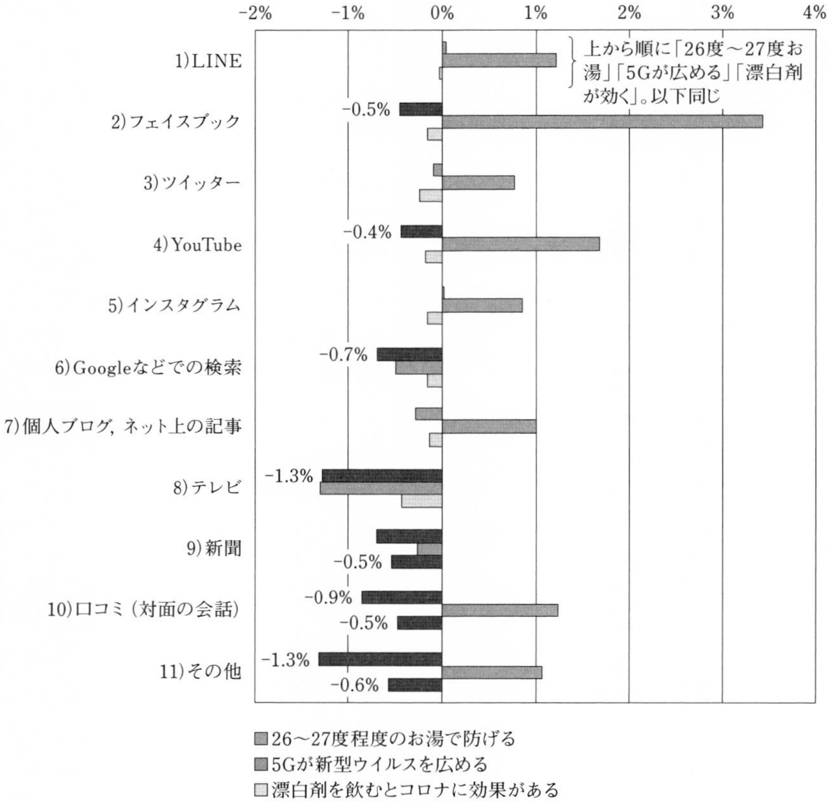

上から順に「26度〜27度お湯」「5Gが広める」「漂白剤が効く」。以下同じ

- 1）LINE
- 2）フェイスブック　-0.5%
- 3）ツイッター
- 4）YouTube　-0.4%
- 5）インスタグラム
- 6）Googleなどでの検索　-0.7%
- 7）個人ブログ，ネット上の記事
- 8）テレビ　-1.3%
- 9）新聞　-0.5%
- 10）口コミ（対面の会話）　-0.9%　-0.5%
- 11）その他　-1.3%　-0.6%

■26〜27度程度のお湯で防げる
■5Gが新型ウイルスを広める
□漂白剤を飲むとコロナに効果がある

信じる人は減ってくることになる。これはファクトチェックがうまく働いてフェイクニュースを信じる人が抑えられていたことを示唆する。メディアによる修正機能は働いていると言ってよい。

　なお，有意ではないものの「5Gがウイルスを広めている」というフェイクニュース（3本のバーうちの真ん中）については，修正があまり働いていない。特にフェイスブック利用者には信じている人がいる。この3つのフェイクニュースのうち，26度〜27度程度のお湯の話と漂白剤の話は比較的マスコミでも

図6-3　情報源別に見た，フェイクニュースを信じる人の増減（現在進行形の2つのニュース）

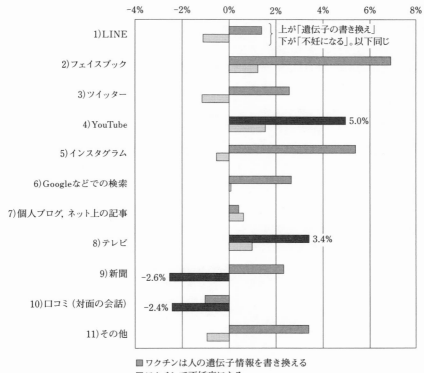

取り上げられたが，5Gの話はあまりマスコミでは取り上げられなかったため
かもしれない。後に図6-5で見るように，フェイクニュースの修正ではネット
メディアよりマスコミの力が大きいので，それがここに現れたと見ることがで
きる。

　図6-3のワクチンに関するフェイクニュースでもニュースの種類による差異
がある。ワクチンが人の遺伝子を書き換えるというニュース（2本のバーのう
ちの上のバー）については，プラスに有意なメディアがYouTubeとテレビと
2つあって，この2つのメディアを利用する人ほど信じる人が多くなっており，

修正があまり起きていない。一方，ワクチンを打つと不妊症になるというニュース（2本のバーのうち下のバー）では，新聞でマイナスに有意になるなどやや修正が認められる。不妊症の話はマスメディアで取り上げられ，産婦人科学会等の声明もあり，修正活動が行われたためと考えられる。

　全体として図6-3のワクチンに関するフェイクニュースではメディアの修正機能はあまり働いていない。これはフェイクニュースの修正には時間がかかり，現在進行形のフェイクニュースの場合，修正がまだ間に合っていないからと考えられる。図6-1で過去のフェイクニュースでは信じる人が5%であったのに，現在進行形では10%になったのもこれで説明できる。すでに述べたようフェイクニュース修正には迅速な対応が必要であることがここでも確認される。

　しかし，それでも時間をかければ修正は可能であり，またフェイクニュースを信じる人も抑えられている。新型コロナのフェイクニュースを信じる人が過去なら5%，現在進行形でも10%にとどまるというのは明るいニュースである。この程度であれば社会を大きく混乱させることはない。このように明瞭に虚偽とわかる第一のタイプのフェイクニュースでは，対処はファクトチェックを積み重ね，修正していくことで対処は可能と考える。実際，ロシアのウクライナ侵攻時のフェイクニュースはかなり抑制されている。

　問題なのはこの方法が効かない場合である。たとえば2020年のアメリカのトランプ対バイデンの大統領選では選挙不正について多くのフェイクニュースが流れ，これに対するファクトチェックも行われたが，大統領選の翌年の2021年の5月の調査でも，バイデンは不正な手段で大統領になったと考える人が30%に達していたと言われる[3]。ファクトチェックは効いていない。これはこのときのフェイクニュースが真偽はっきりつく第一のタイプのフェイクニュースではなく，真偽のつきにくい第二のタイプのフェイクニュースを含んでいたためである。この章の以下の部分は，この第二のタイプの言わば広義のフェイクニュースを扱う。

---

[3] CNN，2021/5/2，「バイデン氏の大統領選勝利，30％が「合法ではない」 CNN世論調査」，https://www.cnn.co.jp/usa/35170211.html，2022/1/24確認。

6-4 ／ 高バイアスニュース

　フェイクニュース問題で重要なのは，第二のタイプのフェイクニュース，すなわち一握りの真実を含んでいるニュースである。このタイプのニュースは一握りの真実を含んでいるために，真偽の判定がはっきりとつきにくい。一握りの真実を極端に拡大し，バイアスをかけてミスリードをつくりだしており，そのまま受け取るべきではないが，さりとて虚偽と言い切ることが難しい。

　例をあげてみよう。たとえば，「福島で甲状腺ガンの子供が次々と発見」というニュースを考えてみる。福島のがん検診で子供たちの甲状腺ガンが見つかっているのは事実である。その点ではフェイクではない。しかし，その発生率は他の地域と差がないため，これは本来は福島での放射線の影響はなかったことを示している。それにもかかわらず，「次々と発見」，と発見を強調して伝えているため，このニュースはあたかも福島で放射線の悪影響がでているかのような印象を与えている。福島に住んでいる人にとっては人々の印象をミスリードする許しがたいニュースであり，フェイクニュースと言いたいと感じても不思議ではない。

　ではこれはフェイクニュースだろうか。これをフェイクとすれば，放射線の危険を訴える側の人々は黙っていないだろう。おそらく彼らは反論する。甲状腺ガンの子供が見つかっているのは事実であり，発生率が他地域と同じと言っても，確実にそう言えるかどうかは統計的な問題で議論の余地はあるはずである。まだ警戒を怠るなという専門家もいるのであるから，このニュースをフェイクと呼ぶべきではない，と。議論は膠着し，フェイクかどうかの判定に決着をつけることは難しくなる。

　あるいは別の例として「在日韓国人は経済的に優遇されている」という主張を取り上げてみよう。歴史的な経緯から在日韓国人は他の在日外国人とは別の扱いを受けており，経済的な優遇はまったくないわけではないだろう。しかし，仮にあったとしても例外的であり，ほとんどの在日韓国人は日本人と同様に生活しており特段優遇されているわけではない。この主張は，在日韓国人全体が

日本社会で優遇されているかの印象を与える点で，フェイクニュースに近い。しかし，だからといってこの主張を掲げる人はフェイクとは認めないだろう。年金や税などでの限られた事例をあげて，優遇はあると主張するだろうからである。両方の論客が激しく対立して論争を始めると，第三者がフェイクかどうかをにわかに判断することは難しくなる。

　このような偏ってミスリードなニュースや主張はいくらでもあげられる。特に政治的な言説では多い。「安倍首相は統一教会から支援を受けている」「菅直人は北朝鮮とつながっている」などはその典型である。この場合，「支援」とか「つながっている」などの曖昧な言葉が使われるのが特徴で，何をもって支援と呼ぶか，つながっていると呼ぶかが不明なため，その気になれば証拠となる「一握りの事実」をあげることができる。間接的なつながりでわずかの献金が流れても支援であり，知り合いの知り合いが問題の団体に属していてもつながりと言いうるので，これら一握りの事実をもとにフェイクではないと主張することができる。

　政治以外でも人々の注目が高まる事件では，同じようにミスリードなニュースがでてくることがある。たとえば池袋で元官僚の高齢ドライバーが暴走して死者がでた事件で，事件後に被疑者が逮捕されなかったことを指して「上級国民だから逮捕されなかった」という言説がでまわったことがある[4]。弁護士たちは，逮捕は刑罰ではなく相手の身柄の拘束が目的で，病院にいて動けないのであれば逮捕しないこともあると述べたが，納得せずにこの言説を言い続ける人は多かった。被疑者が社会的地位の高い人の場合に逮捕をためらうということはあるいはあるのかもしれないが，元首相ですら逮捕したことのあるこの国でそのような優遇措置が組織的に行われているとは思えない。しかし，組織的ではなくても一握りでも事実があればこれを言いたい人にとっては十分である。一握りの優遇事例（おそらく全国を探せばどこかに「高級官僚の息子だから警察が交通違反を見逃してくれた」などの例は見つかるだろう）をもとに，日本は上級国民は特別扱いされる国なのだと述べたい人は述べ続ける。

4）文春オンライン，2021/06/29，「【暴走事故はなぜ繰り返されるのか？】《池袋暴走》なぜ "上級国民" は無罪主張するのか？「車の異常で暴走した」」，https://bunshun.jp/articles/-/46510，2022/1/24確認。

このようなニュースは言わば広義のフェイクニュースである。このようなニュースに呼び名があった方がよいので，以下では高バイアスニュースと呼ぶことにしよう。高バイアスニュースは一握りの事実を極端に拡大しており，読者を大きくミスリードする。

　高バイアスニュースが厄介なのは，ファクトチェックが難しいため賞味期限が長いことである。狭義のフェイクニュースはファクトチェック機関で真偽判定が行われて虚偽だと判定されるとやがて流布しなくなる。しかし，高バイアスニュースは一握りの真実があって真偽判定が難しいため，長い間生き残ってしまう。福島での放射線は低下し福島県産品の放射能はほとんど検知されなくなってずいぶんたつが，いまだに風評被害が残っている。在日韓国人が優遇されているというのは在特会の宣伝もあって長期間にわたって流布したし，日本は上級国民が特別扱いされる国とつぶやく人も後をたたない。

　また，もう一つ厄介な点として，高バイアスニュースは，真偽を議論すること自体が，高バイアスニュースを流す側を利することになるという問題がある。正面から議論をすればそのニュースが一握りの事実しかないミスリードだということは明らかにはなるが，それがわかるのは，時間をかけての議論をきちんとフォローした人だけである。忙しくてフォローできない人の目には，単に双方が言い争いをしていることしか見えない。そうなるとどちらもそれなりの言い分があるのだろうということになり，真偽についてどっちもどっちで言わば半々の印象を与えてしまう。きちんと事実判定すれば信憑度が1対9でしかなかったものが，突如として5対5に昇格する。これは高バイアスニュースを流す側からすれば十分な"戦果"である。たとえば，福島の甲状腺ガンは問題なのかについて議論すること自体がそのニュースの信憑性を高めかねない。事情を知らない第三者から見れば，なんだかわからないがもめているのだからまだ福島は危険かもしれないと思ってしまう。が，さりとて無視すれば高バイアスニュースは広まるばかりである。このように高バイアスニュースは狭義のフェイクニュースに比べて，対処が極めて難しい。

　このような高バイアスニュースはボディブローのように社会にダメージを与える。福島に住む人にとって，すでになくなった放射能被害を暗示するニュースは自分たちの生活を苦しめる悪夢のニュースであろう。在日韓国人にとって，

韓国人は優遇されているという高バイアスニュースは言われなき中傷と差別を
生み出す源である。日本という国は上級国民は特別扱いされる国だという思い
は社会への怨念を生み出し，人々の心をむしばんでいく。高バイアスニュース
が広範に流布することは社会にとって良い結果をもたらさない。

6-5　高バイアスニュースにファクトチェック機関は役立たない

　では，高バイアスニュースにどう対処したらよいだろうか。すぐに思いつく
のは，ファクトチェック機関が，真偽判定だけではなく，当該ニュースが高バ
イアスであると判定してはどうかという案である。真偽判定はできなくても，
バイアスがかかっていることはわかるのだから，それを判定すればよいのでは
ないか，と。着想としてはもっともであり，実際にファクトチェック機関がこ
れを試みた例もある。

　しかし，これはうまくいかないだろう。なぜなら高バイアスニュースのバイ
アスの判定は個人の意見の領域に属し，機関による決定にはそぐわないからで
ある。たとえば先にあげた事例，「福島で甲状腺ガンの子供が次々と発見」を
ファクトチェック機関がミスリードと判定したとしよう。患者の発生率が他地
域と変わらないのに，放射能のせいでガンが増えた印象を与える点でミスリー
ドだという判定をしたとする。この判定は医学的には妥当かもしれないが，反
原発の立場に立つ人は黙ってはいないだろう。放射能の危険はまだ去っていな
いのに，わざわざそんなことを言うとはなにごとか。ファクトチェック機関は
政府の方針に従う御用機関なのかという批判がわきあがってもおかしくない。

　あるいは，「在日韓国人は経済的に優遇されている」にミスリード判定した
とする。ごく一部に優遇があるかもしれないが，わずかの例外でありほとんど
の人は普通に生活しているのでこの言明はミスリードだと述べたとしよう。当
然，在特会に近い立場の人々は納得せずに反論を始める。やっかいなのは，こ
の場合，一部でも優遇を認めると，在特会側が逆にそれを利用する可能性があ
ることである。ミスリードの判定とは，ごく一部の事実はあっても大筋では間
違っている，という判定である。逆に言うと，ごく一部の事実は認めることに

なるので，在特会側が「ファクトチェック機関も一部の優遇措置の事実を認めました！」と宣伝に使うことができる。そうなると在日韓国人の側も黙ってはいない。なぜフェイクと言い切らなかったと詰め寄るだろう。ではフェイクと言い切ればよかったのか。フェイクと言い切れば，在特会側が一握りの事実をかかげてファクトチェック機関はこの明快な事実を認めない嘘つき組織だと攻撃を加えるだろう。両者から叩かれたファクトチェック機関は第三者からの信頼を失っていく。一握りの真実を含む高バイアスニュースをファクトチェック機関が正していくことは難しい。

　以上は想定上での議論であったが，実際にある程度の事実を含むニュースにファクトチェックを試み，うまくその役割を果たせなかったケースもでている。一つ事例をあげよう。学術会議の任用拒否事件の際，評論家の櫻井よしこ氏がテレビ番組で，学術会議の圧力によって東大・京大などの大学院が防衛大学の卒業生を受け入れなかったと述べたことがある。これに対し，複数のファクトチェック機関が防衛大学出身者で東大の大学院で学んだ人が何人もいるので虚偽だと判定した[5]。

　しかし，東大などの大学院は現在は確かに防衛大卒業生を受けいれているが，防衛白書や新聞報道によれば過去に防衛大学卒業生を拒否した事例はあったようである[6]。したがって，櫻井氏の発言が虚偽かどうかは，過去のことを言っているのか現在のことを言っているのかに依存する。このように「〜なら虚偽」あるいは「〜なら事実」という条件がつくということは，これがファクトチェックというより意見の応酬のレベルの話だということを意味する。学術会議のことを議論するとき，現時点のことだけを問題にするか，これまでの歴史を問題にするかは，関心の持ち方に依存しており論者の立論の仕方によるとしか言えない。実際，上記のファクトチェックについてはすぐに反論がだされて

5）毎日新聞，2020/10/16，「ファクトチェック，桜井よしこ氏「防衛大卒業生は，東大などが大学院受け入れを拒否」は誤り」，https://mainichi.jp/articles/20201016/k00/00m/010/315000c，2022/1/24 確認。

　　InFact，2020/10/15，［FactCheck］「防大卒業生が大学院に行きたくとも東大など各大学は断る」は誤り　櫻井氏の発言が拡散」，https://infact.press/2020/10/post-9066/，2022/1/24 確認。

6）Nathan，2020/10/16，「昭和 51 年防衛白書「自衛隊員の大学院受験の辞退要求や願書返送が」」，https://note.com/nathankirinoha/n/nadbd8e8ddf84，2022/1/24 確認。

おり，論争が起きている[7]。本来のファクトチェックとは，議論を組み立てる
うえでの基礎事実（ビルディングブロック）をつくることであり，賛成・反対
どちらの立場とも無関係である。第一の狭義のフェイクニュースについては実
際そのように議論が進み，決着がつく。しかし，ある程度の事実を含む高バイ
アスニュースの場合，ファクトチェックを行うとそれ自体が論争の対象になり，
ファクトチェック機関自体が論争の当事者になってしまう。これはファクト
チェック機関への信頼を低下させる。実際，学術会議の事件の後にはネット上に
はファクトチェック機関自体への不信の萌芽が見られた[8]。

　学術会議はまだ政治的圧力が低いのでこの程度で済んでいるのであり，もっ
と政治的に熱いテーマの場合は，高バイアスニュースをファクトチェック機関
が修正することは極めて難しいだろう。すでに述べた放射能問題，在日韓国人
問題だけでなく，子宮頸がんワクチンの是非の問題，萌え絵と表現の自由に関
するフェミニズムの問題，急進的な環境保護派と穏健派の対立など政治的に熱
い問題では，高バイアスニュースをファクトチェック機関が取り扱うとファク
トチェックの役目を果たせず，むしろ機関の信頼性を傷つけるだけの結果にな
る恐れが強い。つまりファクトチェック機関がやけどをするだけで終わる。

6-6　プラットフォームが高バイアスニュースの評価をするのはさらに危険

　ここでプラットフォームの役割を考えてみよう。近年，フェイクニュース対
策としてフェイスブックやツイッターなどのプラットフォーム事業者がフェイ
クニュースを規制すればどうかという提案がなされることがある。アメリカで
は議会の一部にそれを求める動きすらある。しかし，ここまでの議論から考え

7) 池田信夫，2020/10/20，「自衛官の入学拒否についての毎日新聞の「ファクトチェック」は誤報
　　である」，http://agora-web.jp/archives/2048602.html，2022/1/24 確認。
　　BuzzFeed Japan，2020/10/16，「学術会議「活動が見えていない」は本当か？　自民・下村氏の
　　回答が再びミスリード」，https://news.line.me/issue/oa-buzzfeed/bp022qxhxf81，2022/1/24 確認。
8)「「ファクトチェック」も濫用気味？／『日本学術会議が「中国の軍事研究に参加」「人計画に協
　　力」は根拠不明。「反日組織」と拡散したが…』と BuzzFeed Japan」，https://togetter.com/li/
　　1606703，2022/1/24 確認。

て，それは望ましくない。プラットフォームの運営者が自ら高バイアスニュースのファクトチェックを行うと，そのプラットフォームへの信頼が失われ，人々が離反して社会の分断を招くからである。

　2020年のアメリカ大統領選ではこの危険が顕在化した。この選挙の後にはトランプ大統領が選挙不正を主張したこともあって，選挙が不正であったとする多くのニュースが流れた。その中には誤った写真を使った第一のタイプの明快なフェイクニュースもあったが，一握りの事実を含む高バイアスニュースもあった。たとえば，死者が投票していたとか，投票総数が有権者数を超えたなどのニュースである。かつてない大規模な郵便投票が行われたことから，意図的不正か単なるミスか原因はともかくとしてそのような不整合は一部で起こりうる。ニュースが流れた時点では事実関係が確定せず，完全に虚偽とまでは言えないので高バイアスニュースである。

　問題なのはプラットフォームであるフェイスブックとツイッターの運営が，フェイクニュースへの対処として警告フラグをつける際，第一のタイプの明らかなフェイクニュースだけでなく，一握りの事実を含む高バイアスニュースにも警告フラグをつけたことである。トランプ支援の個人が選挙は不正であると述べると，運営側からこの人のフェイスブックには真偽不明の情報が含まれています，あるいは，このツイートは真偽不明ですという警告がつけられ，さらに一部ではアカウントの停止もあったと伝えられている[9]。運営側としてはフェイクニュースに対処したつもりなのだろうが，トランプ支持者の失望と離反は大きかった。第一のタイプのフェイクニュースならまだしも，高バイアスニュースの判定は個人の意見の領域に属するため，トランプ支持者からするとフェイスブックとツイッターが反トランプのSNSになったように見える。民主党のバイデン候補の支援者が真偽不明のニュースを流しても何も警告がでないのに，トランプ支援者の流すニュースにだけ警告がでるのはおかしいではないか，そう不満を募らせた一部のユーザから，フェイスブック・ツイッターから他のSNS，たとえばパーラー（parlor）に移動しようという呼びかけが行われ，

---

9) Wall Street Journal, 2020/11/12, "Social-Media Companies Took an Aggressive Stance During the Election. Will It Continue?", https://jp.wsj.com/articles/SB11969484842575224431004587093651165547484, 2022/1/24確認。

実際，一部のユーザがパーラーに移った[10]。

　このユーザの離反と移動は，民主主義にとっては良くないシナリオである。保守側とリベラル側が異なる SNS に属することになれば，社会はそれこそ二つの世界に完全に分断されてしまうからである。意見が異なっても一つの情報空間に入っており，遠くの方からでも相手の意見が直接間接に聞こえてこそ，民主主義は機能する。情報が隔絶された二つの世界に分かれることは民主主義にとって悪夢でしかない。フェイスブックとツイッターの担当者は，民主主義を守るためにフェイクニュースに対処したつもりなのかもしれないが，結果としては民主主義にとって破壊的な分断を引き寄せかねない。プラットフォームたる SNS は高バイアスニュースに直接手をだすべきではないだろう。なお，周知のように 2021 年 1 月にはツイッターがトランプ大統領のアカウントを停止し，分断の恐れはさらに加速した。

6-7　流言は智者に止まる

　ではどうすればよいだろうか。本書の考える対策を述べよう。高バイアスニュースは，含んでいる一握りの事実がどれくらいか，言わば“一握り”度合いがどれくらいかを定量的に測ることで評価される。どこまでが事実で，どこが行きすぎており，妥当な評価はこれくらいだろうという判断を行う必要がある。これは主観的な判断をともなうので，ファクトチェック機関のような組織が，客観性を装って行うことは難しい。高バイアスニュースの評価は，個人の意見の領域で行うべきことである。そこで，信頼に足る識者すなわち智者に高バイアスニュースを評価してもらい，人々がそれを頼りに判断を行うという方法が考えられる。

　たとえば「福島で甲状腺ガンの子供が次々と発見」というニュースが流れたとする。識者の集まる場でそれが取り上げられる。そこで識者たちは，他の地域でも同じ比率で発生しているので放射能の影響とは言えないこと，それでも

---

10) IT media，2020/11/16，「ツイート規制の Twitter からのエクソダスを受け入れる Parler のユーザー急増」，https://www.itmedia.co.jp/news/articles/2011/16/news065.html，2022/1/24 確認。

検診を続けるのは長期的な影響を見るためと住民の不安を払しょくするためであること，逆に検診を止めた方が健康に役立つという意見もあることなど，さまざまの論点を整理してみせ，このニュースは放射能の危険を告げるニュースではないと思うと述べる。この識者に普段から接していて信頼している人は，この人が言うなら信頼できる思い，拡散を止めることになる。

　識者は自分の意見として述べておりファクトチェックとして述べているわけではないことに注意しよう。ファクトチェック機関の場合はファクトかどうか客観判定をしているという立場をとるので，フェイクニュースの提唱者は，これはフェイクではないとファクトチェック機関に反論を試み，論争になるだろう。論争になると一般人にはどちらが正しいか判定の方法がない。これに対し，識者の場合はあくまでその人の個人の「意見」である。個人が意見を言うのは自由であり，ニュース提唱者から反論が来ても，見解の相違ですね，で済ますことができる。そして識者の数は多い。ファクトチェック機関は一つの国に数個なので高バイアスニュースの提唱者はそこに反論を挑めるが，数十人，数百人単位の識者のすべてに反論するわけにはいかない。最後に決定的なのは，仮に論争になったとしても人々は普段から接していて信用している識者の言うことの方を信じるだろうということである。こうして，識者が，1）あくまで個人の意見として述べる，2）多数存在する，3）普段から信用を得ている，という条件がそろうとき，極端でミスリードなニュースは，識者の壁にあたってそこでストップする。

　この対処方法は，古来から伝わる「流言は智者に止まる」（筍子）を援用したものである。この言葉は，知恵のある人はデマをそのまま信じず言いふらさないので，拡散がそこで止まるということを指している。ネット上に多くの智者がいて，人々が智者の言葉に耳を傾けるなら，高バイアスニュースの拡散をそこで抑えることができる。

6-8　ダイヤモンドプリンセス号事件

　流言は智者に止まる，と述べたが，これが本当に対策になるだろうか。検討

してみよう。まず，智者が拡散を止めた実例をあげてみる。2020年にコロナ禍で起きたダイヤモンドプリンセス号事件が格好の事例を提供している。この事件は，横浜港に停留してコロナの検疫と防疫にあたっていたダイヤモンドプリンセス号に乗船した感染症専門家のI教授が，船内の隔離がなされておらず，船内でコロナが蔓延しているとYouTubeなどを通じて告発した事件である[11]。

　エボラ出血熱などの感染症対策の経験もあるI教授は，ダイヤモンドプリンセス号に1日だけ乗船を許され，下船後の2月18日の夜にホテルにこもり，YouTubeで発信を行った[12]。そのタイトル「ダイヤモンド・プリンセスはCOVID-19製造機。なぜ船に入って一日で追い出されたのか。」は衝撃を与えるのに充分であった。I教授によれば，船内は隔離がまったく行われておらず，感染症対策の基本であるエピカーブ[13]もとられておらず，船内は自分がアフリカで体験したエボラ熱よりも危険な状態にあるというのである。隔離が行われず船内で感染が広がっているならば，検疫のために乗客を船にとどめたのは乗客を救うのではなく，「感染させるために培養用シャーレに入れたようなもの」（ウォールストリートジャーナル）である[14]。それほど危険な状態にありながら，その事実を告発する医師がわずか1日で追い出されたということは，日本政府が事態を隠ぺいしている可能性を示唆する。事実とすれば巨大なスキャンダルである。自身もコロナに感染したかもしれないという恐怖と闘いながら一人ホテルから必死の告発を行う感染症専門家I教授の動画は強烈な印象を与えるものであった。翌19日の朝にはツイッターで拡散され，ウエブ雑誌が記事に取り上げ，イギリスBBCの記者がI教授に遠隔インタビューを行った。野党議員のヒアリングもあり，さらに，翌20日には外国人特派員協会でのオ

11) 一連の経緯は，下記がよくまとめている。
　徳力基彦，2020/2/22，「クルーズ船告発動画騒動から考える，ツイッター時代の情報公開のあるべき姿」，https://news.yahoo.co.jp/byline/tokurikimotohiko/20200222-00163967/，2022/1/24確認。
12) この動画はすでに削除されているが，ネット上に書き起こしは残っている。たとえば下記参照。
　https://anond.hatelabo.jp/20200219050922，2022/1/24確認。
13) 横軸に時間，縦軸に新規発症患者数をとったグラフのこと。発症曲線あるいは流行曲線と言われ，感染症の流行状況と将来予測にあたっての基本情報である。
14) Wall Street Journal, 2020年2月19日 09:18, By Suryatapa Bhattacharya and Miho Inada. クルーズ船内隔離は失敗，乗客の米国人医師語る：ダイヤモンド・プリンセス号，「感染させるために培養用シャーレに入れたようなもの」。

図6-4　ダイヤモンドプリンセスのインタビュー映像

クルーズ船「ダイヤモンド・プリンセス」に一時乗船した岩田健太郎神戸大教授（右画面）
からヒアリングする野党議員ら（19日午後，国会）＝共同（日本経済新聞 2020.2.10）

ンライン会見も予定され，コロナに関する日本政府のスキャンダルとして世界
にニュースが流れることは必至の情勢であった。ダイヤモンドプリンセス号は
コロナの培養シャーレになった！　隔離は乗船客に感染させるようなもの！
日本政府これを隠ぺいか！　と。

　ところが19日の夜に事態は急変する。ダイヤモンドプリンセス号で対策に
あたっていたT医師が，この事件の経緯をフェイスブックに投稿したのであ
る[15]。T医師は，隔離は不完全ながらもされていたこと，エピグラフもとっ
てあること，病院ではない建物（船）にすでに 3,700 人が生活している状態で
は理想的な隔離措置はとれないこと，I 教授が 2 時間で追い出されたのは現場
とのコミュニケーションがうまくいかなかったからであることなどを淡々と述
べた。その冷静な語り口はかなりの人々の疑念を晴らすものであった。投稿は
フェイスブックになされたが，T 医師の投稿はスクリーンショットにとられ，
ツイッターで拡散され始める。

　これ以降，ツイッター上での人々の反応は変わり始める。クルーズ船内はそ
れほどひどくはなく，不利な状況の中で最善の努力をしているのかもしれない
という意見が現れる。20日の早朝に I 教授は自分の動画を削除し，その日に

15) この投稿は現在は非公開になっており読むことはできない。I 教授の動画削除と同時に非公開に
　されており，事態が沈静したので公の場から消したものと推測される。

行われた外国特派員協会でのオンライン記者会見も，船内の隔離の問題点を指摘しながらも穏やかなものに変わる。BBC での報道も船内隔離に疑問を呈する意見とその反論を合わせて両論併記するようになり，事態は沈静化した。

　振りかえってみると，Ｉ教授が最初に投稿した動画は事実を含むがバイアスが大きく人々をミスリードするものであった。エボラ出血熱と比べれば船内の隔離レベルはいかにも不完全に見えたであろう。しかし，平均致死率 50％（最高 90％）のエボラ出血熱の患者を相手に白紙の状態から隔離病棟をつくる作業と，致死率 2％（高齢者除くと 1％ 程度）の病気で，3,700 人がすでに住んでいる建物内で検疫を行う作業では，やり方は異なってくる。また，エピカーブを見ると，船内で隔離（自室待機）が行われて以降は発症者が減っているので，不完全な隔離でも一定の効果があったことになる[16]。少なくともクルーズ船がコロナウイルスの培養器になり，検疫によってかえって感染を広げたという事実はなかった。しかし，19 日時点での動画を見たネットあるいはメディアでの受け取り方は，まさに培養器であり船内感染の拡大であった。この点でＩ教授の動画は事実を含むものの，結果としては人々をミスリードする高バイアスニュースであったと言ってよい。

　そしてこの高バイアスニュースの拡散を防いだのが識者のＴ医師だったことになる。Ｔ医師が拡散を防げたのは，Ｔ医師が過去に多くの感染症の経験を積んでいてすぐれたリスクコミュニケーション能力の持ち主だったこともあるが，それに加えて，従来より人々から一定の信頼を集めていたことが大きい。氏はフェイスブック上で感染症の医師として以前から発言をしており，それなりの信頼を得ていた。それゆえにこそツイッターで彼の書き込みが転載・拡散されたとき，多くの人に影響を与えることができたのである。仮に，船内で働く厚生省の役人がＴ医師と同じ反論を書いたとしても，何の影響もなかっただろう。この事例は，ネット上に智者がおり，彼／彼女が高バイアスニュースに対する適切な評価を下すことで，拡散を抑え込むことができることを示している。

---

16) 国立感染症研究所（2020 年 2 月 19 日掲載）「現場からの概況：ダイアモンドプリンセス号における COVID-19 症例」https://www.niid.go.jp/niid/ja/diseases/ka/corona-virus/2019-ncov/2484-idsc/9410-covid-dp-01.html，2022/1/24 確認。なお，前掲した徳力（2020/2/22 記事）によれば，Ｉ教授も船内で隔離が行われた 2/5 以降は感染が拡大していないことは認めたとのことで，隔離に効果があった点については意見が一致している。

6-9	ネットで智者を見つけられるか

　ダイヤモンドプリセンス号の事例は，「流言は智者に止まる」メカニズムが理想的にうまく働いたケースである。現実的にはここまで理想的な展開でなくてもよいだろう。人々がネットでニュースに接したとき，信用しているネット上の識者の話を聞いてそのニュースが嘘である（高バイアスである）ことに気づくことが一定頻度で起きていればよい。そういう現象が，特殊事例ではなく，ネット上で一般的に起こりうるかどうかが問題である。そこで，今度は事例ではなくアンケート調査で調べてみよう。尋ねるのは，識者の話を聞いてフェイクに気づくということがどれくらい起こりうるのかである。調査は 2020 年 1 月 17 日〜 26 日に，15 歳〜 69 歳の男女 6,000 名を対象として行ったウエブアンケート調査である。

　まず，真偽不明の情報について，あるメディアあるいは人が嘘だと言ったとき，どれくらいそれを嘘と思うか聞いてみた。言わば情報源別のフェイクニュース抑制度合いである。用意する情報源としては新聞，テレビ，いくつかのSNS，掲示板，そしてリアルあるいはネット上での信頼のおける人などで，9通りを用意した。図 6-5 の 9 本のバーがその情報源を表す。解答選択肢は，その情報源から嘘だと言われたとき，どれくらい嘘だと思うかについて，1 点から 5 点までの 5 段階評価から選んでもらった。5 段階の文面は図の右下に示されている。点数が高いほどその情報源が嘘と言ったときに嘘という判定を受け入れるようになる。棒グラフの値は平均値であり，値が大きいほどその情報源が嘘だと言ったとき，人々が嘘だと思う割合が高い。したがって，このグラフは言わば情報源別のフェイクニュース抑制力の大きさを表していることになる。

　図を見るとフェイクニュース抑制力が高いのは新聞とテレビのニュースである。ともに点数は 3 点を超えており，新聞・テレビでフェイク判定されると嘘と判断する人が多く，ネット時代になっても新聞とテレビの信用度は高い。ただ，新聞・テレビはファクトチェック機関と同様の制約があり，高バイアスニュースのときには使えない[17]。また放送時間枠と紙面に制約があり，ネット

図6-5　追加情報による虚偽判断への効果（5段階評価の平均値）

「他の誰かがその話が嘘だと言っていたらどれくらい嘘だと思うでしょうか。
最も近いものを一つお選びください。」

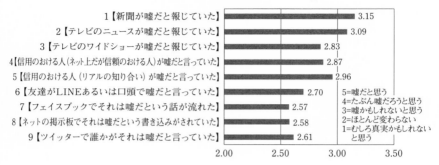

上のたくさんの高バイアスニュースにいちいちファクトチェックする時間・紙面をとることはできないだろう。

　注目すべきは4番目と5番目の「信用のおける人が嘘と言っていた」項目が新聞とテレビに次ぐ抑制力を持っていることである。フェイスブックやツイッター，掲示板などネット上の一般的な情報よりも高く，テレビのワイドショーよりもわずかに高い。そして，さらに強調したいのは，4番のネット上の人と5番のリアルの人で，信用のおける人の抑制力にそれほど大きな差がないことである。リアルに限らず，ネット上での信用できる人でもそれなりの影響力を持っている。ネット上の信用できる人が高バイアスニュースを抑えられるなら，流言を智者で止めるという本書の対策に見込みが出てくる。これは明るい材料である。

　問題は，ネット上では信用できる人がそもそも少ないことである。次の図6-6は，ネット上の真偽不明の情報の真偽を判断する際に，信用のおける人がネットあるいはリアルにいるかどうかを尋ねたものである。リアルだけにいると答えた人が59%で，圧倒的に多い。ネットでもリアルでもいると答えた人

17）高バイアスニュースに手をだすとファクトチェック機関の信頼が揺らぐようにテレビ・新聞の信頼が揺らぐためである。たとえば放射能の影響評価や在日韓国人優遇，子宮頸がんなど政治論争的な話題に関してフェイク判定を出したらどうかと言われた場合，テレビ・新聞は躊躇するだろう。

図 6-6　ネット上に智者はいるのか

「ネットの真偽不明の情報の真偽を判断するに当たり，信用のおける人がいますか？
最も近いものを一つお選びください。」

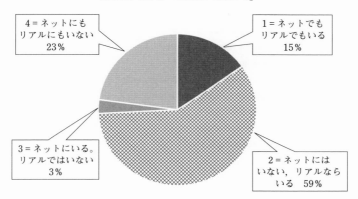

は 15% にすぎず，ネットだけにいると答えた人の 3% を足しても，ネット上に信用できる人がいるというのは 18% しかいない。流言は智者に止まるとしても，その信用できる智者がネット上にいないのである。

　ネット上に信用できる人が少ないのは，当たり前のことで，どうしようもないと思う人もいるかもしれない。ネットには無責任な言動があふれており，信用できる人など見つけられるわけがない，と。しかし，必ずしもそうではない。図 6-6 でネット上に信用できる人がいると答えた 18% の人（15＋3%，1,094 人）に，ネット上のどこに信用する人がいるかを尋ね，複数回答で答えてもらった。図 6-7 がその結果である。

　これを見るとツイッターが断トツで多い。一見するとこれは不思議な結果に見える。ツイッターはネット上で最も罵倒と中傷が飛び交う荒れ果てた場所だからである。ツイッターではフェイスブックや LINE とは異なり匿名で見知らぬ者同士がつながっており，信用できる人が見つけにくい場所のように思える。

　しかし，設問の趣旨を踏まえると，実はこれはむしろ自然な結果である。設問で問うている「信用できる」というのは，個人的な悩みごとを相談したり，お金を貸し借りしたりするような「信用」ではない（それなら直接の知り合いが多いフェイスブックや LINE の方が信用できる人がいるだろう）。設問で問

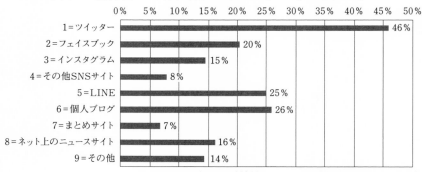

図6-7　ネットで信用できる人はどこにいるか

「ネットで信用を置いている人の言っていることはどこで耳にしますか？」

ネットに信頼する人がいると答えた人のみ (n=1,094)

　うている「信用できる」というのは，真偽不明のニュースの真偽を判定する際に信用できる人という意味である。真偽不明のニュースの真偽判定はそれなりの知識や経験を持った識者でなければできない。そのような人がたまたまフェイスブックやLINEの知り合いにいる確率は低い。フェイスブックやLINEの知り合いは自分とバックグランドが似ており，知識・経験は自分と似たり寄ったりのことが多い。自分と似たような人がこのニュースはフェイクだと言ったところで特に参考にはならないだろう。

　これに対してツイッターでは，自分にはない知識・経験を持った高名な識者といくらでも自由につながることができる。国際政治ならこの人，経済問題ならこの人，福祉関係ならこの人，環境問題ならあの人，などのようにそれぞれの話題ごとにこの人の言うことならあてになるという人を見つけることができる。このように考えれば，人々が真偽判定にあたって信用のおける人をツイッターから見つけているのはむしろ合理的な反応である。ネットは時間と空間を超えて広範囲の意見交流を可能にしたことの利点がここで発揮される。人々がそのように考えて信用のおける人をツイッター上で選んでいるのなら，これは「流言は智者に止まる」型の対策にとって良いニュースである。行動類型としては人々はすでにひな型を持っているのであるから，あとはその信用のおける人を増やしていけばよい。

| 6-10 | 智者をどう増やすか
——フォーラムの役割 |

　問題は信用のおける智者をどう増やすかである。現在は信用できる人がネット上にいると答えた人は 18% だけで少ない。どうして少ないのだろうか。

　信用のおける智者とは，高バイアスニュースを冷静に評価してくれる人のことである。一握りの事実の部分を認めながらも，バランス良く全体を評価すればミスリードになっていることを気づかせてくれる。そのような人はものの見方にバランスがとれているのであるから中庸な意見の持ち主と考えられる。どちらかの極端に位置する人はバランス良く評価することは不得手であるし，場合によっては彼ら自身が高バイアスニュースの提唱者になっているケースもある。そもそも一般ユーザ自身は中庸な意見の持ち主が多く，人は自分に近い意見の人を信用することからも，信用する智者は中庸な意見の持ち主が望ましい。

　しかしながら，第3章で述べたように中庸な人はネットから撤退する傾向にある。ツイッターや掲示板のような情報発信力が最強の場所から中庸な人は消えており，これがネットで信用のおける人がなかなか見つけられない理由である。中庸な人はツイッターや掲示板からは撤退して，LINE やフェイスブックに引きこもっている。先のダイヤモンドプリンセス号の事件で高バイアスニュースを止めた T 医師がツイッターの住人ではなく，フェイスブックの住人であったことは象徴的である。おそらくフェイスブックや LINE には，高バイアスニュースに対してバランスのとれた評価をしている識者がたくさんいるはずであるが，彼らの発言が広く知られることはない。もったいない話であり，彼らの知見を世に広めることが良い高バイアスニュース対策になる。

　そうであるなら，本書の提案するフォーラム型 SNS は一定の役割を果たすことができる。フォーラムは中庸な言論空間になりうるので，フォーラムができれば，今はフェイスブックや LINE にこもっている中庸な智者がフォーラムにでてくると期待できる。そうすれば一般ユーザはフォーラムをフォローすることで，中庸な智者に接することができるようになる。高バイアスニュースが降ってきたとき，フォーラムがそれを受け止めて評価し，人々はフォーラムで

の会話を聞いて，フェイク性が気がつく。これが大規模に起これば「流言が智者に止まる」対策が実現する。

　直近の例としてロシアのウクライナ侵攻についてはロシアを専門とする研究者がメディアとツイッターに登場し，盛んに情報発信を行った。代表的な例をあげれば東野篤子氏，廣瀬陽子氏，小泉悠氏などであり彼らの積極的な発信はフェイクの拡散をとどめるのに大いに役立ったと思われる。ツイッターでの誹謗と中傷は彼らにも浴びされているはずで，その中での献身的な活動は敬意に値する。フォーラムのような活動しやすい場所をつくればこのような生産的な議論のできる智者がもっとネットに出てくるだろう。

　まとめると本書の考えるフェイクニュース対策は2段階防御システムである。図6-8 がそのイメージである。図の右側からフェイクニュースが流れてくるとイメージしていただきたい。これらフェイクニュースのうち，b) と d) は客観的に嘘とわかる狭義のフェイクニュースなので，ファクトチェック機関が引き受けて判定を行い，流布を食い止める。a)，c)，e) は，一握りの事実を含む広義のフェイクニュースすなわち高バイアスニュースなので，ファクトチェック機関では対処できず，これは識者を抱えるフォーラムが引き受ける。フォーラムの識者が高バイアスニュースを適切に評価し，それを一番左側の一般の個人に伝える。個人はファクトチェック機関の判定と，フォーラムでの評価を手掛かりにニュースの信頼度を判断し，フェイクに近いと思えば拡散を抑えるのである。

図6-8　フェイクニュース対策のイメージ

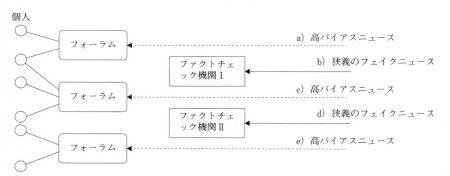

第 7 章

初期故障の時代──まだ 20 年しかたっていない

　ここまで読んでいただいた読者にはすでにおわかりのとおり，本書はネットについて楽観論をとっている。ネット上の分断は解決可能であるというのが基本的な考えである。現在のネットが荒れている原因のかなりの部分は一個人の強すぎる情報発信力にあり，それはインターネットが学術ネットワークだった頃の名残にすぎない。これは修正可能な問題であり，修正案の一つとして提案したのがフォーラム型 SNS であった。フォーラム型 SNS は，相手を倒すための議論だけでなく，相互理解のための中庸な議論を復活させ，さらに炎上とフェイクニュースにも一定の抑制効果を持つと期待できる。

　しかし，本書が楽観論をとっているのは，フォーラム型 SNS という改善案があるからだけではない。フォーラム型は一つの提案であってそれ以上のものではなく，もっと良いアイディアもありうるだろう。本書が楽観論をとっているのは，フォーラム型のような特定の案があるからではなく，それ以上の歴史的な理由がある。本書の最後に，この歴史的な考察を行い，なぜ楽観論をとるかを述べよう。

　そのために思いきって歴史をさかのぼり，ネットを近代化 500 年の歴史の中に位置づける。中世以来の近代化の歴史を振り返ると，現在はこれから 200 年は続くであろう情報化時代の草創期に相当する。新しい時代の草創期にはその時代の問題点が初期故障として噴出するのが通例であり，これまでの歴史的経験からすれば，初期故障はいずれ解決される。これが本書が楽観論をとる理由である[1]。

---

1) なお，本章は筆者の前著『ネット炎上の研究』の第 6 章を加筆増補したものである。

| 7-1 | 国家化，産業化，情報化 |

近代の段階論

　情報化の観点から見たとき，近代の歴史をどう整理するかはいろいろな考え方があるが，ここではもっとも包括的な見方をとっている公文俊平（公文1994）の整理を援用する。公文は，近代の歴史を国家化，産業化，情報化の3段階に分けて整理した。国家化とは軍事力を使って国家が領土拡張を図った時代，産業化とは企業が富を求めて経済活動を拡大した時代，情報化とは人々が情報をやり取りして理解・楽しさ・面白さなどを追求する時代である。図7-1はこの概念図である。

　ヨーロッパで近代がいつから始まるかは論争的であるが，通常は16世紀頃には中世が終わり，近世に入ったとされる。それ以降現代までの期間を段階で区切るとすると，18世紀末の産業革命を区分点にとるのが標準的な時代区分である。16世紀に中世が終わり18世紀末の産業革命までを第一の時代区分，産業革命から現在までを第二の時代区分とする。歴史家の用語としては，前者は近世（early modern），後者は近代（modern）と呼ばれることが多い。さらに情報化を重視する論客は現在，情報化と呼ばれる新しい段階に入ったとすることがある。本書でも20世紀末からを情報化の時代と呼ぶことにする。図7-1のように3つの時代はほぼ300年程度であり，互いに100年程度オーバーラップする。以下，それぞれの時代を順に概説する。

　中世が終わる16世紀頃，軍事革命があったとされる（Parker 1996）。軍事革命とは，大砲と銃の普及により，武具をまとった騎士（重装騎士）同士の戦いから大勢の兵士による集団戦へと戦争の様相が変化したことである[2]。軍事力は封建騎士の独占物ではなく，誰もが平等に軍事力の行使が可能になる。中世

　2）軍事革命という概念の発案者はスウェーデンの戦争史を研究したマイケル・ロバーツ（Michael Roberts 1995）である。軍事革命についてはいくつか論争があるが，多くはその範囲やタイミングについての程度問題についての議論であり，中世から近世にかけて戦争のあり方が大きく変わり，中世の重装騎兵が意味を失ったことについては広範な合意がある。

図 7-1 国家化・産業化・情報化

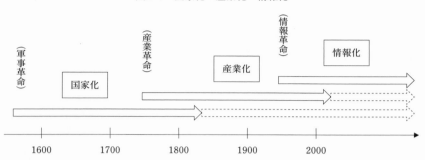

が終わった原因はいろいろ指摘されるが，この軍事革命によって封建諸侯の安全保障能力が失われたことが大きい。騎士が武具と馬に乗って戦う中世の戦闘方式では，堅固な城壁を落とすことは困難なうえ，そのような戦闘方法には訓練が必要で，騎士以外の兵士（平時は農民である）に同じことをさせることはできない。それゆえ中世では戦争は限定的で諸侯の勢力図はあまり変化しなかった。しかし，大砲は城壁を難なく破壊し，そこに銃と槍を持った多数の兵士が突入すれば制圧が完了する。こうして軍事面から中世の秩序は崩壊する。経済史の視点からはこの時期に軍事の生産性（大砲や銃など武器の生産性）が急激にあがったという報告があり，産業革命に対応する軍事革命と呼ぶべきものがあったことが示唆されている（Hoffman 2011）。

　安全保障が機能しなくなり，戦争が続くと，敗れた封建諸侯は力を失い，勝者となった諸侯の力が強まって格差が広がってくる。その結果，最終的に勝利を収めたものが中央集権化した絶対王政をつくり，主権国家が形成され始める[3]。

　もともと中世には今の主権国家と呼ばれるような強い国家はなく，諸侯は分立していた。国と呼ばれるものがありはしたが，国内の封建諸侯はしばしば国王の指示に従わず，自分の領土を守るため，あるいは血縁などの個人的事情で

3）主権国家とはその領域内での最高権力を持つ国家である。すなわちそれより上位のいっさいの政治権力を認めず，またその下にあるすべての政治権力に優越する存在である。具体的には，ローマ教皇の支配を認めず，また領域内の地方領主の独自の権力行使を認めない国家のことである。

戦争をした。また，国の上に神聖ローマ帝国という宗教上の上位存在があり，国は権威の点でも最高の存在ではなかった（たとえば「カノッサの屈辱」）。

この状態が，たび重なる戦争を通じて崩れ始める。封建諸侯はうち続く戦争の中で疲弊して没落し，中央集権を進めたルイ 14 世など絶対王政の力が強まってくる。近世の折り返し時点に起きた大きな戦争である 30 年戦争では諸侯の没落は決定的となり，さらにこの戦争後に結ばれたウェストファリア条約（1648 年）では，神聖ローマ皇帝の権威が否定され，国家に絶対的な地位を与え，主権国家が確立する。主権国家とはそれより上位の存在（この時期ではローマ法王）も下位の存在（封建諸侯）にも従わない強い存在であり，これ以降の人類社会で主役の一人であり続ける[4]。この時代は，言わば主権国家が誕生した時代であり，それゆえ公文（1994）はこの時代を国家化の時代と呼んだ。

次の区分点は 18 世紀の末の産業革命である。産業革命と言えば俗にワットの蒸気機関の改良がよく知られるが，産業革命の実態は，資本家が設備をそろえ労働者をやとって生産活動を行う工場という仕組みの発明である。それを体現したのが投資と技術革新によって生産を拡大していく企業体であり，この時代の主役になる。投資と技術革新によって生産を拡大していくことを以下，産業力と呼ぶことにしよう。国家化が軍事力の時代なら，産業化は産業力の時代である。これにより，農業とちがって自然のリズムに制約されることなく，技術革新と投資でいくらでも生産を増やしていく道が開かれる。エネルギー消費が飛躍的に高まり，生活水準が継続的に上昇する。労働者が農村から都市部に流れ込み，人口分布が一変する。鉄道などのインフラが整備されたことで，一国市場が現れる。大規模生産のための原材料供給基地として，また製品の販路として植民地が重要になり，これを奪い合う帝国主義が勃興する。これら一覧の流れは産業革命以降に進行した変化で，この時代は産業化の時代と呼ぶのがふさわしい。

産業革命は経済活動を自由にした。ちょうど軍事革命で軍事力が誰でも自由に行使できるようになったのと同じである。実際，初期の企業はまったくの自由市場の中にあった。政府はまったく介入しない。通貨発行さえ自由であり，

---

4) 近世にローマ教皇の政治的権威が失墜していった理由としては，無論ルネサンス，宗教改革といった意識面での変化もあるだろう。

民間銀行が自由に通貨を発行した。企業は自由放任のもとで，何らの制約を受けず，思うがままに富を求めて労働者を雇い，経済活動を行った。産業革命以前にも生産活動を行う主体がありはしたが，ギルドを形成したり，貴族や村落共同体のもとに従属する存在で，活動は制約されていた。産業革命で登場した企業はこの制約を受けない。ビジネスに専心し利潤追求すること自体を善とする倫理（プロテスタンティズムの倫理）や，自由放任に任せれば神の見えざる手で調整が行われるという社会理論（アダム・スミス）が，これを後押しする。企業は生産活動を世界全体に広げていき，豊かな社会をつくりだす。

　なお，ヨーロッパ以外の国はこの産業化の時代に帝国主義による侵攻を受け，それに反発・反応する形で主権国家の形成と産業化に同時に乗り出すことになる。言わば国家化と産業化は同時進行する。日本は早い時期でのその成功例の一つであり，アジア諸国は第二次世界大戦後はおおむねこの流れに乗っている。

情報化──理解・面白さ・楽しさ

　そして 20 世紀の末に次の区分点が来る。公文はこれを情報革命と呼び，情報化の時代が始まったと理解している。これまでのパターンに従うなら，情報革命は軍事力・産業力に加えて，「情報を扱う力＝情報力（後述）」が主要な手段となり，価値としては領土・豊かさに代わって何らかの情報的な価値が主役になる世界と考えられる。それはどのような社会になるのか。これまでのパターンに沿いながら整理してみると図7-2 のようになる。

図 7-2　3 つの時代の比較

	国家化	産業化	情報化
契機	軍事革命	産業革命	情報革命
手段	軍事力	産業力	情報力
舞台	国際政治	市場	ネット
価値	領土	豊かさ	理解・楽しさ・面白さ
英雄	軍人	企業人	「関心を集める人々」

　まず，これまでの二つの時代を整理する。国家化の契機は軍事革命であり，この時代の最も重要な力は軍事力である。主要なゲームは，国際政治という舞台の上で国家が軍事力を行使して戦うことである。人々が価値を置くのは戦争で獲得する領土であり，時代の英雄はルイ 14 世やナポレオンをはじめとする軍人あるいは政治家であった。これに対し，産業革命を経て産業化の時代になると，社会における重要な力は産業力（投資と技術革新）となる。市場という舞台の上で，企業が産業力を行使して競争することが社会の主要なゲームになる。人々が重視する価値は経済的豊かさであり，社会を代表する英雄としてフォードやカーネギーなど企業人が名を連ねるようになる。

　この流れに沿うと，情報化はどうとらえられるのか。情報革命とは，情報技術の急激な発達とそれを体現した機器とインフラの普及，それらを利用して情報交換を行うノウハウがあまねく人々の間に広がったことである。軍事力・産業力に置き換わるものは情報に関わる力で，適当な用語がないので仮に「情報力」と呼んでおく。情報力の中身は情報収集力，情報処理力，情報発信力の 3 つである。これらの力が飛躍的に伸びたこと，人々がそれらを使いこなすようなったことについては異論ないだろう。

　ここで重要なのは価値観の変化である。もし情報機器を利用しても，その目的が企業の利潤最大化あるいは軍事利用であるなら，産業化・国家化の時代と状況は変わらない。単に目的達成の手段が一つ増えただけで情報革命と言うには値しない。人々の価値観が軍事的優位や経済的豊かさ以外の，何らかの“情報的なもの”に向かってこそ情報革命と呼ぶ価値がある。それは，情報処理と情報交換それ自体が持つ価値でなければならない。情報処理・交換が軍事的優位や経済的豊かさを得るための手段ではなく，情報処理・交換がそれ自体に価値があることである。その中身はまだ判然としないが，おそらく理解・楽しさ・面白さといったものになるだろう。

　たとえば，Linux などオープンソースの開発をしている人は，経済的富が主たる目的ではない。それよりは良いソフトウェアをつくって使ってもらい，賞賛や感謝を得ることが目的である。フェイスブックでレストランの写真を載せて感想を書いたら，人から私も行ったよ，おいしかったと返事が来たとしよう。そのときの楽しさは経済的豊かさではなく，人と交流し，共感したことの楽し

さである。農産物を直接消費者に送り，その感想を聞く農家は，市場調査以上
の喜びを感じているだろう。LINE で日がな友人とおしゃべりしている人，オ
ンラインゲームでチームメイトと協力プレイをする人，いずれも楽しみは人と
のやり取りにある。

　NGO をつくって途上国向けに援助品を送り，あるいは途上国の人のつくっ
た製品を輸入販売している人は，途上国の人とのやり取りの中に，ビジネス以
上の価値を見出しているだろう。ゲームアプリを開発して世界中の人に使って
もらえれば，それ自体が楽しいことである。地球環境を守るための研究者の世
界的ネットワークができて，智恵を集めた提言を行っていれば，人々は価値あ
ることとしてこの活動に敬意を払うだろう。YouTube に歌ってみたをアップ
したら，地球の裏側の人から賞賛のメッセージが来て，その人もまた歌ってみ
たをアップして交流が始まれば，わくわくすることだろう。

　これらの活動は経済的豊かさにはおさまりきらない価値を人々に与えている。
それは「理解・楽しさ・面白さ」のような何かである。そこでの英雄とは，理
解・楽しさ・面白さで傑出した成果を出した人，すなわち価値ある情報活動を
して人々の関心を集めた人になると予想される。なお，公文（1994）はこのよ
うな価値ある情報をつくりだす主体を，産業化時代の企業になぞらえて「智
業」と呼んでいる。

　情報化時代を生きる人間のヒーローのはしりとしては，ツイッターでのフォ
ロー数が多い人，チャンネル登録数の多い YouTuber がそうであろう。彼ら
は多くの人に理解を，楽しさを，面白さを提供している。ある人は経済問題を
解説し，またある人は量子力学を講義して人々に理解を届ける。ある人は自分
のつくった曲を，あるいは人の楽曲をアレンジして流して，人々を楽しませる。
または，日常のさまざまの面白い出来事を動画で投稿する。これらの活動はい
ずれも経済動機もないわけではないが，理解・楽しさ・面白さを提供して注目
をあるいは支持を得ること自体が目的である。子供たちの将来なりたいものに
YouTuber が登場して久しい。また，近年は雑誌や新聞に書く論客よりネット
で発信する論客の方が影響力が大きくなりつつある。

　彼らの活動は現状ではまだ他愛のないものである。情報化の初期段階ではあ
ればその程度にとどまるのはいたし方ない。しかし，時間と労力という資源を

情報的な活動に投じる人は増えている。若者の車離れと言うようにモノが売れないことが話題になる一方で，情報通信関連の支出やそれに使う時間は一貫して増えてきている。街でも職場でも家の中でもスマホの画面を見ながら過ごす時間がめっきり増えた。モノの豊かさから情報のやり取りの楽しさへと価値は移りつつあることは疑いようがない。実際，モノの豊かさと心の豊かさのどちらを優先したいかを問うと，この 20 年あまり，心の豊かさを優先したいという人が一貫して増えてきており，これも情報のやり取りにともなう喜びの方に人々の価値観がシフトしていることの表れと解釈できる[5]。

　ここで述べる情報化はまだ始まったばかりである。国家化と産業化はそれぞれオーバーラップしながら 300 年は続いた。同様に考えれば情報化もこれから300 年程度は続くと考えられる。その間に，情報機器はウエアラブルになり，ヴァーチャルリアリティが実現し，人工知能が下手な人間並みの知能を持つ。そこでは情報的な活動に価値を置き，それに浸る人がますます増えてくるだろう。さらに，電子情報に並ぶもう一つの重要情報である遺伝情報をいじることまで情報化に含めれば，情報化の射程はさらに広がる。

若干の統計的補足

　このような段階的発展に符合する統計資料を少し示そう。本来は戦争の数や，企業の数などが望ましいが，長期間で比較可能なデータを得るのは難しい。しかし，上に述べたように，時代の区分けで肝要なのが価値観の変化であるなら，人々の関心の対象が動いていったことを示せれば傍証にはなるだろう。そこでGoogle Ngram Viewer で，人々の関心の推移を見てみる。

　Google Ngram Viewer は，Google がアーカイブ化した過去 500 年あまりの数百万冊の本について，単語の出現頻度を出してくれる装置である。これを使うと当時の人々がどんな単語を使って議論していたかがわかるので，人々の関心の推移を追うことができる。これを使って国家化，産業化，情報化，それぞれを代表する単語の出現頻度を見てみよう。

　ここで単語の選び方としては，当時の人々が日常で口にしていた単語である

5）内閣府，2019，「国民生活に関する世論調査」より，https://survey.gov-online.go.jp/r01/r01-life/zh/z21-2.html，2022/1/24 確認。

図 7-3　書籍中の単語出現頻度：“War”

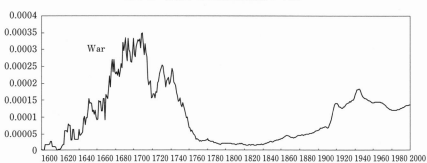

注：Google Ngram Viewer より，3 年移動平均値。

必要がある。学者好みの学術用語や，後世の歴史家が使い始めた単語は不適切
である。たとえば主権国家（sovereign state），資本主義（capitalism），産業革
命（industrial revolution）という単語は後世の研究者が使い始めた言葉で，当
時の人が使っていた言葉ではない。また，他の意味でよく使われる言葉も不適
切で，たとえば国を表す state と country はそれぞれ「状態」「田舎」という
意味で使うことが多いのでふさわしくない。

　以上を踏まえ，国家化の時代を表す言葉としては大文字の戦争（War）を採
用する。軍事革命後の主権国家形成期では，戦争が常態であり，戦争で国家化
を進めたからである。なお，大文字にしたのは小文字の戦争（war）は，ビジ
ネス戦争（business war）やスポーツ解説での使用など，比喩的な使われ方が
多いためである。大文字の War にしておけば，ほぼ国家間あるいは諸侯間の
戦争に限定される。

　図 7-3 がその結果である。横軸は 1600 年を期限に 2000 年までとってある[6]。
縦軸は出現頻度である。一見して明らかなように，1600 年代から 1700 年代半
ばに“戦争”への関心が高かったことがわかる。この時代はちょうど国家化の
時代に相当する。1940 年頃に少し増えているのは第二次世界大戦の影響であり，
戦争は現代でもそれなりの関心事ではある。しかし，それでも戦争への関心は

──────────
6）Google Ngram Viewer は 1500 年からとれるが，1500 年代は本の数があまりに少ないため，デー
　タの乱れが大きく，統計的に安定した結果が得られない。そこで 1600 年代からに限定した。

図 7-4　書籍中の単語出現頻度："business" "industry"

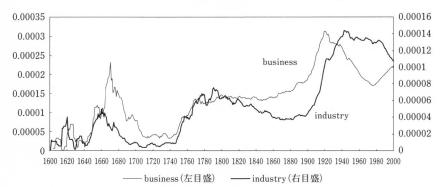

注：Google Ngram Viewer より，3 年移動平均値。

16 世紀〜 17 世紀よりは低いことが注目される。かつて戦争は今よりはるかに人々の関心を集めていた。ルイ 14 世は死に際に 50 余年に上る治世を振り返って，「余は少し戦争を愛しすぎた」と述べたと伝えられるが（菊池 2002, p. 172），それほどまでに当時は戦争に明け暮れており，戦争が常態であった。

　産業化の時代を代表する単語としては industry と business を取り上げよう。図 7-4 がその結果である。1670 年頃に一時的に高まることがあるが短命に終わる。これらの言葉に関心が高まるのは 1700 年代終わりで，ちょうど産業革命が起きた頃である。それ以降は横ばいあるいはゆるやかに下がった後，1920年代から再び高まっている。多少波はあるが，産業化の時代に industry と business への関心が高まっていたことがわかる。産業革命以前，すなわち 1600 年代から 1700 年代半ばにかけては industry と business という言葉にはあまり関心が払われていないことに注意してほしい。今日では産業（industry）と仕事（business）は，誰でも口にする日常用語であるが，国家化の時代にはそうではなかった。産業革命以降，国中に工場ができ，生産活動が普遍的になるにつれて，これらの言葉はわれわれの日頃の関心事になっていったと考えられる。アメリカ大統領クーリッジ（1923-1929 年）の言葉として伝えられる "The business of America is business（アメリカのなすべきことはビジネスである）" は，この時代の精神をよく表している。国家化の時代の君主にとっては，business

図 7-5　書籍中の単語出現頻度：“information”

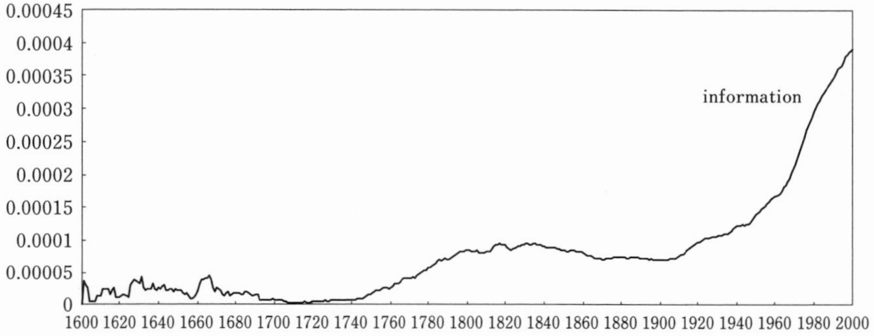

注：Google Ngram Viewer より，3 年移動平均値。

は戦費を得るための手段にすぎず，それを国の第一になすべきことにするなど
考えられなかっただろう。business を伸ばすこと，すなわち国を経済発展させ
て豊かにすることが国の最大責務になったのは，産業化の時代になってからで
ある。

　最後に情報化の時代を代表する単語としては言うまでもなく，情報（informa-
tion）が最も適切であろう。図 7-5 がその出現頻度の推移である。明らかに
1960 年以降，急激に増えていることがわかる。1960 年代は，パーソナルコン
ピュータが登場し，インターネットの原型が国防総省でつくられた頃である。
これ以降，情報への関心が急速に高まっていることがわかる。

　ここで示したグラフは，単語の選び方に恣意性があるため，実証というより
は解釈あるいはデモンストレーションである。人々の関心事の変化が，先に示
した発展段階論に当てはまるように動いているように見えるということを示し
たにとどまる。しかし，デモンストレーションすら示せないこともあるので，
一定の意味はあるだろう。戦争という言葉は産業革命以前の 17 世紀〜 18 世紀
半ばにもっとも人々の関心を集めたこと，産業やビジネスという言葉が人々の
口にのぼるようになったのは産業革命以後の産業化段階ということ，そして
1960 年以降に情報への関心が高まっていること，これらの事実はここで述べ
た近代の段階説と符合する。

　最後に既存の調査からも一つ引用しておく。先に述べた「モノの豊かさか，心の豊かさ」という問いへの答えである。総理府統計局の時代から長期にわたって行われている「国民生活に関する調査」の中に次の設問がある。

　問　今後の生活において，物の豊かさか心の豊かさに関して，次のような
　　　二つの考え方のうち，あなたの考え方に近いのはどちらでしょうか。
　（ア）　物質的にある程度豊かになったので，これからは心の豊かさやゆと
　　　　りのある生活をすることに重きを置きたい
　（イ）　まだまだ物質的な面で生活を豊かにすることに重きを置きたい
　　　・　どちらともいえない
　　　・　わからない

これは俗に「モノの豊かさ，心の豊かさ」の問いと言われる。この調査結果は図 7-6 のようになる。
　これを見ると，1980 年頃まで拮抗していたのが，その後一貫して心の豊かさを重視したいという声が増えていることがわかる。この間，バブルもあれば，

図 7-6　モノの豊かさか心の豊かさ

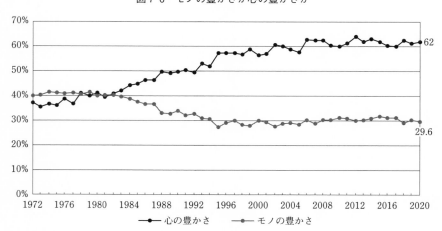

出所：内閣府「国民生活に関する世論調査」より。

バブル崩壊もあり，さらにリーマンショックや失われた10年という時代もあった。図7-6の趨勢はこれらのさまざまの経済変動の影響をほとんど受けていないことに注意されたい。心の豊かさを重視する方向への変化は，そのような短期的な事件に影響されない長期的な趨勢，言わば構造的な変化である。

　これ以外の各種調査でも経済的成果より心の幸せを重視する傾向がでている。たとえばNHKが5年ごとに実施している「日本人の意識」調査では，この45年の変化として生活目標として「しっかりと計画を立てて，豊かな生活を築く」人が一貫して減り，「身近な人たちとなごやかな毎日を送る」「その日その日を，自由に楽しく過ごす」が増えることを見出している[7]。統計数理研究所が行っている長期調査「日本人の国民性」でも似たような傾向が見出せる。

　無論，現在の日本でも貧困の問題はあり，子供食堂や貧困女子など経済問題は存在する。格差問題はこれからも問題であり続けるだろう。昨今は日本は経済的に衰退しつつあるという認識も一般的である。しかし，それにもかかわらず心の豊かさを重視するという答えが安定して6割に達している事実は重要である。戦後の高度成長期の人間は，庭付きの一軒家，クルマ，豪華な耐久消費財などモノの豊かさを目標に働いてきた。経済的な豊かさはあこがれであり，そのために出世階段を駆け上がろうと企業での長時間労働に邁進した。しかし，今や働き方改革の時代であり，企業で過ごす時間より個人で過ごす時間を重視したい人が増えている。そして個人で過ごすというとき，そこで彼らが行うことは，何らかの情報的な価値を求める活動であるだろう。その人の手にはパソコンやスマホなどなにか情報機器が握られているはずである。

7-2　草創期の初期故障

草創期の力の暴走──国家化の時代

　以上，3つの段階説を述べてきた。この3段階説をとるとき，強調すべきことがある。それはその時代の草創期には初期故障とでもいうべき問題が噴出し

---

7) NHK, 2019, 「「45年で日本人はどう変わったか」(2) 〜第10回「日本人の意識」調査から〜」, https://www.nhk.or.jp/bunken/research/yoron/pdf/20190601_6.pdf 　2022/1/24確認。

たことである。時代の始まりは決してスムーズだったわけではない。以下，順に見ていこう。

　主権国家形成の草創期，軍事革命が起こって誰もが軍事力を行使できるようになったと述べたが，それは大多数の人にとって望ましいことではなかった。草創期の兵士は傭兵だったからである。諸侯に常時兵を養うだけの資力はなく，諸侯はうち続く争乱を傭兵を雇って戦った。そして傭兵は自ら武具を持っていたため，一歩間違えれば野盗に転じてしまう存在であった。雇い主である諸侯が，傭兵に対し，敵地占領後3日間は報償として占領地からの略奪を認めていたりしたことも事態を悪化させた。さらに戦争が終わると傭兵は失業してしまい，略奪以外に食べる方法がなかった。

　傭兵たちもそのすべてが悪に手を染めたわけではないだろう。ドイツの有名な傭兵団の一つランツクネヒトは，自らを中世のドイツ騎士団の後裔と称し，自由人であることを誇りとしていた。奇抜な服装をして衆目を驚かし，誰の支配も受けず，団員の総意で意思決定するなど，今日から見ても，ある種の男のロマンを感じさせるところがある。ダルタニヤンの活躍で有名な小説『三銃士』は当時の空気の一部を現代に伝えている[8]。しかし，中世の重装騎士が帰るべき城を持ち，守るべき名声を持っていたのに対し，傭兵は流れ者で守るべき名誉もなく，一部ではあっても中から不心得者が出るのは避けがたかった。そして一部の者でもことは軍事力の暴走なので被害は甚大となる。

　　「彼らは諸国を放浪し，無銭飲食，盗み，追いはぎ，放火，人殺し，略奪を
　　　繰り返し，その眼にすさんだ陰険な光を宿すことになる」（菊池 2002, p.
　　　104）
　　「戦争が一般に認められた権威者による，政治的に動機づけられた，力の行
　　　使と言う意味での「戦争」ではなくなり，普遍的で無秩序で自己永続的な
　　　暴力に退化しているように思われた時代であった。」（ハワード 2010, 訳書

8）三銃士は国王に仕えていて傭兵とは言えないが，王ではなく姫に忠誠を誓ったり，途中で国王ではなく別の諸侯側についたりして，国家の職業軍人というよりは，自由な戦士として描かれている。彼らの合言葉「一人は皆のために，皆は一人のために」は，彼らの行動原理が国への忠誠というより，自分たちの自由な意思の発露であることをよく表している。

図7-7 カロの銅版画

Voyla les beaux exploits de ces cœurs inhumains / Ils ravagent par tout rien nechappe a leurs mains / TiresLor Con Privil Reg. / L'un pour avoir de lor, invente des supplices, / L'autre a mil forfaits anime ses complices ; / Et ceux dvt mfme accord commettent meschamment / Lewel, le virge, le meurtre, et le viollement. 5

カロ（Callot）「戦争の惨禍」（1633年）より。30年戦争時，農家を襲う兵士の図である。左手前では女性が襲われ，男は刺し殺されようとしている。左奥では住人が刃物を突き付けられて脅されており，その奥の開いたドアからは酒を略奪している兵士が見える。中央手前のテーブルに群がった男たちは食料を奪っており，中央右手で略奪品を物色しているように見える。中央奥のベッドの二人の兵士は女性の上に乗りかかってレイプしようとしている。その横では人を逆さにしばって動物のように吊るし，火であぶっている。別の文献によれば，当時，兵士たちは市民をとらえると逆さにして火であぶって金品のありかを白状させたという証言があり，これもその一つと考えられる（Hornstein 2005, p. 37）。当時の兵士は傭兵であり，このように暴行・レイプ・略奪は頻発していた。

出所：Hornstein, 2005, http://hdl.handle.net/2027/spo.0054307.0016.102, 2022/1/24確認。

pp. 71-72）

　その暴虐ぶりは，30年戦争のときのカロの銅版画に詳しい。戦争の惨禍として知られるこの銅版画シリーズは，傭兵たちがいかに暴虐無惨な行いをしたかを後世に伝えている（Hornstein 2005）。**図7-7**はその中の一枚で，農家を襲う兵士を描いたものである。この絵の中の兵士たちは，財産を奪い，男を殺し，女をレイプし，金品のありかを白状させるために住人を逆さに吊るして火で焼き拷問を加えている。軍事革命で誰もが自由に使えるようになった軍事力は暴走し，多くの人を苦しめることになったのである。

　また，当時の戦争では宗教がからみがちであった。16世紀の宗教改革の結果として，当時はプロテスタントたる新教国とカソリックの旧教国が存在しており，戦争が宗教戦争の色彩を帯びやすかった。宗教戦争では相手を滅ぼすべ

き絶対の悪とみなすため，講和して妥協を図るという終結策をとりにくい。戦争はいつ果てるともなく続き，どの国も疲れ果て消耗していく。さらに，この時期には国際法がなく，宣戦布告，休戦，交渉，講和などの手続きが制度として整っていなかった。仮にどちらも戦争を止めたいと思っていても，その方法が乏しかったのである。かくして戦争は30年戦争に代表されるように無駄に長期化し，傭兵の暴虐もまた長期化して，諸国に疲弊が広がっていった。

　しかし，やがてこの混乱状態は収拾に向かう。まず，傭兵の暴虐を防ぐためには，傭兵に俸給を与え常備軍化する必要がある。戦乱で諸侯が疲弊するなかで中央集権化を進めた絶対王政は，それを可能にするだけの資力をたくわえていた。言わば，軍事力を国家が独占するのであり，これにより傭兵の暴虐は抑えられる（マックス・ウェーバーの言う「暴力の独占」）[9]。また30年戦争後に結ばれたウェストファリア条約（1648年）は，神聖ローマ帝国を解体し，各国を主権国家と認めた。主権国家は他のいかなる権威（宗教的権威）にも服さない存在なので，言わば宗教的権威を否定したことになり，以降は宗教戦争は影をひそめていく。さらに，30年戦争のさなかに書かれたグロティウスの『戦争と平和の法』は戦争のときでも双方が守るべき法が必要であると説き，国際法への道を切り開く。ウェストファリア条約以降は国際法の整備が進み，次第に国家の戦争行為に秩序が生まれてくる。

　これ以降は軍事力の行使は事実上限られた主体，すなわち国家しかできなくなる。誰もが自由に武器を保有あるいは行使することはできなくなり，傭兵のロマンは失われる。しかし，その代わり，軍事力の暴走は回避される。宗教的正義をかかげることはなくなり，どの国も同じ資格を持つ主権国家として対等の関係で戦争に臨むことになる。自分が正しく相手が間違っているから戦争をするのではなく，双方ともに利害が対立している似た者同士であり，言わば欲の突っ張り合いで戦うのだという理解を双方が持つようになる。戦争は局地化・短期化され，一定の勝敗が出た後で講和が結ばれ，負けた方が勝った方に一定の領土あるいは利権を渡して決着がつく。負けた方は勝利国が強大化する

9）マックス・ウェーバーは国家とは暴力の合法的な独占であると述べた。これは主権国家の本質の一つを衝いた指摘としてその後広く認められている（ウェーバー『職業としての政治』岩波文庫，1980年，原著の講演は1919年）。

のを防ぐために他の国と同盟関係を組んで勢力均衡を維持し，雪辱を期して国力の蓄積に励む。こうして軍事力は野放図に使われることはなく，「戦争は異なる集団による政治の継続」（クラウゼヴィッツ『戦争論』）となり，常態化される。これが国家化の時代である。

草創期の力の暴走──産業化の時代

　産業化の草創期にもこれと同様の，力の暴走が起こった。この場合の力とは，産業力すなわち投資と技術革新の力で生産力を拡大している企業の力である。産業革命以降，誰もが自由に富を求めて市場に参加し，通貨を発行し，企業を起こした。市場に参加することに何らの制約はなかった。銀行は自由に通貨を発行し，企業は思うがままの条件で労働者を使い，どんな製品をつくろうとも自由であった。しかし，誰もが自由に何の制約も受けずに経済活動を行うと，望ましからざる機能不全を引き起こす。企業による産業力の暴走の例はいくつかあるが，ここでは通貨発行と労働問題，そして機会主義を取り上げてみよう。

　今日では通貨の自由な発行など誰も考えもしないだろうが，自由な通貨発行はフリーバンキングと呼ばれ，アメリカをはじめとして各国で一時期実施されていた[10]。日銀券というのは日本銀行が発行した通貨という意味であるが，同じように民間銀行が発行した〇〇銀行券，△△銀行券という通貨が複数流通していたと思えばよい。日本で言えばみずほ銀行券，三井住友銀行券のようにである。発行した銀行が金・国債などで十分な準備資産を持っていれば問題はない。しかし，準備資産以上に通貨を発行すれば銀行はその額だけそのまま儲かるので，銀行には過剰に通貨を発行したい誘因が常に存在する。かくして資産以上の通貨を発行する銀行（山猫銀行と呼ばれる）が少数ではあってもどうしても現れ，結局破綻することになる。破綻すればその銀行の銀行券は無価値になり，金融恐慌を引き起こす。多くの企業が連鎖的に倒産し，経済への被害は計り知れない。

10）正確にはフリーバンキングと言っても完全に自由に通貨発行ができるわけではなく，十分な準備資産が必要とされていることなどはこれまでと同じである。違いは監督官庁が中央政府ではなく地方政府になり監督が甘くなったことで，結果として数多くの銀行の野放図な（すなわちフリーな）通貨発行を許すことになった。これを称して俗にフリーバンキングと呼ばれている。

　労働者に対する企業の力の暴走は，労働問題として学校の教科書でも取り上げられるほどよく知られている。日本では『女工哀史』や『ああ，野麦峠』で描かれた製糸・紡績工場での若い女性労働者の悲惨な境遇がよく知られている。ヨーロッパでは炭鉱や工場での児童労働が大きな社会問題になった。経営者に比べて労働者は一人一人では圧倒的に交渉力が弱く，何の法的保護もなければ企業による搾取的取引が起こるのは避けがたい。

　さらに，消費者に対しては，企業の力の暴走は詐欺的な商法として現れる。消費者は企業に比べて商品についての知識が少ないため，企業はそれにつけこんで不良品を売って儲けようとする誘因がある。経済学では，このような行動は機会主義（opportunism）と呼ばれ，企業と消費者のように商品知識についての格差，すなわち情報の非対称性があるときに発生しやすい。欠陥住宅を売る，中古自動車市場で事故車を売る，発火する危険がある家電製品を売る，などが典型である。産業化の草創期は商品について品質基準も認証もなかったため，モラルを失ってしまえば企業側はやりたい放題だった。産業化の草創期は，通貨が突然無価値化し，悲惨な労働環境が蔓延し，詐欺的な商品が横行する荒れた世界だったのである。

　しかし，やがてこれらの産業力の暴走を防ぐ対策が打たれる。通貨発行は中央銀行に独占され，民間銀行は通貨発行を禁じられる。国という後ろ盾を得て，銀行券がいきなり無価値になるという金融恐慌は避けられるようになる。各種の労働法規がつくられ，労働者保護法制が整備される。労働者の福利厚生が義務づけられ，今や日本では解雇も簡単にはできない。また，多くの商品に基準・認証が整備され，その順守が義務づけられる。JIS 規格・JAS 規格から始まって建築基準法，金融商品取引法などおよそあらゆる商品に規制の網がかかる。

　今やわれわれは自由に通貨を発行することはできないし，企業は各種労働法規を守り，福利厚生に気を配らなければならない。商品を提供するときはたくさんの基準・認証に適合するかを検査しなければならない。経済行動には一定の制約がはまり，その点では規制が常態化する。当初あった自由な経済活動は大きく損なわれる。他の何ものにも依存せず，自己の力のみで自由市場を生きようとするリバタリアン的な理想は失われる。しかしながら，その代償とし産

業力の暴走は抑えられて，社会は安定し，富が蓄積されていく。

　こうして振り返ってみると国家化と産業化は似た道をたどったことがわかる。2つのケースに共通するのは，時代の草創期には少数者による力の暴走が起こり，社会に脅威を与えることである。国家化の草創期に軍事力を使って悪をなした傭兵は人数としては少なかったかもしれない。傭兵は略奪を働いたと述べたが，自由であることを誇りとする立派な傭兵もいたはずである[11]。しかし，わずかでも不心得者がいて，略奪，レイプ，殺人を犯せば，それだけで社会にとっては脅威である。

　産業化の草創期についても，発行通貨が破綻した銀行や児童を酷使した企業は数としては少なかったかもしれない。たとえば，フリーバンキングを終了させた大きな原因は山猫銀行と呼ばれる詐欺同然の銀行であるが，山猫銀行は数としては少なかったようである[12]。児童労働についても，当時は親元で農業に従事するより工場労働する方が子供にとって平均的にはましな境遇だったという見解もあり[13]，児童を酷使する悪徳企業家は数としては少なかったかもしれない。日本の女工についても，彼女らの出身地の貧農の生活の方がむしろ厳しく，それに比べれば工場勤めはましだったという説もある。しかし，数が少なくても銀行が破綻と恐慌を起こせば，社会に脅威を与えるに十分であるし，10時間以上働かされて死んでいく子供が一定数いるなら，それが少数であっても社会にとっては無視できない。数が少なくても酷使されて死んでいく女工がいればやはり問題である。

　このように，これらの力の暴走は，たとえ暴走者の数が少ないとしても，社会全体にとって大きな脅威であった。そこで対策が考えられる。対策は，いずれの場合も解放された軍事力，産業力の行使を無制限には認めず，何らかの制御を入れることでなされている。

---

11) 特に南ドイツの有名な傭兵団ランツクネヒトは自由であることを誇りとしていたと言われる（バウマン 2002）。

12) Rockoff（1974）によれば，山猫銀行による破綻などで通貨が大量に無価値になったのはミシガン州，ニューヨーク州など3〜4か所で，数としてはそれほど多くなかったようである（同論文，p. 150，Table 2）。それでも最終的にはフリーバンキングは放棄された。

13) クラーク（1998）は，当時の資料をもとに実証した結果，工場の子供たちは親元の農場で搾取されるよりはましな暮らしをしており，工場で働く子供の身長はそうでない他の子供より高く，むしろ恵まれていた可能性があると述べている。

表 7-1　国家化・産業化・情報化

	国家化	産業化	情報化
目的	領土	豊かさ	理解・楽しさ・面白さ
手段	威嚇	交換	説得・交流・享受
スター	政治家・軍人 　　ルイ 14 世, ナポレオン	企業人 　　フォード, ロックフェラー	知的影響力のある人, 面白い人, 尊敬を集める人, フォロワー数の多い人, YouTuber
主要な力	軍事力 (大砲, 銃)	産業力 (投資と技術革新による利潤追求)	情報力 　情報発信力 　情報収集力 　情報処理力
初期故障	軍事力の暴走 • 傭兵による暴虐 • 果てしない国家間戦争 (30 年戦争, 宗教戦争)	産業力の暴走 • 恐慌 (金融恐慌, 大恐慌) • 所得格差 (階級格差) • 機会主義 (詐欺・不良品)	情報力の暴走 • 強すぎる発信力 (炎上, フェイクニュース, 分断) • 強すぎる収集力 (監視社会のディストピア) • 強すぎる処理力 (AI の人間支配?)
対策	• 傭兵→常備軍化 • 戦争→ウェストファリア条約 (1648 年), 戦争と平和の法, 国際法, 正戦論の否定, 宗教戦争の終わり	• 恐慌→中央銀行・財政政策 • 格差→福祉国家・再分配・労働法 • 機会主義→規制・基準	• 試行錯誤中 • 発信力の制御 (ファクトチェック, サロン) • 収集力の制御 (GDPR, 仲介機構) • 処理力の制御 (?)

　表 7-1 と左から 1 列目と 2 列目は, ここまでの議論を踏まえて, 国家化と産業化の時代の主要な力とその暴走, そして対策をまとめたものである。これを次の情報化の時代に当てはめてみよう。

情報力の暴走——発信力・収集力・処理力

　表 7-1 に従えば, 情報化の草創期である今の時代にも力の暴走が起こってしかるべきである。情報は収集し, 処理し, 発信するものなので, これにあわせて情報発信力の暴走, 情報収集力の暴走, 情報処理力の暴走の 3 つを考えることができる。

　本書で議論してきたのは, このうちまさに情報発信力の暴走の問題であった。ここで重複を恐れず, 発信力の暴走についてもう一度復習しておこう。インターネットでは, 誰もが最強の情報発信力を持っている。大統領でも, 名もない

一個人でも同じ発信力を持つ。仮にアメリカ大統領がツイッターをやっている
として，これに日本の首相がリプライしても，無名の個人がリプライしても，
両者を区別なく読むことになる。日本の首相がアメリカ大統領に「あなたの意
見はおかしい」と意見するとの同じように，一個人が大統領に「あなたの意見
はおかしい」と意見できる。情報発信力としてはこれ以上ないほど強力であり，
平等という原理からしても究極の姿であっただろう。インターネット草創期に
はこの強力さをすばらしいと称える空気があった。

　しかし，これまで国家化・産業化の草創期と同様に，この状態は大多数の人
にとって望ましからざる問題を引き起こす。相手を倒すことだけを目的とする
少数の極端な人たちが，中庸な人を押しのけてしまうというのがそれである。
その結果，相手を理解しようとする落ち着いた議論は消えてしまう。相手を倒
すことを目的とする極端な人は数のうえでは少数であろう。しかし，少数でも
全体に及ぼす巨大である。中庸な人は発信をあきらめ沈黙するか，あるいは閉
じた輪（LINE など）に逃げることになる。ネットは腕に覚えのある猛者だけ
が徘徊する荒野となる。左右の両端の極端な思想傾向の人が闊歩し，本来は多
いはずの中庸な人の意見は蒸発するかのように消えてしまう。情報発信力が上
がったことそれ自体は良いことであるだろう。産業革命で経済活動が爆発的に
拡大したことがとりあえずは良いことだったとの同じである。しかし，一部の
人の情報発信が，他の人の情報発信を萎縮させてしまうなら，それは問題視せ
ねばならない。

　あらためて振り返ってみると，一般論として人々が強大な力を得たとき，一
部ではあっても暴走が起こるのは避けがたい。軍事革命後に人類が得た軍事力，
すなわち大砲・銃器の戦闘力は強大であったし，産業革命後に得た産業力，す
なわち投資と技術革新で生産を拡大していく産業化の力も目も眩むばかりに大
きかった。それぞれの時代の草創期，社会はこの力を制御できず，一部ではあ
るが暴走が起こり問題が噴出する。これは草創期につきものの初期故障である。
これと同じように，現在われわれが手にした情報についての力，すなわち情報
の収集力，処理力，発信力はかつてないほど巨大である。これだけ巨大な力を
手にしたからこその情報革命であり，それゆえにまた一部の人による暴走が初
期故障としては起こらざるをえない。

　暴走は，情報「発信力」に限らない。情報力は，収集力，処理力，発信力に分けられるので，発信力の暴走だけでなく，情報収集力の暴走と情報処理力の暴走も考えることができる。本書の主要課題ではないが，ここで残りの2つにも簡単に触れておく。

　情報収集力の暴走への危惧は，映画『1984』のビッグブラザー以来，よく表明されている。ビッグブラザーは政府であったが，現在では政府より民間の手による情報収集の方が強力である。たとえば，フェイスブックは利用者の書き込みや閲覧などネット上の行動を把握しているので，その人の性向・好みなどを把握できる。グーグルは検索履歴と YouTube 閲覧履歴を通じてその人が何に関心を持っているかを知ることができる。アマゾンは，書籍をはじめとする物品の販売履歴を持っているので，ユーザの思想傾向や生活ぶりをその人の住所氏名込みで知ることができる。

　考えてみるとこれは驚くべきことである。かつての電話会社は通信の秘密があるために通話の中身を知ることはできなかったし，公立図書館では貸出履歴は個人の思想把握につながるとして厳格管理され，最近では貸し出しの電子記録を本の返却後直ちに廃棄するところすらある。これに比べればフェイスブックもグーグルもアマゾンもはるかに“自由に”広範なデータを収集し，これを利用できる立場にある。このことへの危惧は多くの人が表明しており，たとえば最近出た『監視資本主義』はその端的な書物である（ズボフ 2021）。類書の数は多い。情報収集力の拡大への危惧はすぐに対策を生みだしており，EU の GDPR（General Data Protection Regulation）や日本の個人情報保護法などはそれへの対抗策である。

　情報処理力についての危惧は，最近の人工知能についての議論にその兆しが見て取れる。人工知能は急激に能力をあげており，自動運転や信用評価システムのような特定用途なら人間に迫るか，あるいはそれを超える精度・安定性をだせるようになってきている。真に人間に近い汎用 AI になるとき（いわゆるシンギュラリティ・ポイント）が来るかどうかは議論が分かれるが，それが来ないとしても人間の知的活動のかなりの部分が代替されることは間違いない。そうなるとさまざまの問題が沸き起こる。

　よく言われるのは人間の仕事が AI に奪われることによって生じる失業問題

であるが，これは比較的対処しやすい問題である。人間だけができる仕事は必ず残るので，人間が再度職業訓練を受けて（実際にはこれが大変であるが），その残る仕事に移動すればよい。より困難なのは人工知能が行った意思決定をわれわれが受け入れるかの方であろう。たとえば，会社の人事評価を AI が行って，その結果自分が昇進できなかったとして，人はこの結果を受け入れるだろうか。AI を使った自動運転中に事故が起きて片足を失ったとき，誰を責めたらよいのだろうか。

　これは責任の問題でもあり，賠償の問題でもあり，理解の問題でもある。人事評価 AI の場合，なぜ昇進できないのかを AI 自身が説明することは難しい。AI の意思決定過程はブラックボックス化されており個別の意思決定について，何が原因でそうなったかを見せるのは簡単ではないからである。また法的な責任の問題もあって，車の事故の例の場合，責任者は AI を設計した人だろうか，その AI にデータを与えて学習させた人だろうか，AI 購入後にデータを追加入力していたユーザだろうか。AI の意思決定過程が見えない場合，事故の責任の分解は難しい。人間が行った意思決定であれば責任の所在は明らかであり，賠償する人もわかり，またそもそもなぜそのような意思決定が行われたかを聞いて，それなりに理解し，"納得"することができる。しかし，AI の場合，納得が難しいだろう。このような問題を解決せずに野放図に AI の利用を進めた場合，極端な反発を生み，大きな混乱を引き起こす可能性がある。

　この二つの暴走例は目新しい指摘ではない。情報の収集力の暴走は管理社会のディストピアとして，処理力の暴走は AI 脅威論としてすでによく知られている。本書で取り上げる情報発信力の暴走もまたこのような情報力の暴走問題の一つである。

　ただ，情報発信力の暴走は，収集力と処理力の暴走よりもこれまで注目されてこなかった。情報収集力の暴走は，映画『1984』のビッグブラザーに見るように早くから警鐘がならされてきたし，情報処理力の暴走は SF の定番であるロボット AI の反乱としてこれもまた人々によく知られている。これに対し，情報発信力の暴走は人々に認知されているとは言えない。

　その理由は，おそらく誰もが強い情報発信力を持つのは素晴らしいことだという強い思い込みが長く人々を支配していたからであろう。ネットではアメリ

カ大統領と一個人の情報発信力は等しく，誰でも同じように参加でき，誰でも同じように発言できる。これは驚くべきことである。交流の場が公開されている限り，どのような人でもその場に議論・対話に参加し，何を言うのも自由である。このことの素晴らしさは言うまでもない。今まで，情報収集力と情報処理力の暴走が話題になっても情報発信力の暴走が話題にならなかったのは，この素晴らしさを誰もが認めていたからであろう。自由な言論が世の中を良くしていくと信じる人にとって，情報発信力が強まることは良いことであって，その悪い面を述べることなど，それ自体はばかれることであっただろう。情報発信力の「暴走」と言えば，自由な言論を嫌う独裁国家の言いぶりを思い出す人もいよう。発信力の暴走が話題にのぼらなかったのはこのような“発信は良いこと”という思い込みが長く人々に残っていたからと考えられる。

　しかし，一部の人のために議論と交流の場が荒れ，多くの人が嫌な思いをしてその場から撤退してしまうとすれば，情報発信それ自体が縮小してしまう。繰り返し述べるように言論の自由とは，自分の意見を述べる場所があり，聞きたい人がそれを聞ける自由であり，聞きたくない人の耳元でいつまでもしゃべりつづける自由ではない。誰の耳元に対してもいつまでしゃべり続けられるほどに発信力が強まると，発言する人が減ってしまうという奇妙な現象が現れる。来たるべき情報社会が，人々が情報交換に価値を見出す社会だとすれば，この事態は大きな社会的コストであり，放置できない。

情報力の制御——まだ 20 年

　ここまで情報発信力，情報収集力，情報処理力の暴走は，情報化という時代の草創期につきものの現象だということを見てきた。ここから導かれる極めて重要な予想がある。それはこれらの暴走問題は時代の草創期につきものの現象であるが，それゆえに解決可能だということである。国家化の草創期の傭兵の暴虐と果てしない戦争はカロの絵画に見るように悲惨を極めていた。産業化の草創期の金融恐慌・労働者階級の境遇も目に余るものであった。しかし，それらはいずれも解決されている。だとすれば，情報化の草創期の現在の問題群もいずれ解決されるはずだという予想がたてられる。本書が楽観論をとる理由はここにある。

　このように述べるとあまりに楽観的であり，信じられないと思う人もいるかもしれない。確かに，ここ20年間のネット上の言論空間は悪化するばかりである。ネットと言えば話題にのぼるのは，炎上，フェイクニュース，ヘイトスピーチ，そして誹謗と中傷であり，つまり分断された荒れ果てた世界である。明るい話題は聞こえてこない。実際，ネット社会の明るい希望を語る論説は，この20年一貫して説得力を失ってきた。

　たとえば政治学者のサンスティーンは2001年に『インターネットは民主主義の敵か』(Sunstein 2001, 原題 Repulic.com) を出版し，ネット上の人々は自分と似た意見だけの人が集まる「サイバーカスケード」を起こしがちで，民主主義にとって危険だと述べた。2011年に出たパリサーの『フィルターバブル』(Priser 2011) は，ネットで人々が検索して見ている情報は自分の興味関心に合うようにフィルターが掛けられており，人々は自分好みの空間（バブル：泡）の中にいるようなものだと述べた。2019年のズボフの『監視資本主義』(ズボフ 2011) は，GAFA のような巨大 IT 企業が人々の個人情報をくまなく集め，それをお金に変えて世界を支配していく様を描いて，世界的ベストセラーになっている。

　日本でも同様に悲観論が優勢である。日本で出たネットについての最後の楽観論は2006年の『ウエブ進化論』（梅田 2006）であろう。この本は「ウエブ2.0」を解説し，新しい面白い時代が来ると予告してベストセラーになったが，出版から3年後，著者の梅田望夫氏自身が日本のウエブは残念な結果になったと述べて悲観論に転じ，評論活動から撤退した。それ以降は悲観論が圧倒的である。たとえばネット上のジャーナリストの草分けである津田大介は2012年には「ウエブで政治を動かす！」と述べ，まだネットの可能性を明るく論じていたが，2018年の『情報戦争を生き抜く』（津田 2018）では炎上，フェイクニュースなどネットが引き起こした負の問題群ばかりを取り上げている。極端化したネット上の議論の非生産的なありさまは中川淳一郎の一連の著作に詳しい。彼の著書の表題『ウエブはバカと暇人のモノ』（中川 2009）はその悲劇的あるいは喜劇的な状況を的確に表している。

　ネット上の言論が良い方向に向かっていないことは今やコンセンサスであろう。最近ではネットとはもともとその程度のものなのであり，期待をかけるべ

きではないというあきらめの論調も見られる。2000年頃より20年の間，ネット言論のただ中にいたひろゆきの言葉を聞いてみよう。ひろゆきは2ちゃんねるの設立者であり，炎上やフェイクニュースの混乱をもっとも身近で見てきた人物である。

　　「2000年代に，ネット上で正しい言論空間を作ろうとした人たちがたくさ
　　ん現れましたが，結局，すべてうまくいっていません。」
　　「インターネットなんて，元からそういう性質のものなので，希望を持った
　　り期待なんかせずに，ほどほどに付き合ったほうがいいですよ。」[14]

20年間のネットでの言論空間を見る限りはまさに彼の言うとおりである。より良い言論空間をつくろうという試みはいろいろあったが，ひろゆきの述べるとおりすべて失敗した。状況は2ちゃんねる掲示板の時代から何も変わっておらず，むしろツイッターのような拡散能力の強いSNSが加わったことで悪化した感がある。この20年間の経験を踏まえれば，誰もがネットでの言論に希望を持てなくなるだろう。"この20年の経験からすでに結論はでた，ネットには期待できない"，そのように結論づけたくなっても不思議ではない。
　しかし，ここで本書は次のように応じたい。まだ20年しかたっていない，と。現在は，これから200年以上は続くであろう情報化時代の草創期であり，初期故障の時代である。これら初期故障の解決には，過去の例にならえば100年程度はかかる。
　国家化の時代は16世紀半ばに始まるが，一応の決着がつくウェストファリア条約（1648年）まで100年かかっている。それまでの間，人々はカロの壁画に見るような傭兵の略奪・レイプ・虐殺におびえ，30年戦争のようないつ果てることなき戦争に耐えなければならなかった。産業革命は18世紀の半ば以降に始まるが，中央銀行の成立はそれよりずっと後である。イギリスでイングランド銀行が通貨発行の独占権を得たのは19世紀の半ばでやはり100年たっている[15]。アメリカにいたっては（中央銀行に当たる）連邦準備理事会がで

---

14) Diamond Online，2021/7/20，「ひろゆきが語る「ネットに批判コメントを書き込む人に言える，
　　たった1つのこと」」，https://diamond.jp/articles/-/277200，2022/1/24確認。

きたのは1913年で，産業革命から150年以上後である。労働法制が整備され
て労働者の権利が守られるようになるのもどう見ても19世紀半ば以降であり，
当初の100年間は労働者はほとんど無権利状態であった。このように初期故障
の解決策がうたれるまでには100年度の時間を必要とする。

　初期故障の解決に100年かかるなら，情報化の起点を1950～60年頃にとる
と一応の解決をみるのは2050年頃ということになる。現在は解決策がさまざ
まに試みされている最中であり，まだ混乱の段階にある。言い換えれば今日の
われわれが見ているネットの言論空間の荒涼たるありさまは，30年戦争での
荒廃の時代，あるいは打ち続く金融恐慌と過酷な労働搾取の風景に相当する。
われわれは今，カロの銅版画の世界，あるいは女工哀史の世界に相当する時代
を生きている。この時代のただ中にあっては，希望はないように見えるのは当
然である。

　しかし，そのことは問題が解決できないことを意味しない。近代化500年に
経験に照らせば，解決策がとられるのはこれからである。一応の解決策が見出
されるのが2050年頃とすれば，まだ30年ある。これから30年をかけて社会
は対策をうち，解決に向かうだろう。本書が楽観論をとるのは，フォーラム型
SNSのような特定の案があるからではなく，何よりこの予想があるからである。

7-3　新しいSNS ——想像力をかきたてるために

　しかし，このように述べても，納得できない人もいるだろう。やがて解決策
がとられると言ってもどんな解決策が想像もつかない，いったいどんな形で解
決されるというのか，と。

　確かに将来の解決策を今具体的に描くことはできない。しかし，ヒントをあ
げて想像力をかきたてることはできる。本書で述べたフォーラム型SNSはそ
ういった想像力をかきたてるための工夫の一つであった。が，これにとどまる
ものではない。考えてみれば人間のコミュニケーションのあり方は多様であり，

---

15) イギリスのイングランド銀行が中央銀行として十全に機能し始めたのは20世紀になってからと
　　いう説もある（春井 2013）。

ネットで実現されているものはそのごくごく一部にすぎない。これからさまざまなコミュニケーションの場が現れてくるだろう。一時期，時間を決めて集まって声（voice）だけで交流する，クラブハウス（Clubhouse）が話題になったことがある。それ以外にもいろいろなコミュニケーションのツールが現れてくると予想できる。

　新しい SNS など思いもつかないという読者のために，想像力をかきたてるいくつかの SNS のアイディアを示しておこう。これは特に若い世代に伝えたいことである。われわれのような旧世代の目から見るとフェイスブックもツイッターももともとはなかった状態から現れたものなので，他の新たな SNS が現れるのも自然なことに思える。しかし，若い世代にとってはすでにネットは生まれたときからそこにあるものであり，SNS もほとんど自然環境の一部である。自然環境である SNS が，今後大きく変わりうるということは思いもつかないという人がいるかもしれない。しかし，いくらでも候補は考えられる。それを示すための材料として新しい SNS のアイディアを示してみよう。

　もとよりビジネスにも技術にも疎い経済学者の考えることなので，穴はたくさんあり，実際にこれを実装するには課題が多々あるだろう。想像力をかきたてるためのヒントとして読んでいただければ幸いである。以下の事例の目的は，多様なコミュニケーションの方法，そして議論の場をこれからつくりだすことができることを示すことにある。

1. ペルソナ型 SNS──複数の顔を持てる

　人は相手によって複数の顔（ペルソナ）を持っている。多重人格のことを言っているのではなく，相手によって自分の性格のどの面がでるかは微妙に異なることを指している。職場の人たちと話すとき，高校時代の友人らと話すとき，趣味の（たとえば釣り）サークルの人たちと話すとき，ご近所づきあいの人たちと話すとき，それぞれ微妙に異なる顔が現れる。あるときはよそいきに，あるときはフランクに，と変えていくのが人間というものである。これが混ざってしまうとどんな顔をしたらよいかわからず困ってしまう。たとえばかなり特殊な趣味のサークルに入っているとして，職場の人がたまさかの偶然でそこに入りこんでしまうと，どんな顔をしてよいかわからなくなり，バツがわるい状

態になる。複数の微妙に異なる顔を持ちたいと思うのは人間としては普通のことであり，また豊かな人間性の一部でもある。

　しかし，現状のSNSはこの欲求に対応していない。特にフェイスブックは隙あらば関係ある人を残らずつなげようとするため，複数の顔を持つことは困難である。高校の友人も，職場の知り合いも，趣味の友人も皆同じ部屋にいることになってしまう。話は筒抜けなのでそこででてくる顔は誰に対しても共通の顔にならざるをえない。フェイスブックで取り上げられる話題が，おいしいレストランに行ったとか，海外旅行の写真とか，めでたいことがあった報告とか，当たりさわりのない明るい話題になりがちなのはこのためである。誰に対しても見せられる共通の顔も一つの顔ではあるが，いかにもよそゆきであり，それしかないというのは窮屈である。

　ツイッターで複数アカウントをとれば，異なる顔（ペルソナ）を持つことはできる。しかし，複数アカウントの管理はいろいろ配慮が必要で労力がかかる。また，ツイッターは断片的な情報の収集と拡散に特化したSNSでやれることが限られており，グループをつくって踏み込んだコミュニケーションをすることが難しい。LINEのグループ機能で擬似的にキャラを分けることができるが，もともとそういう目的ではつくられていないためキャラの管理が困難で，うっかりすると混じってしまう。現状で複数ペルソナに対応しているSNSは見当たらない。

　複数ペルソナ型SNSでは複数のペルソナは別に扱われ，相互に情報を交換することはしない。高校の友人とつながっている私と，職場の知り合いとつながっている私と，近所づきあいをしている私は別として扱われる。誰と誰が同じ人であるかは，自分で人に明かせばわかるが，SNSの機能としてそれがわかるようにはなってはいない。名前や属性での検索もできないので，Ａ氏が他にどのような名前を使って人と交流しているのかを知る方法はない。これにより，友人をいくつかのグループに分けて，異なるペルソナを維持することができる。

　複数ペルソナSNSをつくると問題もあろう。技術的には複数ペルソナ管理の手間をどう下げるかという問題があるがそれだけでなく，複数ペルソナを悪用した不正利用をどう防ぐかが課題になる。不正を防ぐ方法として，たとえば

同じ人の異なるペルソナは同一の相手とは交流できないなどの方法が考えられる [16]。他にも技術的な方法は考えられよう。いずれにせよ，フェイスブックのよそゆきのコミュニケーションに疲れてきている人たちは多いはずで，複数のペルソナ型 SNS に潜在需要はあるだろう。

2．すぐ消える SNS——ロッカールームトーク

　現状の SNS は発言がずっと残っており，後から検索して発言を探すことができる。その際文脈から切り離れると印象が切り代わり，これが後問題を引き起こすことがある。一般に発言はそのときの文脈で含意が大きく異なる。同じ「馬鹿」「あほ」「死ね」という言葉でも，文脈によっては口が悪いだけで，悪意のないこともありえる。実際，ロッカールームや飲み屋の席でこのような発言はよく行われるが，発言者は口の悪い人あるいは品のない人とされるだけで，特に問題視されず聞きながされることも多い。単なる憎まれ口で本気で言っているわけではないことはまわりの誰もがわかっているからである。

　しかし，文脈から切り離して言葉だけとると，印象が変わる。そして現状の SNS は書いたものが原則としてずっと残っているため，文脈からの切り離しが起こる。たとえば 5 年前に乗りの良い会話の中でつぶやいた"とがった"表現の一言（「死ね」「くたばれ」など）が公の場に引っ張り出されて非難されることが起こる。これを防ごうと思うと，SNS では軽口，すなわち揶揄や皮肉，口の悪い非難などを一切やめるしかない。すると SNS での書き込みは品の良いものばかりになっていく。学校での会合に集まった親たちを前に話す PTA 役員の会話のように。

　それで良いのだという考え方もあろう。しかし，ネットが社会のコミュニケーションの写し絵であるなら，このような無菌化された言語空間だけになるの

16）二つのペルソナが同一の相手を友人とすると，その友人に対して自作自演ができる。たとえば私が高校時代の私と，職場の私の二つのペルソナを持っているとして，両者が同じ人 A さんを友人とし，A さんは私の二つのペルソナが同一人物であることを知らないとする。すると意図的に情報を流して「私」への A さんの認識を操作することができる。これを防ぐには二つのペルソナは同じ人と友人にしてはいけないとし，同じ人を友人とするならそのペルソナが同一人物であることをその人に告げなければならないとしておけばよいだろう。そもそも，それを告げずにいるのは A さんに対して失礼というものである。

は異常である。悪口や陰口は良くないことである。しかし，悪口と陰口をまったく言えない社会はもっと良くない社会である。PTAの役員もロッカールームなら軽口や皮肉の一つでも言うだろうし，会合のあとに飲み屋に行けば勢いで誰かの悪口くらいは言うだろう。ロッカールームと飲み屋に記録装置を仕掛けて記録をとるようにすれば，皆，軽口も皮肉も悪口も言わなくなるが，誰もそんな社会に住みたいとは思わないだろう。

　ロッカールームトークあるいは飲み屋の話は，その場限りで消えていき，記録に残らない。記録に残らないからこそ価値がある。ネットにもそのようなコミュニケーションの場があってもよい。そこですぐ消えるSNSを考える。

　発言は表示後に10秒くらいで消えていき，その人の前には二度と再現されることはないSNSである。たとえばAさんがこのSNSに書き込むとする。Bさんは1時間後，Cさんは5時間後にこれを見るが，いずれも見た後10秒で発言は消えてしまう。消えてしまうという点では音声だけのクラブハウスと同じであるが，違いは同時にその場に人がいなくてもよい点である。クラブハウスは音声なのでその場に同時にいあわせなければならないが，この「すぐ消えるSNS」は文字なので，好きなときにアクセスできる。ネットの良さの一つはこのように時間差があってもよいことなので，それは最大限利用する。しかし，同時にその場限りで記録に残らない気楽さを実現するのがこのすぐ消えるSNSである。

　すでにいくつかのメッセンジャーアプリにはこの「すぐ消える」機能がついている。それをSNSに拡大しようというのがこの提案である[17]。ロッカールームトークの場と言ってもよいし，飲み屋の軽口が叩ける場所と言ってもよい。スクリーンショットをとれば残せるが，少なくとも第三者が後から遡って発言を見つけることはできない[18]。書き込んだことが数年後に誰かにまったく異なる文脈で切りだされて使われて非難されるということはなくなるので，気楽なトークができる。

---

17) たとえば，Signalというアプリでは読まれてから消えるまでの時間を数秒から4週間まで設定できる。SnapChatにも自動削除機能がある。

18) 仮にスクリーンショットをとったとしても，SNSのサーバーに記録が残らないので，法的な証拠能力はない。

　すぐ消える SNS の問題点は，そこが陰口・悪口，そしてさらには誹謗中傷の場とならないかという点であろう。記録に残らない気楽な場となれば言いたい放題にならないか，というわけである。確かにその恐れはある。しかし，陰口も悪口も昔から人間社会についてまわっていたものである。ネットだけでそれを完全排除することに意味があるだろうか。現在，ネットは人々のコミュニケーションのかなりの部分を占めるようになっており，社会そのものの縮図になりつつある。社会そのものであるネットを無菌化することが良いことかどうかはあらためて問う必要があるだろう。

3. 閾値つき SNS

　ツイッターで極端に攻撃的な書き込みを行うアカウントには特徴がある。それはフォロワー数が非常に少ないことである。したがって，フォロワー数に閾値を設定することで，極端な書き込みを見ないようにすることができる。

　極端な書き込みをするアカウントにはフォロワー数が少ないことはあまり知られていないかもしれないので，小さい実例を示してみよう。2021 年 3 月，岩波書店の公式アカウントのツイートが小規模炎上した[19]。公式アカウントは，国際女性デーである 3 月 8 日にこう書いた。

　　「ジェンダーギャップ指数 2020 では 121 位と，断トツに遅れている日本。
　　女性の社会進出は「女性のため」と思われがちですが，ひいては「社会の
　　ため」「男性のため」でもあります。刷り込まれた価値観から脱却し，男
　　女平等について意識を深める日に。」

こう述べた後で，フェミニズム関係の推薦本をリストして載せたのである。普通の人の理解ではこのツイートは出版社の書き込みとして特段非難されるような内容ではない。女性の社会進出が進むことは男性にとっても望ましいというのは，一部のフェミニストからもしばしば聞かれる意見でもあるし，出版社が読者層を男性にも拡大したいと思うのは自然である。

---

19)「【悲報】岩波書店「女性の社会進出は，男性のためにもなる」とツイート　全方向から叩かれる」，https://matomame.jp/user/yonepo665/fc30087c1634f1e50bbb，2022/1/24 確認。

しかし，このツイートに非難が沸き起こる。非難は男性側からでたのではなく，女性側からである。非難の内容は，男性のためでもある，という部分が許せないというのである。いわく「女性読者は必要ないと？」「出た出た男性のため。ふざけんなよバカにするのもいい加減にしろ。よりによって出版社がこれ」「女性性差別について関心ないんだろ岩波書店は」。岩波書店はリベラル系で知られた書店であり，このツイートは男女平等を推進する目的だったはずである。公式アカウントの中の人は驚き，戸惑ったことであろう。これらの非難コメントは男女関係を敵対的にとらえており，それゆえ「男性のためにもなる」という一言が許せなかったと考えられる。ある政策が女性のためになるだけでなく，男性のためにもなるのなら普通は喜ばしいはずであるが，男女を敵対的に見る一部のフェミニストにはそうは思わないのである。このような意見は意見としてはありえるが，かなり極端な意見である。実際，この炎上は一日で収束し，ごく小規模で終わっている。

表7-2　岩波書店事件での書き込み者のフォロワー数

書き込み者	フォロワー数
1	3,814
2	3,342
3	1,865
4	1,524
5	1,106
6	906
7	740
8	544
9	507
10	344
11	295
12	170
13	121
14	100
15	80
16	75
17	72
18	38
19	37
20	31
21	15
22	8
23	6

　ここで注目したいのは非難者のフォロワー数が少ないことである。この炎上は小さかったので，主要な書き込み者のフォロワー数を手作業で収集できる。表7-2はまとめサイトが集めた非難ツイートのフォロワー数を多い順に23人を並べたものである。3,000人を超えている人が2人いるが，残りは2,000人以下である。フォロワー数1,000人以下の人が23人中18人で8割弱を占めることになる。強い攻撃的書き込みをする人のフォロワー数は少ない。

　この傾向は他の炎上案件でも同じように観察される。特に罵倒と中傷の度合いが高いと，この傾向がさらに高くなる。たとえば在日朝鮮人絡みのヘイトスピーチ的な案件では，在日朝鮮人に対して「死ね」「信用ならない」「最低な奴

ら」「出ていけ」などの中傷的書き込みをする人が現れることがあるが，彼らのフォロワー数は 100 に満たないことが多い。この岩波書店の事例は，極端な意見といってもまだ「意見」のレベルなのでこの程度のフォロワー数がいるが，文字どおりの罵倒と中傷を書き込むアカウントではフォロワー数がさらに少なくなる。

　したがって，ツイートを読む側が閾値をつけることができれば，罵倒と中傷の書き込みのかなりの部分を見なくて済む。たとえば 1,000 人以上のフォロワー数を持つ人の書き込みしか見られないようにしておけば，目にする書き込みの質は大きく改善される。現状はどんなにフォロワー数の少ない人の書き込みでも同じように扱われるため，極めてどぎつい中傷的な書き込みでも残らず目にすることになる。それでも良いと言う人はよいが，それを嫌う人もいるだろう。閾値をつけることができれば，言論環境は大いに改善される。

　実装にあたっては，不正な方法でのフォロワー数の水増しを防ぐ必要がある。現在のツイッターのフォロワー数は操作が可能で，売買までされているので，これを抑制するような何らかの工夫が必要になる。

4. なかなかたどり着けない SNS

　現在の SNS は基本的には誰でもクリック一つで，どこにでもたどり着けるようになっている。ツイッター，TikTok，フェイスブックいずれもアプリがあれば，あるいはなくても URL がわかれば目的のページにすぐたどり着ける。利便性から考えれば当然のことである。しかし，これは便利である反面，奥行きのようなものがないため，"構造"ができない

　リアルの世界の場合，なかなかたどり着けない場所というのがある。たとえば銀座のクラブは一応お店なので誰でも入れるが，実際にはどんなクラブがどこにあるかは知られておらず，敷居が高くて人の紹介がないと入りにくい。新宿の飲み屋街であるゴールデン街もただ行ってもどこに入ればよいかわからず，また，知らずに入っても戸惑うばかりである。そもそもこれらのお店のある場所に近づくと街の雰囲気が変わり，特別な場所に来たことがわかって，人は心の準備が必要であることに気づく。自分に合わないと思った人は入る前に引きかえすことができる。このようにリアルの世界では，普段接しない怪しげなと

ころにたどり着くためにはそれなりの段階を経る必要があり，健全な郊外のショッピングモールから一足飛びに行けるわけではない。世界に奥行きがあり，ある種の構造を形づくっているのがリアルの世界というものである。

　しかし，ネットはこのような奥行きがなく，クリック一つでどの場所にも跳んで行ける平板な世界である。したがって，何の心の準備もないままに，特殊で怪しげな場所に入ることになりかねない。世の中には違法というわけではないが，一部の人にしか理解できない特殊な場所がある。かなり偏ったディープな趣味の場とか，特殊な性癖の人が集まる場所などで，一般人には不快に思えるとしても，当事者にとっては価値のある場所である。そこが特殊な場所であることは簡単にはたどり着けないことでわかるようになっており，それによって理解ある人とそうでない人が混じらないような工夫がされている。すなわち奥行きと構造があることで，共存がはかられている。

　しかし，ネットにはこれがない。ネットではURLさえ張ればどこからでも跳んでこれるため，SNSのある会話やシーンを不愉快と感じた人が，これを批判しようとしてその場所のURLを張れば，世界中から人がそこに跳んでこれる。理解ある人の限られた人だけの集まりだった場所が，突然世界全体に公開され，嘲笑や非難が加えられる。趣味のわかる人だけに来てほしかった人たちは突然の異邦者の来訪と非難の嵐に戸惑い傷つく。知らずにURLを踏んで跳んでいった人たちも，見たくもないものを見せられて嫌な思いをする。双方ともに良いことは何もない。

　これを防ぐため，リアル世界にならい，簡単にはたどり着けないSNSを考える。URLで行けるのは入口までで，そこから先は自分で探検しないと先に進めない。SNS内に言葉やIDのサーチ機能はなく，どこに何があるかの説明もない。何度か通わないと入れない部屋や利用開始してから1か月たたないと入れない部屋もある。会員制というわけではないが，敷居が高いため訪れるのは心の準備のできた人に限られる。言わばSNS内に奥行きがあり，構造があることになる。これにより特殊な趣味の人とそれ以外の人の共存をはかることができる。

　次のように言ってもよい。現在アダルト系のサイトは最初に入るときに警告がでるのがデフォルトになっており，見たくないものを見ないで済むようにな

っている。これを同じようなハードルを，より連続的で洗練された形で導入するのがこの「なかなかたどり着けない SNS」である。アダルト系はアダルトかどうかの 2 分類しかなかったが，たどり着けない SNS ではそれが多段階に分類され，さまざまの意匠をこらしたハードルがあると思えばよい。

　なお，今ネット上に街を仮想的につくりアバターを使ってそこに "住む" ようなサービス（メタ世界）の試みがあるが。これは結果としてこの「なかなかたどり着けない SNS」を実現することになりうる。仮想空間内の街の中のどこに何があるかの説明がなく，ユーザが自分で探索しないといけないのなら，結果として奥行きのある街がつくられることになるからである。

　以上，ここまで 4 つの新しい SNS のアイディアを述べてきた。実際にこれらを実装するとすれば技術的あるいはビジネス的な課題がたくさんでてきて簡単にはいかないだろう。ここでこれらのアイディアがビジネスとして採算がとれる可能性を特段主張するつもりはない。言いたいことは，人と人とのコミュニケーションのあり方は無限にありえるのであり，まだまだ工夫する余地はいくらでもあるということである。本書で提唱するフォーラム型 SNS はその一種であり，他にもいろいろでてくるだろう。現在のネットは，無限にありうる人間のコミュニケーションのあり方のごく一部を切り取っているのにすぎないのであり，これを最終形と思ってはならない。特に現在，炎上とフェイクニュースの主舞台になっているツイッターは，短文メッセージを広域に拡散することに非常に偏っており，ある意味で "いびつ" な SNS である。これ以外にもコミュニケーションのあり方はいくらでもあり，ただそれがネット上で実現されていないだけであることをわかっていただければよい。

　これから情報化の過程は 200 年にわたって続くだろう。今はその草創期であり，まだ数々の試行錯誤が繰り返される時代である。SNS が普及し始めてから 20 年しかたっていない。繰り返し述べるように，人と人とのコミュニケーションを担う SNS はこれからもさまざまに試行錯誤が行われるだろう。現在は初期故障の過渡期であり，現在の状態を行き着いた終着点と思うべきではない。

　これは特に今の若い世代に言っておきたいことである。ものごころついたと

きからネットがあり，ネット上の荒れた議論に触れてきた世代にとって，ネットとは荒れた世界でこの程度のものであると思えるかもしれない。実際，筆者の周辺の若年世代にネットを語らせると醒めた語り口で語ることが多い。LINE など個人的なコミュニケーションには良いが，政治的社会的話題についての議論はネットではそもそも不可能だというのが，体感として身についているのである。確かに現状のネット上の議論は，罵倒と中傷に耐えられる特殊な人たちの独壇場であり，普通の人の出番はない。そこにあるのは荒れ果てた分断の世界であり，良識のある人は近寄らないのが安全である。あるいは騒ぎがあれば面白がって見物すればよい程度のものであろう。現在のネットを見る限り，そのような醒めた感想を持つのはよく理解できる。

　しかし，ネットが持つ潜在力は本来このようなものではない。これから 200年続く情報化の時代があるとすれば，それは知恵とアイディアが交換された，面白さあふれる楽しい世界のはずである。実際，それに近い楽しさあふれる状態はネットの初期には存在した。それが消えてしまったのはインターネットが学術ネットワークに発したがゆえの初期設計のミスであり，修復は可能である。フォーラム型以外にもさまざまなアイディアが試され，ネットは分断の世界から愉快で実りある世界に変わっていくだろう。現在の混乱は初期故障であり，これを最終形と思ってはならない。

あとがきに代えて

ヘイトスピーチと情報力の独占

　簡単に本書の中身を要約しておこう。本書はネット分断の処方箋を述べたものである。現在，ネットでの議論は極論に分断され，荒れ果てている。相手を倒す議論ばかりが横行しており，相互理解に向けての議論の積み重ねは見られない。しかし，この状態は修復できないわけではない。ネットでの議論がこうなってしまったのは，個人の情報発信力を最強に設定した初期設定のミスであり，修復は可能である。修復のための具体案としてたとえばフォーラム型SNSという案を示すことができる。現在のネットの荒れは，始まりつつある情報化時代の初期故障であり，やがて修復されるだろう。以上が本書のメッセージである。

　本書のメッセージはこれに尽きており，これから先はあとがきとなる。あとがきは，一般に執筆の動機や経緯など舞台裏のことを書くことが多いようである。しかし，筆者には語るに足る面白い舞台裏があるわけでもないので，書いても読者には退屈なだけであろう。そこで，本文では書けなかった内容を二つほど付け加えてあとがきに代えようと思う。それは，ヘイトスピーチ問題と，情報力の独占問題の話である。

ヘイトスピーチ問題

　ヘイトスピーチは炎上，フェイクニュースと並んでネットが生んだ病理の一つである。ヘイトスピーチは民族・人種・性別など変えることのできない属性に対して敵意と憎悪をぶつけるスピーチとされ，日本では在日韓国人，あるいは韓国へのヘイトが問題になることが多い。ヘイトとは「憎悪」の意味であり，敵対者をひたすら憎み攻撃することが自己目的化している。それは社会を分断

に導くものであり，自由と民主主義にとって障害になる。

　では，ヘイトスピーチを排除してしまえばよいかというとそう簡単にはいかない。表現を見ただけではヘイトスピーチとそうではない批判・評論の区別がつきにくいからである。法務省はヘイトスピーチの具体例として「日本から出ていけ」「ゴキブリ」「海に投げ込め」などの例をあげており，これらの表現を禁止することはできる。実際，ヘイトスピーチ解消法ができて以降はこれらの表現は抑制された。しかし，特定の表現を規制しても同様の趣旨を婉曲表現にして言い換えることはいくらでも可能である。では，特定の表現ではなく一般的に不当な差別的言動すべてを禁止すればよいかというと，そうはいかない。そうすると，通常の批判も受け取り方によってはヘイトスピーチに見えてしまうため，言論の自由ひいては思想の自由への侵害になるおそれがあるからである。

　たとえば，韓国の文政権は，慰安婦問題についていったん行った日本政府と前政権との合意を事実上破棄した。これをもって約束違反だと韓国政府を批判することはヘイトスピーチではないだろう。しかし，「韓国は約束を守らない国だ」と述べたらどうだろうか。さらに「韓国人は約束を守らない」と述べたならば？　一人の大統領の決定を，韓国という国全体にそして韓国人全体に適用する点で拡大解釈になっており，韓国という属性だけで批判（悪口）しているという点では差別的でありヘイトスピーチのように見える。

　しかし，ある属性について批判することは一般によく行われている。たとえば「日本人には裏表がある」と述べたとしよう。裏表とは日本人は建前と本音を使い分けるということを指している。これはヘイトスピーチであろうか。日本人という属性を丸ごと悪く言っているのでヘイトスピーチのようにも見える。しかし，これを言った後，「建前と本音を分けるのは，日本人が直接的な対立や争いを嫌うためである」と付け加えるとだいぶ印象が変わるだろう。理解を深めようという意図があるからである。さらに日本以外の国にも建前と本音はあるので（たとえばアメリカにおける人種問題），ことは程度問題だと述べてその程度を国際比較で調査しようと言いだせば，もう立派な実証研究であり，ヘイトではない。「韓国人は約束を守らない」にも同じようなことが言える。約束を守らないと述べた後，何らかの正義を貫徹するためには約束を破っても

やむなしと考えているのかもしれないと付け加えれば，この言明はヘイトとは言えなくなり，検証可能な命題となる。正義のために約束を破る行為はある程度はどの国の人にも起こりうることで，韓国だけに限るわけではない。

　このようにある言説がヘイトであるかどうかは，言説を見ただけでは判断できないことが多い。これをよく表すのが，「きれいなヘイト」という奇妙な表現である[1]。これは韓国研究者である，木村幹氏と浅羽祐樹氏に対して，一部の人たちから投げかけられた批判であり，明快な差別的な表現（汚い言葉）は使われていないが，結果として韓国へのヘイトになっているという意味である。しかし，どういう理由でどこがヘイトかはっきりしないため，きれいなヘイトと言われた木村氏側は大いに憤慨し，言われなき中傷と反発した。氏の反発はもっともであり，結果として韓国のことを悪く言う言説をすべてヘイトにすると，韓国についての批判・評論のすべてがヘイトになってしまう。それは言論の自由の喪失である。

　ヘイトかどうかを言説そのものだけを見て判断することは難しい。何がヘイトかの判定は，文脈や言い方，その人の他の発言を含めた一連のつながりなどさまざまの要因から推測するもので客観的には決まらない[2]。そのような推測だよりでは法的規制は困難である。ヘイトスピーチ解消法が制定されてもなかなかヘイトスピーチがなくならなかったのはこのためと考えられる。

強すぎる情報発信力の抑制

　ではどうするか。まず，最初に踏まえておくべきことはヘイトスピーチをする人の数は少ないことである。外国人に対して排外的な考えを持つ人がどれくらいいるかを調べた研究はいくつかあるが，多めに見ても全国民の2%程度である[3]。さらに，デモに行ったりネットへのヘイト書き込みなどで情報発信し

---

1) together まとめサイト，2019/8/30，「4年ぶり2回目？「きれいなヘイト」をめぐり，木村幹氏と木村元彦氏が意見交わす」，https://togetter.com/li/1397036
2) ヘイト（憎悪）があるかどうかは言い方に現れる。たとえば「外国人に生活保護を適用するな」という主張はヘイトだろうか。生活保護の範囲に外国人を含めるべきかについては政策論としていろいろ意見がありえて含めるべきではないという見解もありえるので，冷静な政策論として議論している限りではこの主張はヘイトではないだろう。しかし，ヘイト団体が「生活保護に外国人を含めるな」と叫びながらデモをしているとき，その目と口ぶりには憎悪と敵意があふれており，ヘイトを読み取ることは容易である。この場合，言説だけ見てもヘイトかどうか判断できない。

ている人はそのごく一部なので，0.X％ のオーダーになるだろう。この点は炎
上事件と同じでヘイトスピーチの発信者は極めて少数である。それほど少ない
人の発言がなぜ問題を引き起こすかと言えば，彼らの情報発信力が異例に強い
からにほかならない。

　たとえばヤフーニュースのコメント欄に書き込めば多くの人にヘイト的スピ
ーチを聞かせることができる。排外主義者が 0.1％ だとしても，ネットユーザ
数を 8,000 万人とすれば 8 万人いることになり，そのうち 1 割がヤフーニュー
スのコメント欄に書き込むとすると 8,000 人にもなる。これだけの人がはりつ
いてヘイトスピーチを書き込めば，コメント欄はヘイトで埋まってしまい，労
せずして何百万もの人に自分の書き込みを読ませることができる。

　また，リアルでのデモ活動でも発信力を高める方法がある。韓国系住人が多
く住む韓国人街や，朝鮮人学校のそばでデモを行うことであり，多くの韓国系
住人にその主張を強制的に聞かせることができる。住人や通学路の学生にとっ
ては，聞きたくもない酷い言葉を大声で聞かされるのであるからたまったもの
ではない。ストレスを感じ傷つく人もでるだろう。ヘイトスピーチ発信者から
すれば，攻撃対象者の耳元にいくらでも囁き──この場合は怒鳴り──続けら
れるのであるから，強大きわまりない発信力である。

　繰り返し述べるように，このように強大な発信力は言論の自由には含まれな
い。言論の自由はどんな内容でも言いたいことは言えて，聞きたい人がそれを
聞けることである。聞きたくない人の耳元でいくらでも囁き続けられるという
ことではない。そこで，ここでも過剰な情報発信力を抑制することが，ヘイト
スピーチへの対策になる。

　リアルのデモの場合，実際にこの対策が実行に移された。韓国人街や朝鮮学
校のあるところではデモの許可がでなくなったのである。ヘイトスピーチをし
たいのなら，韓国人と関係のない場所でやってもらう。遠い場所のどこかのさ
びれた通りや公園の隅などで嫌韓デモをやってもらえば，実害は発生しない。
ヘイトスピーチのデモを聞きたい人などはおらず，まわりにいるのはヘイトに
反対するカウンターデモの人だけになる。聴衆のいないなかで何度デモをやっ

　3）たとえば辻大介，齋藤僚介による次の調査では 2.1％ としている。「ネットは日本社会に排外主義
　　を広げるか　計量調査による実証分析」，https://www.taf.or.jp/files/items/1078/File/ 辻大介.pdf

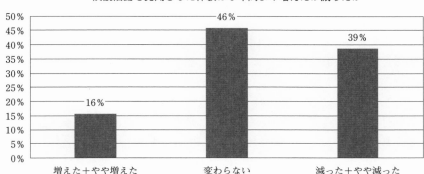

図1　韓国人・朝鮮人を排除するなどを目的とした差別的なデモ，
演説活動を見聞きした体験は3年間より増えたか減ったか

出所：朝鮮奨学会，2020年，「韓国人・朝鮮人生徒学生の嫌がらせ体験に関する意識調査」報告書，n=1,030。

ても無意味であることが彼ら自身にもわかり，次第に活動は失速していく。

　実際，ヘイトスピーチのデモは大きく減っている。NHKのニュース記事によれば，2013年頃には年間100回は数えたヘイトデモが，2020年には9回にまで減ったという[4]。また，在日韓国人自身の観測でも減っている。朝鮮奨学会（在日朝鮮人への奨学金支給を行っている非営利団体）が行った学生へのアンケート調査によれば，ヘイトスピーチは存在しているものの，3年前に比べれば減ったという結果が得られている[5]。図1は，3年前に比べて差別的なデモや演説を目にする体験が増えたか減ったかを奨学生に聞いたものである。増えたが16％なのに対し，減ったが39％と2倍以上であり，減少していることがわかる。最近出た日本のヘイトスピーチについての英語の総括本でも，日本は強い規制なしにヘイトスピーチを抑え込むことに成功したと評価している[6]。

　ヘイトの心を持った人が急減したわけではないだろう。人の意見はそう簡単

4）NHK News おはよう日本，2021/6/25，「ヘイトスピーチ解消法5年，残された課題と対策」，https://www.nhk.jp/p/ohayou/ts/QLP4RZ8ZY3/blog/bl/pzvl7wDPqn/bp/pBznwbWjVB/

5）公益財団法人朝鮮奨学会，2020，「韓国人・朝鮮人生徒学生の嫌がらせ体験に関する意識調査」，http://www.korean-s-f.or.jp/doc/201912survey.pdf

6）Higaki and Nasu（2021）。この本は欧米とは異なる日本のヘイトスピーチ対策を外国に紹介することを目的としている。論文集なので無論，論者によって日本の政策への賛否は分かれており，もっと刑罰を導入して強い対策をとるべきだと述べる人もいる。しかし，全体としては日本の政策は一定の効果をあげたと評価していると読める。

に変わるものではない。そうではなく，非常識に高かった情報発信力が抑制され，正常化されただけである。離れた公園の隅や人の少ない通りでデモをやったとしよう。ヘイトスピーチを聞きたい人など誰もいないので，人は集まらず道行く人も誰も足を止めない。まわりはカウンターである反ヘイトの人ばかりであり，ほとんど徒労に終わる。誰からも相手をされなければやがて勢いを失い，失速していく。

　注意してほしいのは言論の自由は守られていることである。ヘイトスピーチを罰則付きで規制する法律のある自治体は稀で，また仮にあっても，言葉を言い換えればいくらでも同様の趣旨の発言はできるので，ヘイトスピーチは今でも可能である。しかし，不釣り合いに大きい情報発信力を抑制してしまうと，誰も聞き手がいない。聞き手がいなければ勢いを失い，やがて消えていく。言論の自由は，思想の自由市場（market od ideas）の中で良い思想・言論が淘汰の中で生き残ることを信じる立場である。まさにこの思想の自由市場における淘汰が働いてヘイトスピーチは縮小していったと考えることができる。リアルでのデモ活動に関しては，情報発信力の抑制すなわち正常化で問題はかなりの程度，解決に向かいつつある。

ネットの場合——フォーラムの役割

　問題なのはネットの方である。ネットでは強すぎる情報発信力の抑制策がとられていないため，ヘイトスピーチはまだ多い。

　無論，一定の対策はなされており，なかでもヤフーニュースのコメントポリシーは比較的効果がでた例である。コメントポリシーは，コメントの質を自動であるいは手動でチェックし，劣悪なものはリストの下に表示する。リスト最下層はなかなか表示されないので，発信力は抑制される。執拗にヘイトを書き込む人の情報発信力は抑えられ，その結果ヤフコメ上のヘイトスピーチはかなり減ってきた。コメント欄に今でもヘイトスピーチはありはするが，一時期は嫌韓の書き込みであふれたことあったことを考えると改善は明らかである。

　SNS全般ではまだこのような対策はとられていないので，何らかの対策が待たれる。本書で述べたフォーラムはその一例である。フォーラムの中にいれば，目にする書き込みはメンバーのものだけになるので，ヘイトスピーチは出

会わない。フォローする先を個人ではなく他のフォーラム（趣味や議論の場などいろいろ）にしておくだけでもヘイトスピーチに出会うことは減る。

　多くの人がフォーラムに属し，またフォーラムをフォローするのが主になると，ヘイトスピーチの書き手は聞き手を失う。リプライで多くの人に強制的に自分の書き込みを読ませることができなくなるためである。ヘイトスピーチを書き込む人自身のフォロワー数はきわめて少なく，誰からも相手にされていない。彼らが自分のフォロワーにしか発信できないとなれば，情報発信力は抑制される。誰からも反応がなくなれば，発信する意欲も下がってくる。聞き手のいないデモが次第に失速したようにである。思想の自由市場は十分にはたらき，悪しきものを淘汰し，良きものを残していく。

　なお，フォーラムにはヘイトスピーチを抑制する別の機能もある。それはヘイトに陥るのを防ぐための相互理解と対話の場を提供することである。外国人に限らず，異質な人との間には摩擦や誤解があるのは当たり前である。ヘイトに陥ることを防ぐためにはこれらの摩擦や誤解を丁寧に解いていく必要があるが，そのためには相互理解の議論の場が欠かせない。たとえば，外国人による犯罪が問題になるとすれば，本当に犯罪が多いのかどうか，仮に多いとしてそれには理由はないのかなど多くの議論の積み重ねが必要になる。そのような理解を積み重ねたうえでヘイトを避けるのが正道であろう。フォーラムはそのための議論の場所を提供する。

　現状のネットにはそのような相互理解の場所がないため，ヘイトについて相手を責める議論になりがちである。相手を倒すための議論ばかりのところでは，当然相手の差別的言動を責める論調が主流となるからである。明らかなヘイトスピーチはそれでもよいだろうが，普通の人が感じる日々の摩擦や誤解に対して，差別として責めるのは良い方法とは思えない。多くの場合，突然，おまえは差別主義者だと責められた相手は驚き，忌避し，引いていくだけであり，相互理解は深まらない。これは，現在のネット上では相手を倒す議論ばかりになっているからで，これを防ぐためには理解を求めて積み重ねる静かな対話の場が必要である。フォーラムはこれを提供する。

情報力の独占問題

　最後の話題として情報力の独占問題をとりあげる。情報力の独占とは聞き慣れない言いまわしかもしれない。情報力とは，情報を扱う力，すなわち情報収集力・情報処理力・情報発信力の3つの力のことであり，第7章で述べたようにこれらの力が飛躍的に強まるのが情報化である。力が強まるがゆえに暴走が起こりえて，本書ではその中で情報発信力の暴走に焦点を当てて，その対処方法を論じてきた。

　しかし，強い力が現れるとき，暴走以外にもう一つの問題が起こる。強力な力を前にしたとき，人はこれを独占したいと思うだろう。実際，歴史を振り返ると新しい強力な力が現れたとき，これを独占しようという勢力が現れるのが常であった。もう一度歴史を振り返ってみよう。**表1**を参照されたい。

　国家化の時代には軍事力が主要な力となる。軍事力は絶対王政のもと常備軍として整備されたが，当初はこれは事実上，君主の独占物であった（**表1**のA1）。ルイ14世のような絶対王政の君主は思うがままに軍隊を使って戦争を行ったのであり，軍事力はほぼ君主の独占物であった。軍隊が国民全体のものになるのはフランス革命やナポレオン戦争など多くの事件をへて民主化が達成されたあとである。

　産業化の時代は産業力（投資と技術革新を行って生産を拡大していく力）が，時代の主要な力である。その担い手は企業体であるが，企業もまた独占を試みる。どの国でも財閥のような巨大企業群が現れて産業を支配しようと試みている。**表1**のB1がそれで，独占したときの利益は巨大なので財閥企業はかなりあくどい手段を使っても競争相手を排除し独占をはかろうとした。

　産業力を独占しようとしたのは企業だけでない。前の時代の主体である国家も独占しようとする。すべての企業を国有化した社会主義がそれであり，産業化の力を国家の統制のもとに置き利用しようとした（**表1**のB2）。企業による独占も国家による独占も独占者の意思は固く，企業独占の是正には独占禁止法など競争政策の整備が必要であり，また社会主義の崩壊には冷戦終結まだ待たねばならず，かなりの時間がかかっている。

　では情報化の時代はどうか。まず，前の時代の主体による独占がわかりよいのでそこから始めよう。**表1**のC2とC3がそれである。前の時代の主体は二

表1　情報力の独占の類型

	国家化	産業化	情報化
	軍事力	産業力	情報力（収集力・処理力・発信力）
その時代の主役	A1：君主による独占	B1：企業による独占 （財閥）	C1：正義による独占 （キャンセルカルチャー）
前の時代の主役		B2：国家による独占 （社会主義）	C2：国家による独占 （中国型情報化）
			C3：企業による独占 （プラットフォーム独占，GAFA）

つあり，国家化の時代には国家，産業化の時代には企業が主体である。そこで
国家による独占と企業による独占が考えられる。

　国家が情報力の独占をはかる例としては，中国型情報社会がこれにあたると
考えられる。中国では情報技術は事実上国家の独占的管理のもとにある。アリ
ババ，テンセントなどの巨大IT企業は，スマホを通じて集めた個人情報を国
に提供し，また，国の政策にあうコンテンツしか提供できなくなっており，事
実上，国家の統制下にある。中国政府は情報収集力・処理力・発信力を独占的
に使える位置にあり，中国国内に関する限り誰も挑戦できない。すなわち中国
では情報力は国家が独占的に利用している。

　企業による情報力の独占としては，いわゆるGAFAと呼ばれるプラットフ
ォーム企業群がこれにあたるだろう。彼らもまた個人情報を大規模に収集して
おり，さらにAI開発に乗り出して情報処理力も高めようとしている。昨今の
フェイクニュース事件を受けて，ニュースを制限したり，有害なアカウントを
削除したりして，情報発信力にも力を行使するようになってきた。ことの是非
はともかく，他の企業には同じことはできず，プラットフォームたる企業群し
か力を行使できない。この点でプラットフォーム企業群による情報力の独占的
使用が行われていると考えられる。

　国家による独占，企業による独占の二つは，最近ではよく知られていること
で，ことさら論じる必要はないだろう。では**表1**のC1のところに来るのは何
だろうか？　これまでの例にならえば，ここには前の時代の主役ではなく，そ
の時代の主役による独占が来るはずである。すなわち国家，企業のようにすで

に前の時代からある存在ではなく，情報化の内側から現れる新たな勢力，ある
いは内在的な勢力による独占である。それは何か。

　第7章で情報化についての議論を思い起こすと，情報化時代に追及される価
値は理解，楽しさ，面白さなどであり，人々の関心（attention）を得ようとし
て影響力を競いあうことになる。そこでの独占とは何だろうか。楽しさや面白
さをもっともよく提供するのはエンタメ産業であるが，映画や音楽などのエン
タメで独占的な影響力を保つことは難しい。どんな優秀なクリエイターでもや
がて飽きられて新しい才能に置き換えられていくのが常であり，独占を維持す
ることは困難だからである。理解を広げるという点では知識を増やす教育・出
版・研究などの産業を考えることができるが，これらでも独占は難しい。知
識・出版・研究などは自由な言論を何より重んじており，独占はそもそもあり
えないからである。

　では情報化時代の内在的な独占はありえないかというと，そうではない。一
つ候補があって，それは正義による独占である。すなわち唯一正しいこと＝正
義をかかげて，それで情報力を制限してしまうことである。正義を掲げて，発
信してよい情報とそうでない情報を分けるとき，言い換えると情報発信力を制
限するとき，正義による独占が現れる。正義には宗教の正義，民族の正義，反
差別の正義，環境の正義などが考えられる。

　以下，正義による独占について考えてみる。なお，この問題は第2章の補論
で論じた思想の自由と正義（正統主義）の問題の具体例である。一部に重複も
含むが，簡単に検討する。

正義による独占

　身近な例から始めよう。ここ数年，ネットではいわゆる萌え絵についての論
争が盛んである。女性を描いたアニメ調の絵が性的消費としてフェミニストか
ら批判される事件で，第3章で取り上げた「宇崎ちゃん事件」はその一例で，
胸の大きな女性キャラをめぐって意見が激しく対立した。批判する側は，これ
らの絵が不必要に女性の性的部分を強調している点で性的消費であり，女性蔑
視を助長するのでやめるべきと批判する。一方，擁護側は表現の自由の一環で
あり，嫌な人は見なければよいだけであるとして擁護する。

　この場合，正義の主張になっているのは批判する側である。批判側は発信してよい情報をそうでない情報が議論の余地なくわかるとし，特定の事例を集中攻撃によって退去させようとしているからである。ある萌え絵が，性的消費であり女性蔑視になっているかどうかはそれ自体論争的である。そう思う人もいれば思わない人もいる。が，萌え絵論争のとき，批判側はこの論争を行う気がない。たとえばアンケート調査をして性的消費と思うかどうか皆の意見を聞くとか，萌え絵のせいで性犯罪や暴行など悪影響が生まれるか調べようという提案に関心がない。性的消費であり女性蔑視であることは厳然たる事実であり，それゆえ集中攻撃をして退去させてもよいと考える。すなわち議論の余地のない正しさがすでにあると考えている。これは正義の論理である。

　別の例（政治的には反対の例）として，愛知トリアンナーレでの表現の不自由展の事件もあげられる。この事件では，天皇の写真を燃やすなどの展示作品が，天皇を侮辱するものであり，トリエンナーレのような公式の行事で取り上げるべきではないとして批判された。このとき不自由展を批判する側は，やはり正義の論理になっていたと考えられる。不自由展の主催者側にもいろいろ言い分があっただろう。たとえば天皇の写真を燃やすといっても侮蔑の意味とは限らないし，トリエンナーレで取り上げることの是非についてもいろいろ論争の余地がありうる。しかし，批判者にはそのような論争をする気はなかった。天皇の写真を焼いた時点で侮蔑なのは厳然たる事実であり，あとは電トツ，座り込みなどあらゆる方法をとって中止に追い込んでいこうとする。これは天皇を尊重せんとする正義の論理である。

　ある絵を見て，性的消費あるいは女性蔑視でありやめるべきというのは一つの意見である。天皇の写真を燃やす作品が許しがたいというのも一つの意見である。これらを一人の意見として述べる分には何の問題もない。ブログに書き，ツイッターでひとりつぶやくことは，思想の自由そして言論・表現の自由の範囲である。論争の結果，多数意見になるかもしれないし，ならないかもしれない。作品の製作者が論争を見て納得したのなら萌え絵あるいは天皇の作品を取り下げるのもよいだろう。しかし，納得しないならそのままでよい。それが言論・表現の自由というものである。思想の自由主義はこのような思想の自由市場（market of ideas）での淘汰を信じる立場であり，その立場に立てばできる

ことはここまでとなる。

　しかし，正義を掲げる人はそれでは満足しない。集中攻撃や電トツなど圧力をかけて，相手が納得しなくても，圧力をかけても言論・表現をやめさせようとする。すなわち言論・表現の自由を認めなくなる。これは言論・表現の自由より自分たちのかかげる正義（女性差別反対，天皇尊重）の方が上位の価値があると考えるからである。ある正義にかなう言論・表現だけしか許されない点で，情報発信は制約される。すなわち，正義によって情報発信力は独占される。ここで独占とは，何を発信してよいかどうかが，特定の正義（の論客たち）によって独占的に決められることを指している。

キャンセルカルチャー──呉座事件

　この正義による独占が最もよく表れたのがいわゆるキャンセルカルチャーである。キャンセルカルチャーとは，問題発言（多くは差別的言動）をした人に集中的に批判を行い，社会の表舞台から消し去ることで，アメリカでは多数の実例がある。

　典型例としてアメリカの進化心理学者スティーブン・ピンガーの事件（2019年）がある[7]。警察に殺される黒人の数が多いことについて，ピンガーはツイート中で『ニューヨークタイムズ』の記事をひきながら，警察が黒人を特別多く殺しているわけではなく，そもそも警官が銃を撃ちすぎることが問題であると述べた[8]。これに対し，黒人が殺されるのは構造的な人種差別のせいであると考えている人々が批判したのである。批判者とピンガーは，警察による黒人の殺害の理由について意見が異なっている。言論の自由の立場からは意見は異なるのは当然なので，そこから議論を重ねていけばよいだけのことである。しかし，批判者はそうは思わかなかった。ピンガーのツイートは人種差別を軽んじ，問題を矮小化するものであるとし，彼を学会の役職から除名せよと要求するオープンレターをだしたのである。このレターには600人を超える学者，大学院生が署名し大きな騒動になった。このオープンレターの要求を受け入れる

　7）経緯は次のブログがもっとも詳しい。shorebird, 2020/07/13, 「スティーヴン・ピンカーに対する除名請願運動とその顛末」, https://shorebird.hatenablog.com/entry/2020/07/13/102519
　8）ピンガーを批判するオープンレターにはほかにも例があげられているが省略する。

と，黒人差別問題についてはレター作成者と異なる意見は許されないことになる。許される情報発信の範囲は制限されてしまい，言論の自由は失われる。このオープンレターには反論するレター（明示していないが，タイミング的にピンガー擁護であり，こちらも 100 人以上の有識者の署名がある）もでており，そのタイトル "Justice and Open Debate"（正義と公開討論）は問題の本質をよく表している[9]。公開討論とは言論の自由のことであり，ここには正義と言論の自由が対立している。

　日本でもキャンセルカルチャーの事例は増えてきた。2021 年には特に事例が集中しており，森元総理の事件（女性が入ると会議が長くなると言ってオリンピック委員会の会長を辞職），小山田圭吾氏の事件（過去のいじめをした体験記事が問題になり，作曲した曲の採用が見送られた），そして歴史学者呉座勇人氏のオープンレター事件（女性研究者への揶揄・中傷が問題になり，任用を取り消しになった）が起こっている。いずれも当事者は謝罪をしているが，批判側は謝罪では許さず，表舞台からの退去を要求した。キャンセルカルチャーの事件では謝罪では済まず，当事者は打ち倒され，社会の表舞台から消えなければならない。ちょうど，正義が悪を打ち倒すようにである。

　ただ日本の事例はアメリカのピンガーの事例とは異なり，意見の相違ではなく差別発言が原因になっているので事情が異なると思う人もいるかもしれない。また，日本の事例は，"失言"のレベルであり，正義と言論の自由の対立などという大それた問題か疑問を持つ人もいよう。そこで，日本について簡単な実証分析の結果を示そう。

　例として呉座事件を取り上げる。事件の概要は次のとおりである。歴史学者呉座勇一氏はある女性研究者を揶揄あるいは中傷する書き込みを，ツイッターの鍵付きのアカウントで行っていたが，これが公けになり，女性差別的として問題となる。呉座氏は謝罪し，NHK 大河ドラマの歴史考証役を辞任する。その後，女性差別的文化の象徴として呉座事件を批判するオープンレターがだされて 1,300 人もの署名を集め，呉座氏は予定していたテニュア採用（大学の正規採用）を取り消される。オープンレターがだされて多くの有識者が署名する

---

9) A Letter on Justice and Open Debate, July 7, 2020, Harper Magazine, https://harpers.org/a-letter-on-justice-and-open-debate/

点でピンガー事件と似た経路をたどったことになる。当初は呉座氏を批判し，オープンレターに賛同する声が多かったが，任用取り消しのあたりから呉座氏への同情論が起こり，オープンレターを批判する声も聞かれるようになった。

　この事件が正義と言論の自由の対立といえるかどうかをアンケート調査で見てみよう[10]。そのためには正義と言論の自由のどちらを優先するかの指標が必要である。このような指標づくりはアメリカでの先行研究があるが，そこで使われる設問は，無神論者に大学での講演を許すか，とか，ホロコースト否定本の出版を認めるかなど，日本では使えないものが多い。そこで日本人が答えやすい問いを用意した。下記の11の意見がそれで，これらについて，そう思うから思わないまで5段階で選んでもらう。星印がついた意見は言論の自由を最大限重視する立場であり，無印は何らかの正義のもとに言論の自由を制限することがあってよいという意見である

　　*1　どのような下劣な意見でも持つのは自由であり，また発言もできる社会であるべきだ
　　2　差別的なことを言う人に言論の自由はない
　　*3　言論には言論で対抗すべきであり，それ以外の方法を使うべきではない
　　4　間違った発言で炎上した人は，公の場から消えるまで徹底的に叩くべきである
　　5　ヘイトスピーチを罰則つきで禁止する法律が必要だ
　　6　天皇を侮辱する表現は規制されるべきだ
　　*7　テレビの放送禁止用語は表現の自由を奪っており嘆かわしい
　　*8　ポリコレ（ポリティカルコレクト）は言論・表現活動を委縮させている
　　*9　不愉快な考えの相手とも共存するのが自由な社会だ
　　10　間違った考えの人には再教育をうけさせ，考えを改めさせるべきだ
　　11　公共放送たるNHKに反日的な論客を出演させるべきではない

---

10) 以下の分析の詳細は次を参照願いたい。田中辰雄，2022/2/23，「呉座・オープンレター事件の対立軸—キャンセルカルチャーだったのか？」，SYNODOS，https://synodos.jp/opinion/society/27733/，2022/4/27 確認。

回答選択肢（5段階）

　そう思う，ややそう思う，どちらでもない，あまり思わない，思わない／わからない

　無印の正義の意見のうち2の差別表現の禁止と5のヘイトスピーチ規制はリベラル側の正義であり，6の天皇尊重と11の反日論客規制は保守側の正義である。第2章補論で述べたように，保守対リベラルの軸と，言論の自由対正義の軸は独立である。リベラル側の正義もあれば保守側の正義もある。

　この11の意見についての賛否を5段階で答えてもらい，1点から5点まで点数をつける（点数の振り方は方向が一貫するように，すなわち言論の自由を重視するときに値が大きくなるようにつける）。この点数の平均値はその人が正義と言論の自由のうちどちらを重視するかを表す指標となる。この指標の大きさ順に回答者を正義重視派から言論の自由重視派まで4グループに分ける。4グループに対して，呉座・オープンレター事件について否定的か肯定的かをたずねた結果が，図2である。アンケートの調査時点は事件発覚からほぼ1年が経過した2022年2月7日で，対象者は呉座事件を聞いたことがある651人である。

　横軸は今述べた4つのグループで，左から右へ正義重視から自由重視へ並んでいる。縦軸は呉座・オープンレター事件への賛否で上にいくほど呉座氏に批判的かつオープンレターを支持する傾向が強まり，下へ行くほど呉座氏擁護的・オープンレターに批判的になる。グラフは明らかに右下がりであり，正義を重視する人ほど呉座氏に批判的かつオープンレター支持になる。逆に言えば言論の自由を重視する人ほど呉座氏に擁護的になり，オープンレターに批判的になる。正義と言論の自由のどちらを重視するかが呉座・オープンレター事件への賛否に影響を与えており，キャンセルカルチャーの特徴が表れている。したがって，呉座事件はキャンセルカルチャーの事例だったと言ってよいだろう。

　女性差別反対の正義が言論の自由を上回ると考えたからこそ，オープンレターがだされ，呉座氏はキャンセルの対象になったと解釈することができる。正義が思想の自由（言論の自由）より大事だと考えたとき，キャンセルが起こる。キャンセルが成功すると言論の自由は後退し，情報発信は制限される。何を発

図2　正義と言論の自由とどちらを重視するか

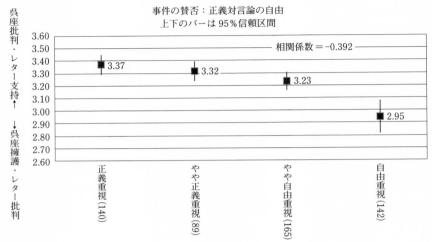

事件の賛否：正義対言論の自由
上下のバーは95％信頼区間

（縦軸）呉座批判・レター支持↑　　↓呉座擁護・レター批判

相関係数 = −0.392

3.37　　3.32　　3.23　　2.95

正義重視(140)　　やや正義重視(89)　　やや自由重視(165)　　自由重視(142)

信してよいかどうかを決める正義が登場し，情報発信力はその正義よって独占され，あるいは少なくとも管理に向かうことになる。

情報力の独占問題──再考

　情報力の独占問題について振り返ってまとめてみる。情報化社会では，情報収集力・情報処理力・情報発信力の３つの情報力が飛躍的に伸びる。インターネット普及の草創期にはこれらの情報力の獲得で，人類はより深く豊かなコミュニケーションが可能になり，それが社会を良くするという素朴な期待があった。しかし，新たな力が登場するとき，その力を独占したいと思う勢力が現れるのは自然である。近世初頭に大砲と鉄砲の発明で登場した強大な軍事力は絶対君主が常備軍として整備し，独占した。産業革命で登場した産業力は財閥企業と国家（社会主義国家）が独占に乗り出した。同じように考えれば情報力を独占せんとする勢力が現れるのは避けがたい。独占を狙う勢力とは国家，企業，正義の３つである。

　専制的な国家にとって情報力の独占は国民支配の強力な道具である。ネットでの情報発信を自分の支配下に置けば，国民の情報空間を左右できる。スマホ

を通して誰が誰とコミュニケーションしているかの情報を収集すれば，国民世論の動きをつぶさに追うことができ，政府批判の目を摘むことができる。中国が推し進めるこのような情報力の独占は，専制国家にとって垂涎の的であり，極めて魅力的であるだろう。すでにいくつかの他の国に中国モデルの移植が試みられている兆候がある。

　企業にとっても情報力を独占できる利益は大きい。データは現代の石油だという言葉がある。膨大な個人データは富の源泉であり，これを収集できるプラットフォーム企業は，入手情報量の点で他の企業より優位，場合によっては政府よりも優位にある。象徴的な例としてはフェイスブックの収益源の大半は顧客情報を使ったターゲティング広告であり，顧客情報を収益に還元しているのに等しい。そしてその収益だけで世界株価ランキングの上位の君臨し続けている。

　正義（あるいは正統主義）にとっても強大な情報力は格好の道具である。まず強力な情報収集力によって自らの信じる正義に反する言動を世界のどこかから見つけだす。そのうえで情報発信力をフルに使って批判を集中させて，当事者を世の表舞台から退場させていく。かつては不可能であったこのような“社会運動”が，ネットの登場によって可能になった。正義あるいは正統主義の立場から見ると，情報力とは自らの正義に反する敵を駆逐するための強力な道具である。

　このように情報力の独占の誘因は大きい。さらに重要なのは誘因だけではなく，これらの独占的行動をどちらといえば容認する議論も現れることである。それは情報力の暴走問題への対策として独占を使うあるいは認めようという形で提案される。すなわち，ネットの誹謗と中傷，炎上とフェイクニュース，そしてヘイトスピーチなどの問題を解決するために，独占的な行動を許容あるいは利用しようという議論である。

　たとえば，これらの問題解決のために国家が介入をしてもよいのではないかという議論はすぐに考えることができる。すでに中国型のネット管理を正しいとする日本の経済人は現れている[11]。ネット上の荒れ果てた情報空間を立て

11）川上量生，2017/08/22，「中国のネット管理政策は正しい」，https://toyokeizai.net/articles/-/185263

直し，秩序を与えるためには国家が一定の役割を果たすしかないという議論は一定の説得力を持つだろう。

　またプラットフォーム企業にネット上の情報に責任を持たせようという議論もその一種である。フェイクニュース対策としてプラットフォーム企業にニュースの真偽の審査をさせてはどうかという案がある。これは改善策のように見えるが，何がフェイクで何がフェイクでないかをプラットフォーム企業が決めることになるので情報統制色が高まってくる。第6章で述べたようにフェイクニュースの中には一握りの事実を含む高バイアスニュースがあり，そこまで手をだすと世論誘導の危険性が高まる。

　正義と正統主義についても同様の議論ができる。キャンセルカルチャーは思想の自由・言論の自由を脅かすが，正義は実現する。そこでヘイトスピーチ対策として，ネットのすべてのヘイトスピーチに対してキャンセルで立ち向かっていくという案が考えられる。そうすればネットからヘイトスピーチは一掃できるだろう。たとえその過程でヘイトスピーチとは言えないものまで巻き添えで駆逐してしまってもである。思想・言論の自由の一部を失うことにはなるが，その代償として"ヘイト"のないきれいな世界は実現する。

　このように国家による独占，企業による独占，正義による独占には，それぞれ応援団が存在しうる。人々は，総じて何らかの「秩序」を実現することをこれらの独占者に期待する。混乱を極めるネットの状態を収拾して秩序を与えてくれるなら，少しくらいの独占を許容してもよいのではないか，人々がそう思い始めるとき独占が広がっていく。その過程では独占という言葉は使われないだろう。使われる言葉は「管理」であり，「責任」であり，「秩序」である。本書が「独占」という煽るような言葉を使ったのは，これらの耳触りのよい言い回しの陰にかくれて侵入する危険性に警告を発するためのレトリックである。

　この独占問題には多くの言うべきことがあり，また分析するべきことがある。しかし現時点では実証分析の材料が足りず，多くは語れない。分量的にもまた一冊の別の本を要することであり，次の機会に譲りたい。

　ただ，現時点で言えることとして長期的・中期的な見通しを述べておきたい。第7章で述べた近代化の歴史から見ると，力の独占問題も長期的には解決される。君主による軍事力の独占も，財閥・国家による産業力の独占も最後には解

決されているからである。その意味では情報力の独占問題もいつかは解決されると楽観することができる。そもそも情報力は基本的には一人ひとりの力であるべきで，特定の勢力が独占的に振るうべきものではない。これまでの歴史を見れば，この理想は最後には実現するだろう。

　しかし，同時に，それは長期的なことでありきわめて長い時間がかかるだろう。軍事力の君主による独占が崩れるのがフランス革命などのいわゆる民主化以降とすれば，君主による軍事力の独占が崩れるまでには国家化の開始から200年かかっている。産業力を独占した財閥の支配を打ち砕くには独占禁止法などの競争法が必要であるが，競争法の導入はずいぶん後の時代ことであり，日本で最終的にけりがつくのは戦後改革で財閥解体が行われてからである。国家による産業力の独占である社会主義の終焉は冷静崩壊であり，ごく最近の出来事である。

　これから考えて，情報力の独占問題が解決されるとしてもそれはこれから100年程度は先のことになるだろう。すなわち，中国型情報化社会，GAFAなどのプラットフォーム企業，正義と言論の自由の対立，この3つは情報化社会の抱える問題として長期にわたり存在し続ける。一朝一夕に片づくことはありえない。その間，多くの行きつ戻りつの波乱が起こることが予想される。中国型情報社会を採用する国が途上国などに増え，世界の一大潮流になるように見えるときもあるかもしれない。プラットフォーム企業が強大化し，政府を上回る富と影響力を持つことがあるかもしれない。キャンセルカルチャーが強まり，特定の正義（たとえば反差別）が宗教のように畏怖されて君臨することもあるかもしれない。情報力の独占が長期的には打ち破られるとしても，その過程では多くの行きつ戻りつが起こることだろう。これについてはまた別の本で論じることとしたい。

<h1>参考文献</h1>

ヴァンス，J. D., 2017，『ヒルビリー・エレジー　アメリカの繁栄から取り残された白人たち』光文社。

ウェーバー，マックス，1980，『職業としての政治』岩波文庫（原著の講演は 1919 年）。

ウェーバー，マックス，2002，『理解社会学のカテゴリー』岩波文庫（原著は *Über einige Kategorien der verstehenden Soziologie*）。

梅田望夫，2006，『ウェブ進化論—本当の大変化はこれから始まる』筑摩書房。

菊池良生，2002，『傭兵の二千年史』講談社現代新書。

公文俊平，1994，『情報文明論』NTT 出版。

クラーク，ナーディネリ，1998，『こどもたちと産業革命』平凡社。

ズボフ，ショシャナ，2021，『監視資本主義：人類の未来を賭けた闘い』東洋経済新報社。

スミス，アダム，1968，『道徳情操論・上』米林冨男訳，未來社。

田中辰雄，2016，「炎上攻撃者の特性と対策」『臨床精神医学』45(10)，pp. 1225-1236

田中辰雄・浜屋敏，2019，『ネットは社会を分断しない』角川新書。

田中辰雄・山口真一，2016，『ネット炎上の研究』勁草書房。

田中辰雄・山口真一・菊地映輝・青木志保子・渡辺智暁・大島英隆・永井公成，2020，「流言は知者に止まる—もうひとつのフェイクニュース抑制策」国際大学 GLOCOM DISCUSSION PAPER_No.19(20-005)，https://www.glocom.ac.jp/publicity/discussion/5328，2022/1/24 確認。

津田大介，2012，『ウェブで政治を動かす！』朝日新書。

津田大介，2018，『情報戦争を生き抜く—武器としてのメディアリテラシー』朝日新書。

中川淳一郎，2009，『ウェブはバカと暇人のもの』光文社。

中川淳一郎，2010，『ウェブを炎上させるイタい人たち—面妖なネット原理主義者の「いなし方」』宝島新書。

ノージック，ロバート，1995，『アナーキー・国家・ユートピア—国家の正当性とその限界』木鐸社。

バウマン，ラインハルト，2002，『ドイツ傭兵（ランツクネヒト）の文化史—中世末

期のサブカルチャー／非国家組織の生態誌』菊池良生訳，新評論社。

春井久志，2013，『中央銀行の経済分析―セントラル・バンキングの歴史・理論・政策』東洋経済新報社。

ハワード，マイケル，2009，『ヨーロッパ史における戦争』奥村房夫・奥村大作訳，中公文庫（Howard, Michael, 1975, *War in European History*,）

フクヤマ，フランシス，2005，『歴史の終わり』上・下，三笠書房。

ベル，ダニエル，1983，『イデオロギーの終焉―1950 年代における政治思想の涸渇について』東京創元社。

マンハイム，カール，1969，『歴史主義・保守主義』森博訳，恒星社厚生閣版。

ミル，ジョン・スチュワート，『自由論』早坂忠訳，関嘉彦編『世界の名著 38　ベンサム，J・S・ミル』中央公論社，1967 年。

村上泰亮，1992，『反古典の政治経済学』上・下，中央公論社。

山口真一，2018，『炎上と口コミの経済学』朝日新聞出版。

山口真一，2020，『正義を振りかざす「極端な人」の正体』光文社。

レビツキー，スティーブン・ジブラット，ダニエル，2018，『民主主義の死に方―二極化する政治が招く独裁への道』新潮社。

ロールズ，ジョン，2010，『正義論』紀伊国屋書店（原著 John Rawls, 1971, *A Theory of Justice*）。

Barberá, Pablo, 2015, "How Social Media Reduces Mass Political Polarization. Evidence from Germany, Spain, and the United States", Working Paper, http://pablobarbera.com/static/barbera_polarization_APSA.pdf, 2022/1/24 確認。

Boxell, Levi, Gentzkow, Matthew, and Shapiro, Jesse, 2017, "Is the Internet Causing Political Polarization? -Evidence from Demographics", NBER Working Paper 23258.

Eysenck, H. J., 1954, *The Psychology of Politics*, Routledge

Godwin, Mike, 1994, "Meme, Counter-meme", Wired, 1994/10/1, https://www.wired.com/1994/10/godwin-if-2/, 2022/1/24 確認。

Higaki, Shinji and Nasu, Yuji (editor), 2021, *Hate Speech in Japan: The Possibility of a Non-Regulatory Approach*, Cambridge University Press.

Hoffman, Philip, 2011, "Prices, the military revolution, and western Europe's comparative advantage in violence", *Economic History Review. Supplement*, Vol. 64, pp. 39–59.

Hornstein, Katie, 2005, "Just Violence: Jacques Callot's Grandes Misères et Malheurs de la Guerre", *Bulltein*, volume 16, Museums and Arts and Archaeology, The University of Michigan, http://hdl.handle.net/2027/spo.0054307.0016.102

Lee, Hangwoo, 2005, "Behavioral Strategies for Dealing with Flaming in the Online Forum", *Sociological Quarterly*, 46(2), pp. 385-403.

Leeds, C. A., 1981, Political Studies, Third Edition, Macdonald and Evans, Ltd.（田中浩・安世舟訳編，1987，『事典　政治の世界—理論・思想・制度・国際』お茶ノ水書房）

Parker, Geoffrey, 1996, *The Military Revolution: Military Innovation and the Rise of the West, 1500-1800*, Cambridge University Press.

Pariser, Eli, 2011, *The Filter Bubble: What the Internet IS Hiding from You*, Penguin Press.（井口耕二訳，2012，『閉じこもるインターネット—グーグル・パーソナライズ・民主主義』早川書房）

Roberts, Michael, 1995, *The Military Revolution, 1560-1660*, Routledge.

Rockoff, Hugh, 1974, "The Free Banking Era: A Reexamination", *Journal of Money, Credit and Banking*, Vol. 6, No. 2, pp. 141-167.

Shapiro, Ben, 2018, *How to Debate Leftists and Destroy Them: 11 Rules for Winning the Argument*, David Horowitz Freedom Center.

Sunstein, Cass R., 2001, *Republic. com.*, Princeton University Press.（邦訳：サンスティーン，2003，『インターネットは民主主義の敵か』石川幸憲訳，毎日新聞社，キャス・サンスティーン，2018,『＃リパブリック』伊達尚美訳，勁草書房）

索　引

著者略歴

田中　辰雄（たなか　たつお）

1957年，東京都に生まれる。東京大学大学院経済学研究科単位取得退学。国際大学グローバルコミュニケーションセンター研究員，コロンビア大学客員研究員を経て，現在，慶應義塾大学経済学部教授。専攻は計量経済学。

主要著作　『ゲーム産業の経済分析』（共編著，東洋経済新報社，2003年），『モジュール化の終焉』（NTT出版，2007年），『著作権保護期間』（共編著，勁草書房，2008年），『ソーシャルゲームのビジネスモデル』（共著，勁草書房，2015年），『ネット炎上の研究』（共著，勁草書房，2016年），『ネットは社会を分断しない』（共著，角川新書，2019年）ほか。

ネット分断への処方箋
ネットの問題は解決できる

2022年6月25日　第1版第1刷発行

著　者　田　中　辰　雄

発行者　井　村　寿　人

発行所　株式会社　勁　草　書　房

112-0005 東京都文京区水道2-1-1　振替　00150-2-175253
（編集）電話 03-3815-5277／FAX 03-3814-6968
（営業）電話 03-3814-6861／FAX 03-3814-6854
本文組版 プログレス・精興社・中永製本

©TANAKA Tatsuo　2022

ISBN978-4-326-60351-0　　Printed in Japan

https://www.keisoshobo.co.jp

勁草書房刊

＊表示価格は 2022 年 6 月現在。消費税（10％）が含まれています。